Ronald Prokein

Europalauf

durch die Hitze des Kontinents

Istanbul – Nordkap: 5004 km

Ronald Prokein

Europalauf

durch die Hitze des Kontinents

Istanbul – Nordkap: 5004 km

Bibliografische Information der Deutschen Nationalbibliothek: Die Deutsche Nationalbibliothek verzeichnet diese Publikation in der Deutschen Nationalbibliografie; detaillierte bibliografische Daten sind im Internet über dnb.dnb.de abrufbar.

Impressum:

Autorenverlag Bad Doberan, B. Melzer, 18225 Kühlungsborn, Pfarrweg 8 B.

Fotos Mathias Volkmann, Markus Möller.Satz und Gestaltung Berthold Wendt.
Layout und Satz mit Papyrus Autor von R.O.M. Logicware GmbH.
Herstellung und Verlag: BoD – Books on Demand, Norderstedt

ISBN 9 783758 365645 . Preis: 17,80 €

Inhalt

Vorwort von Marita Meier-Koch

Anfang der Neunzigerjahre kamen zwei junge Männer zu mir ins Sportgeschäft und erzählten mir euphorisch von ihrem Plan, per Fahrrad um die Welt zu reisen. Sie fragten höflich und bescheiden nach ein wenig materieller Unterstützung beziehungsweise Ausrüstung für ihr Abenteuer. Gespannt hörte ich Ronald Prokein und seinem Reisepartner Markus zu, als sie mir ihre Reiseroute vorstellten. Ihr Vorhaben erschien mir gründlich durchdacht und sie selbst wirkten physisch und mental stark und gut vorbereitet. So kurz nach der Wende wollten sie die Chance ergreifen und die Welt auf eine naturverbundene, sportliche und unkonventionelle Art und Weise entdecken - auch, um darin ihren eigenen Platz zu finden.

Ich war beeindruckt von ihrem Mut und ihrer Neugier auf andere Länder, Kulturen und Menschen. Ich konnte die beiden gut verstehen, denn etwa 15 Jahre vor ihnen ging es mir ähnlich: Auch ich wollte durch den Sport meine Grenzen ausloten und verschieben und dabei, wann immer es mir auch nur ein kleines bisschen möglich war, die Welt erkunden.

Während meiner Sportkarriere durfte ich zwar auch einige Länder bereisen, allerdings oft nur für Wettkämpfe oder zeit- und kraftaufwendige Trainingslager. Nur einmal konnte ich bei einem dreimonatigen Trainingslager auf Kuba tatsächlich das Land und einige unglaublich liebenswerte Menschen intensiver kennenlernen, wofür ich bis heute sehr dankbar bin. Ich entschied mich also dafür, Ronald und Markus mit etwas Sportequipment auszustatten, wünschte ihnen viel Erfolg und durfte später von ihren lebensverändernden Abenteuern lesen.

Ronald hat sich auf dieser Reise und auf den vielen, die noch folgen sollten, immer wieder großen Herausforderungen gestellt und sie gemeistert; er hat sehr viele Länder kennengelernt und noch mehr Menschen und er hat seine Visionen stets wahr gemacht.

Wundervoll finde ich, dass er sich seine Neugier bis heute erhalten hat und die Welt noch immer Stück für Stück auf seine ganz eigene Art erobert, um seinen Horizont zu erweitern und seine Erfahrungen und sein Wissen mit anderen zu teilen.

In seinen Büchern und Vorträgen erzählt er von vielen schönen und spannenden Erlebnissen, von Rückschlägen, von Gefahren und vom Überschreiten der eigenen körperlichen und psychischen Grenzen. Er zeigt auf, wie man seine Wünsche und Ziele umsetzen kann, wenn man nur beharrlich daran arbeitet und an sich glaubt. Diesmal war Ronald zu Fuß unterwegs: vom Bosporus bis zum Nordkap, in nur drei Monaten, in einem der heißesten Sommer der letzten Jahrzehnte. Unglaublich. Das macht ihm wohl keiner so schnell nach.

Ich wünsche ihm für die Zukunft beste körperliche und mentale Fitness und dass ihm die verrückten Ideen für seine Reisen nie ausgehen mögen – denn auch im Zeitalter der Smartphones und sozialen Medien braucht es noch Weltentdecker wie Ronald Prokein.

Matthias und Arthus am Wahrzeichen des Nordkaps

Der Europalauf

So schwer hatte ich mir es dann doch nicht vorgestellt. Nicht nur *ein* Mal war ich kurz davor, aufzugeben *zu müssen.* Dabei glaubte ich, genug Erfahrung zu haben. Schließlich hatten wir den Kältepol in Jutschjugei entdeckt, hatte ich in der Mongolei einen Tag im Knast verbracht und den heißesten Ort Australiens kennengelernt. Auch die Kajaktour auf der Lena und die Weltumrundung auf dem Fahrrad, auf die ich mich als ›Weltum*rad*lung‹ immer wieder beziehe, stellten sich jedes Mal als gesundheitliche Herausforderungen dar. Einzig die Tatsache, dass Sie mein Buch zum Europalauf 2006 in den Händen halten, deutet darauf hin, dass ich mein Ziel doch erreicht habe. (Es hätte also durchaus passieren können, dass Sie hier sitzen, und jetzt rein *gar nichts* in Ihren Händen halten ... Nein, das war natürlich nur ein Spaß!)

Einen großen Anteil daran, dass Sie nicht mit leeren Händen dastehen, hatte mein Schäferhund Arthus und vor allem Matthias ...

Werfen wir gleich als Einstimmung das Licht auf ein einschneidendes Ereignis der Tour:

Wie schon seit Tagen scheint auch heute die Sonne. Es ist angenehm warm. Ich habe einen sechs Kilometer langen Anstieg hinter mir. Mein Schäferhund Arthus hat mich währenddessen an der Leine begleitet und sogar etwas hinaufgezogen. Jetzt laufe ich allein bergab. Arthus ist wieder zu Matthias ins Auto gesprungen. Es ist ein Wartburg, mit Stufenheck und VW-Motor.

Matthias ist mein Begleiter auf der Tour. Er ist Kameramann, Fotograf, Kartenleser, Gassigänger, Auskundschafter unserer Übernachtungsplätze, die möglichst an einem Gewässer, See, Fluss oder Bach liegen sollten. Zudem ist er auch verantwortlich für den Nachschub an Essen und Trinken. Im Grunde hat Matthias die Funktion, des sogenannten »Mädchens-für-alles«.

Markus Möller, mein ehemaliger Reisepartner, kontaktierte Matthias einige Monate vor meinem Aufbruch in Rostock per Internet. Wir trafen uns eine Weile danach, zu dritt, in einem Café in Lübeck. Von Anfang an war Matthias sehr locker, bescheiden und einfach, was uns betraf.

Wir haben schnell gemerkt: Der neue Mann möchte die Tour begleiten! Dass er seine Freundin erst zwei Wochen zuvor kennengelernt hat, störte ihn nicht.

»Es wird sich zeigen, ob sie auch nach der Reise zu mir hält«, meinte der dunkelhaarige Typ, mit Bubifrisur, schmunzelnd.

Seine blitzenden Augen waren nicht zu euphorisch, aber sehr interessiert. Für ein gewisses Entgelt, freie Kost und Logis, jedoch auch Abenteuerwillen, gab uns der 40-jährige grünes Licht.

Matthias kommt aus *Oesterwurth*, einer Kleinstadt, bei Heide, in Schleswig-Holstein. Er hatte Bauingenieur studiert, und später in dem Beruf in Frankreich gearbeitet. In der Schweiz verkaufte er Trapezbleche, sprich Dachplatten. Er spricht fließend englisch, recht gut französisch und etwas spanisch.

Erneut verlangsamen vorbeifahrende Autos ihr Tempo, um mich nach dem Weg zu einem Motor-Cross-Rennen zu fragen. Ich, der Ausländer, kann ihnen Auskunft geben. Ein paar Hinweisschilder bezüglich des Sportereignisses säumten meine Strecke.

Plötzlich spüre ich einen heftigen Schmerz im linken Fuß. Beim Auftreten auf den Asphalt habe ich das Gefühl, als durchschieße mich ein Stromstoß. Mein Bein zuckt in die Höhe. Humpelnd laufe ich weiter.

›Das geht wieder vorbei‹, denke ich noch und beginne zu torkeln, will es nicht wahrhaben, dass ich lädiert bin.

Kurz darauf geht nichts mehr. Ich verharre am Straßenrand, den Oberkörper nach vorne gebeugt, die Hände auf die Knie gestützt. Ich richte mich langsam auf, spreche in mein Walkie-Talkie. Keine Antwort von Matthias. Wir haben uns die simplen Funkgeräte, mit einer Reichweite von circa fünf Kilometern, in Bulgarien besorgt. Ich schreibe Markus, meinem damaligen Touren-Partner, eine SMS nach Rostock, damit er Matthias kontaktieren kann, der schon ein Stück vorausgefahren ist. Matthias und ich, können uns nicht per Handy im serbischen Netz verständigen.

Später höre ich ein Geräusch. Ein Auto naht von vorne. Es ist Matthias. Er hält an. Mein Begleiter hat meine Worte per Funkgerät vernommen, ich jedoch seine Antwort nicht. Ich bin froh, auf dem Beifahrersitz zu kauern, die Füße aufs Armaturenbrett gelegt. Ich trinke Wasser, schließe erschöpft die Augen. Von hinten an meinem Kopf spüre ich Arthus feuchte Nase.

»Was ist los?«, fragt Matthias besorgt. Meine Augen halb geöffnet und nach vorne blickend, schildere ihm murmelnd die Lage. Eine halbe Stunde ist vergangen. Habe eine Banane gegessen, steige aus dem Auto.

Vorsichtig tippele ich weiter. Es scheint zu gehen. Doch nach einigen Metern wieder dieser Schmerz, der sich bis zum Schienbein hochzieht. Mir ist, als liefe ich über einen elektrisch geladenen Boden und halte inne, bin gleichzeitig erschrocken. Mir wird bewusst, dass ich mich verletzt habe. Vielleicht eine Zerrung? Ich mache mir Mut, sitze wieder im Auto.

»Wir müssen zu einem Arzt«, entfährt es mir. Ich drehe den Kopf zu Matthias. Er hebt die Augenbrauen, guckt mich schweigend an.

Kurze Zeit später fahren wir nach Niš. Es ist früh am Nachmittag, etwa 25 Kilometer stecken in meinen Beinen. Ich nehme die Natur nur wie durch einen Schleier wahr. Die vorbeiziehende Gegend ist bergig. Kleine Gruppen von Bäumen und ausladende Büsche sind an den Hängen zu sehen. Sandsteinfarbene und graue Felsgebilde prägen oberhalb des Ortes die Umgebung. Zerfetzte Federwolken ziehen langsam drüber hinweg. Genauso kreisen meine Gedanken um die Verletzung! Wie schlimm ist es? Ist die Tour hier schon zu Ende?

Viele Leute haben mich auf den Vorträgen gefragt, ob ich bei meinen vorherigen Reisen jemals daran gedacht hätte, aufzuhören. Diesen Gedanken hatte ich nie! Trotz all der Strapazen. Ich hatte vielmehr Angst, an Unfällen oder Verletzungen zu scheitern, die ich nicht beeinflussen konnte.

Auf die Durchquerung des Kontinents habe ich mich zehn Monate lang vorbereitet. Pro Woche trainierte ich drei bis viermal. Ich lief nie nach Kilometern, sondern stets nach Zeit, meistens zwischen 45 Minuten und einer Stunde. Von meiner Wohnung aus, durch den Barnstorfer Wald, am Zoo vorbei, und noch ein Stück weiter. Auch im Fitnessstudio trainierte ich auf dem Laufband.

Zudem machte ich noch für den Oberkörper ein paar Kraftübungen. Das Laufband ließ sich auch so einstellen, als liefe ich bergan. Nur den Berg hinab joggen konnte ich dort nicht trainieren. Wo, und wie auch?

Ich habe Angst, dass sich das jetzt rächt! Die Schienbeine sind dann besonders gefordert. Sie müssen den Schub des körperlichen Gewichts dämpfen, da wirken enorme Kräfte!

Nach zehn Kilometern erreichen wir Niš. Matthias und ich sprachen auf der zurückliegenden Strecke kaum. Es ist, als habe ich einen Kloß im Hals. Die Stadt Niš ist mit beinahe 200.000 Einwohner fast so groß wie Rostock.

Heute ist Sonntag, der 4. Juni. Der Verkehr, auf den rissigen, teils löchrigen Straßen, ist ruhig. Menschen auf den Bürgersteigen schlendern herum. Wir müssen eine Klinik finden. Aus einem Mix aus Englisch und Russisch, erkundigen wir uns bei Passanten danach. Nach einigen Straßen und Abbiegungen werden wir fündig. Das Krankenhaus erscheint nicht gerade wie ein Neubau. Der graue Putz des großen Gebäudes bröckelt. Die Stufen der breiten Treppe zum Haupteingang sind an den Kanten abgeplatzt. Der Mann am Empfang, mit rosafarbenem Hemd und hellbrauner Anzughose spricht englisch. Schnell ist ihm klar, was wir möchten.

Wir gehen ein paar Gänge entlang, fragen wieder und lassen einige Ecken und Treppen hinter uns.

Auf einer schmalen, braunen Holzbank, ohne Lehne, warten wir in einem langen Flur. Die Wände sind weiß, das Linoleum hellgrün, mit einem dunkleren Bogenmuster verziert. Es herrscht kaum Betrieb.

Neben uns verweilt ein junger Fußballer, den Oberkörper nach vorne gebeugt, die Ellenbogen auf den Oberschenkeln gestützt. Er stöhnt leise vor sich hin. Der etwa 20-Jährige hat einen offenen Bruch. Das Ende von Elle oder Speiche ist zu sehen.

Nachdem Fuß und Bein geröntgt worden sind, bittet uns der Arzt, der um die vierzig zu sein schien, aber schon mit Halbglatze, in das Behandlungszimmer. Er teilt uns im sachlichen Englisch mit, dass ich eine Entzündung am Schienbein habe, jedoch sei der Knochen noch nicht betroffen. Ich solle meinen Lauf für mindestens 10 Tage unterbrechen. Die Diagnose trifft mich wie ein Keulenschlag. Der Doktor, der einen leicht ergrauten Schnauzer trägt, verschreibt mir entzündungshemmende Tabletten. Er hat sie aus einem Schrank geholt. Wir bezahlen 592 Dinar.

Wieder draußen, dreht sich Arthus freudig im Kreis, als er uns sieht. Matthias nimmt ihn an die Leine, und geht mit dem Vierbeiner eine größere Runde. Ich lasse mich auf den Beifahrersitz plumpsen, Beine hochgelegt. Meine Gedanken krüseln. Was soll nun werden? Ich kann unmöglich zwei Wochen pausieren, der ganze Lauf wäre zerrissen. Ist die Tour schon jetzt zum Scheitern verurteilt? Was ist, wenn die Entzündung nicht mindert, oder sich gar ausbreitet ...?

Aufbruch

Es ist der 15. Mai um 6 Uhr. Der Wecker hat soeben gepiept. Die Realität ist da. Verschlafen gucke ich nach links. Cora, meine Freundin, scheint noch zu schlummern. Wir wohnen nicht zusammen. Ich möchte das Aufstehen nicht hinauszögern, umso schwerer wird es anschließend. Schnell bin ich unter der Dusche. Cora ist einige Jahre älter und hält nichts von meinen Reisen.

Seit ich den Lauf geplant habe, ist ihre Bezeichnung für mich nur noch *›der Abhauer‹* Sie hat ein Fachschulstudium in Hort-Erziehung absolviert. Für die langhaarige, gutaussehende Blondine, mit ihren großen, ausdrucksstarken Augen, zählen nur bodenständige Berufe, mit einer geregelten Arbeitszeit. Auch meine Bücher hat sie nie richtig akzeptiert, obwohl sie selbst gerne liest. Wie oft haben wir schon darüber diskutiert bis gestritten, ob es sinnvoll ist, oder nicht. Cora ist zum Beispiel Fan von Roland Kaiser und guckt am liebsten spannende Filme. Die Sänger und Schauspieler sind doch auch Individualisten, die keiner geregelten Arbeit nachgehen. Sie haben eben einen anderen Rhythmus oder einen sich ständig veränderten Zeitplan im Alltag.

Entscheidend war und ist für mich, dass jeder seine Fähigkeiten fördert, und versucht, etwas daraus zu machen. Und wenn die Nachfrage der Leute, oder anderweitig da ist, kann ich dankbar dafür sein.

Entspannt packe ich die restlichen Sachen für die Tour zusammen, repariere noch etwas am Schloss meiner Wohnungstür. Ich habe es immer wieder hinausgeschoben …

Mit dem Wartburg, dem Begleitfahrzeug des Laufes, fahren Cora und ich zum Rostocker Rathaus.

Davor warten schon Markus Möller und Matthias Volkmann. Wir sind um 10 Uhr mit unserem Oberbürgermeister Roland Methling verabredet.

Matthias hat einen sportlichen Kurzhaarschnitt, mit hochgezogenem Pony. Er trägt einen Dreitagebart, sein Gesicht ist etwas vernarbt. Mein Mitstreiter und ich haben das gleiche weiße T-Shirt an, bedruckt mit den Markenzeichen unserer Sponsoren.

Der dritte Oberbürgermeister, der mich offiziell verabschiedet.

Markus, die gute Seele des bevorstehenden Abenteuers, fungiert sozusagen als Manager und Schaltzentrale des Projekts. Er hat mit viel Arbeit und Geduld ein paar Firmen gefunden und akquiriert, die die Tour auf die eine oder andere Art unterstützen. Den Wartburg hat uns *Peter Töllner* geliehen, ein Bekannter, der einen Einmannbetrieb namens »Autoschnäppchen«, bei Rostock, sein eigen nennt.

Einige Schaulustige haben sich versammelt. Dann kommt der Oberbürgermeister aus dem Rathaus, etwas verspätet, aber Hauptsache, er ist jetzt da. Journalisten von Presse, Fernsehen und Radio sind um uns herum. Kameras klicken, surren schwenken. Wir versuchen, ein bedeutungsvolles Gesicht zu machen. Das Stadtoberhaupt ist über 50 Jahre alt, auf dem Kopf schon etwas kahl. Er hat eine helle Brille mit dunklen Bügeln.

Roland Methling trägt einen schwarzen Anzug zu einem hellblauen Hemd, versehen mit einem fast gleichfarbigen Schlips, nur etwas dunkler.

Lachend schüttelt er uns die Hände, dabei nickt er immer wieder den Medienleuten zu.

Anders als auf der Weltumradlung 1994 spüre ich keine Anspannung. Vielleicht auch deshalb, weil wir zuerst entspannt nach Istanbul zum Startort fahren. Ich habe, wie schon auf den Reisen zuvor, ein offizielles Schreiben des Oberbürgermeisters im Gepäck, das zusätzlich ins Englische übersetzt worden ist. Die Chefsekretärin des Oberbürgermeisters hatte daran immer großen Anteil. Wie auch in der Vergangenheit, hat sie uns einige kleine Souvenirs von Rostock mitgegeben.

Darunter sind Kugelschreiber, Ansichtskarten, Wappen der Stadt in Taschenbuchgröße, Schnitzereien, aus Bronze gefertigte Bildchen oder winzige Skulpturen bekannter Gebäude.

Zu meinen wichtigsten Utensilien gehören natürlich die Laufschuhe. Ich habe vier Paar mitgenommen. Der ehemalige Junioren-Europameister und DDR-Vizemeister in der Halle über 800 Meter, *Erwin Gohlke*, der ein Sportgeschäft in der Innenstadt betreibt, hat sie mir gesponsert. Etwa jede Woche werde ich die Schuhe, während des Mammutlaufes wechseln. Vielleicht auch etwas früher oder später – das wird sich zeigen.

Meine Eltern konnten mich diesmal nicht verabschieden. Mein Vater ist zu seinem elterlichen Grundstück gefahren, um dort nach dem Rechten zu sehen. Er hat drei Brüder, und jeder von ihnen, fährt immer abwechselnd für eine Woche dorthin. Meine Großeltern sind schon seit Jahren verstorben, und ihre Söhne konnten bisher keinen potenziellen Käufer für das hinterlassende Anwesen, mit Zugang zu einem kleinen See, finden. Meine Mutter konnte auch nicht kommen, sie verrichtet gerade ihren Pflegedienst für ältere, hilfebedürftige Menschen. Doch immerhin ist stellvertretend die Cousine meiner Mutter da. Ich nenne sie Tante.

Eine Stunde später fahren wir los, winkende Hände hinter uns. Matthias lenkt den Wagen Richtung Süden. Ich mustere ihn von der Seite und kann mein Gefühl kaum beschreiben; bin nur gespannt, wie wir miteinander auskommen werden und wie jeder von uns die Tour auf seine Art und

Weise verkraftet. Auf meinen zurückliegenden fünf großen Reisen hatte ich immer Partner, die mir schon lange zuvor bekannt waren. Aber ich bin froh, überhaupt jemanden gefunden zu haben, der gewillt ist, die Unternehmung zu begleiten. Kurz vor der Autobahn tanken wir bei Esso. Ein Mann spricht mich an. Er hat mich aus der Zeitung erkannt und wünscht mir viel Erfolg.

Danach befinden wir auf der A19, Richtung Berlin. Der Himmel ist leicht bewölkt, es ist lau und trocken. Wie schon auf meinen vergangenen Touren, weiß ich: Jetzt gibt es kein Zurück mehr!

Arthus sitzt auf der Rückbank, blickt nach hinten. Es wird seine erste große Reise sein. Er ist mittlerweile mein fünfter Hund und reinrassig. Ich habe ihn im Dezember 2004 aus Grimmen, unweit von Rostock, geholt. Da war er vier Monate alt. Der damals mittelgroße Vierbeiner war der letzte seines Wurfes. Er ist in seinem Hundepass als »*Wasko von Oldtimes*« eingetragen. Natürlich ist es besser, sich einen Welpen unter den anwesenden Geschwistern aussuchen zu können. Als ich bei meiner Ankunft den kleinen Hof betrat, und mich näherte, hat sich Arthus hinter seinem Frauchen versteckt. Kein so optimales Zeichen … Ich hockte mich hin. Es dauerte eine ganze Weile, bis er ein bisschen Vertrauen zu mir fasste. Trotzdem nahm ich ihn mit. Die Scheu vor mir hatte er schnell abgelegt. Doch mit fremden Menschen hat er noch bis heute seine Problemchen. Er weicht ihnen aus, flüchtet mitunter sogar. Ich bin gespannt, wie Arthus unsere künftige Tour annimmt.

Tschechien

Über Berlin, Dresden, Pirna und Bad Schandau erreichen wir in der Nacht um 1 Uhr den deutsch-tschechischen Grenzpunkt. Es ist niemand zu sehen. Wir rollen durch.

Gegen 3 Uhr lassen wir uns auf einem einsamen Feld, irgendwo kurz vor Prag, nieder. Unsere erste Übernachtung auf der Reise. Wir kriechen neben dem Wartburg, in die Schlafsäcke. Meiner ist aus Kunststoff. Er hält bei nacktem Körper bis -15 Grad Celsius warm. Matthias Schlaftüte ist ähnlich. Die aus Kunststoff haben den Vorteil, dass sie schneller trocknen als jene aus Daunen. Arthus habe ich, nachdem er noch ordentlich herumgetollt war, an die Anhängerkupplung gebunden. Er würde sicher nicht weglaufen, doch er muss sich zunächst einmal an die neuen Umstände gewöhnen. Wie schon die Hunde auf den vergangenen Touren, hat auch Arthus keinen Hunger. Meine Vierbeiner begannen zu Beginn einer Reise, immer erst am dritten Tag normal zu fressen. Zu viele Neuheiten umgaben sie plötzlich. Ich bin gespannt auf die heutige Etappe.

Drei Stunden später beginnt es zu tröpfeln. Es ist hell. Wir sind sofort wach, schnellen hoch und klauben die Sachen zusammen. Nach einigen Minuten ist der Spuk wieder vorbei. Matthias und ich müssen lachen. Jetzt, wo wir schon stehen, beschließen wir, weiterzufahren. Womöglich war das ein Wink, keine Zeit zu verlieren. Der Beifahrer kann ja etwas schlummern – und sich anschließend hinters Lenkrad setzen.

Auf der Autobahn tangieren wir Prag, die Goldene Stadt, deren zahlreiche Sandsteintürme, bei Sonnenschein in Goldtönen schimmern, sagt man. Andere meinen, dass es sei wegen Kaiser Karls IV. der anwies, die Türme der Prager Burg zu vergolden – oder weil sie zur Zeit Rudolfs II. im 17. Jahrhundert ein Anziehungspunkt für Alchemisten, welche aus unreinen Materialien Gold zu gewinnen, und ihrer Versuche waren. Wieder andere bezeichneten Prag als »Stadt der 100 Türme« aufgrund der zahlreichen Türme im historischen Stadtbild – oder als »Steinernes Prag« nach dem Kaufmann Ibrahim ibn Yaqub.

Prags Geschichte ist randvoll mit bedeutenden Ereignissen. Mit der Karls-Universität wurde hier 1348 die erste Universität in Mitteleuropa gegründet. Am 23. Mai 1618 löste der zweite Prager Fenstersturz den Dreißigjährigen Krieg aus. Nach dem Ersten Weltkrieg gründete sich die Tschechoslowakei, Prag wurde ihre Hauptstadt.

Wir rollen weiter, Richtung Brno. Der Verkehr ist ziemlich dicht. Ich sitze am Steuer, fahre oft im Windschatten der LKWs, um etwas Benzin zu sparen. Matthias amüsiert sich darüber und meint, dass das nichts bringe. Ich lasse mich nicht beirren. Habe das schon in der Vergangenheit oft praktiziert. Es hat sich wirklich gelohnt! Wir halten an einer Raststätte, vertreten uns die Beine, kreisen die Arme, laufen mit Arthus ein wenig umher. Die viel zu kleine Mütze Schlaf von heute früh, macht sich bemerkbar …

Danach übernimmt Matthias das Steuer. Mein Begleiter erzählt mir von seinen bisherigen Unternehmungen. Er hat schon einige 4.000er Gipfel allein in der Schweiz bestiegen. Insgesamt 50 Berg-Touren hat er hinter sich. Mit dem Fahrrad war er auch unterwegs gewesen. Im Jahre 2004 von Namibia nach Südafrika, und 2005 von Kenia erneut zum südlichsten Land Afrikas – und das alles ohne Reisepartner.

Ich hatte auf meinen Touren beinahe stets einen Mitstreiter. Es gab aber auch Zeiten, an denen wir mal getrennt waren. Zum Beispiel 1996 in Sri Lanka, als ich elf Tage, fast mittellos mit meiner einstigen Hündin Gina auf der Straße gelebt hatte, und zwischen Ratten und Abfällen schlief. Ich wartete zu der Zeit auf Markus, der den Sultan von Brunei, den damals reichsten Mann der Welt treffen wollte, um für die deutsche Kinder-Aidshilfe Spendengeld zu bekommen. Hunde durften nicht nach Brunei. Deshalb haben wir uns in Japan trennen müssen.

Ungefähr das Gleiche widerfuhr mir nochmal im Jahre 2008 in Singapur. Dort war ich mit Andy Winter, einem anderen Gefährten, unterwegs.

Ich verpasste am Morgen, unseres eigentlichen Abfluges die Maschine, weil ich in der vorherigen Nacht, zu tief in die Flaschen und Gläser geschaut hatte … Ich übernachtete in dem Stadtstaat mehrere Tage auf der Feuerleiter eines Wohnhauses. Ich kauerte dort auf einem metallenen Absatz vor einer Fenstertür. Diese wurde eines Morgens geöffnet. Eine ältere Frau stieß einen grellen, erschreckten Schrei aus. Ich murmelte ein »Good morning«, und beruhigte sie sogleich.

Slowakei

Dann passieren wir die tschechisch-slowakische Grenze und sind wieder die Einzigen vor Ort. Zwei Beamte stehen am Straßenrand der Überdachung. An einem kleinen verglasten Holzhäuschen müssen wir halten. Ich reiche unsere Pässe und Arthus Hundeausweis, mit Beglaubigung vom Amtstierarzt, durch die Luke. Der blasse, schmalgesichtige Uniformierte mit einer knöchernen Adlernase, mustert uns abwechselnd. Dann sagt er verschmitzt zum Abschied: »Good Bye«.

Nur noch 50 Kilometer bis zur ungarischen Grenze. Im Osten ist eine bergige Gegend zu sehen. Das ist die *Niedere Tatra*, deren höchster

Gipfel, der Dunbier (2043m) ist. Bisher dachte ich immer, nur die *Hohe Tatra,* das kleinste Hochgebirge der Erde, hätte 2000er Berge.

Ungarn

Ich möchte in Richtung der *Puszta*, die Grassteppe Ungarns. Bis vor einigen Jahren und Jahrzehnten nahm man an, dass sie durch Baumrodung entstanden sei. Doch dieses Bild wurde durch ungarische Landschaftsarchäologen widerlegt. Nach jüngeren Erkenntnissen entstand die Puszta als Waldsteppe vor über 35tausend Jahren, verwandelte sich vor mehr als 8.000 Jahren allmählich in eine Grassteppe und breitete sich in den letzten 3.000 Jahren durch menschliche Einwirkung als Kultursteppe bzw. Sekundärsteppe schrittweise aus, wobei die Zeit zwischen dem 14. und dem 18. Jahrhundert Bedeutung hatte. In der folgenden Zeit, besonders im Laufe des 20. Jahrhunderts, wurde die Puszta für intensive Landschaft kultiviert.

Mein Handy ertönt. Cora ist dran, möchte wissen, wie es uns geht und wo wir sind. Ich vertiefe mich in das Gespräch, achte kaum noch auf Schilder. Als die Unterhaltung zu Ende ist, bemerke ich, das wir nicht in Richtung Steppe unterwegs sind, etwa 35 Kilometer westlich von *Debrecen*, sondern auf dem Weg nach Serbien. Ich habe nicht aufgepasst, hätte schon lange nach links abbiegen müssen. Ich ärgere mich. Matthias ist das egal.

Obwohl ich mich auf meiner sechsten abenteuerlichen Tour befinde, schenkt man uns allgemein keine Beachtung. Wir sind normale Verkehrsteilnehmer wie andere auch. Bisher fielen meine vorherigen Reisepartner und ich immer, durch unsere Gefährte und der Route nach Osten im Alltag auf. Da wir uns jetzt in Mitteleuropa befinden und wir einen normalen Wagen fahren, ist es auch mal ganz angenehm, ungestört zu reisen.

Serbien

Abends gelangen wir an die Grenze zu Serbien. Das erste Mal müssen wir warten. Es dauert aber nur zehn Minuten. Wir werden genötigt, den Kofferraum zu öffnen. Arthus muss aus dem Wagen. Ein Uniformierter filzt kontrolliert uns intensiv. Bei anderen Autos wird das ebenso gemacht.

Die serbische Fernverkehrsstraße ist breit und geradlinig. Man kann zu beiden Seiten, des zuweilen geflickten Asphalts, weit in die ebene, schier baumlose Gegend blicken. Es ist eine Weide- und Wiesen- Landschaft. Ab und zu mischen sich Rehe in sie hinein. Ein friedliches Bild. Wir fühlen uns plötzlich so frei, als wären wir gleich am Bosporus. Autos und Dörfer gibt es selten. Seit Deutschland sahen wir bisher nur zwei Wartburgs und nicht einen Trabant, die sogenannte »Rennpappe«.

Genauso wie an den Grenzen zwischen Tschechien und der Slowakei sowie an der Grenze zwischen Slowakei und Serbien, spricht man auch an der hiesigen Tankstelle deutsch. Das wundert uns. Wir bezahlen in Euro, wie in den drei Ländern zuvor. Ich führe Arthus in die wilde Natur. Es scheint, als habe sich der Vierbeiner schon ganz gut an den Rhythmus der Reise gewöhnt.

Später durchqueren wir in der Dunkelheit Belgrad, befahren breite Hauptstraßen. Langgezogene Hochhäuser säumen den Weg. Hinter der Hauptstadt des Landes verlassen wir die Autobahn. Wir haben auf einer recht kurzen Strecke zweimal je sechs Euro Maut zahlen müssen. Mir wurde das zu teuer.

Das Gebiet wird bergiger mit vereinzelnden Dörfern. Wir fühlen uns, wie um Jahrzehnte zurückversetzt. Es leuchtet kaum Licht am Rande der engen, holprigen Straße, und auch nicht aus den Häusern. Irgendwie eine unheimliche Stimmung. Wir sehnen uns nach der ›zivilisierten‹ Autobahn zurück.

Wir fahren von der Fahrbahn runter, halten auf erdigem Boden, der mit Pfützen übersät ist, an.

Auf die Karte starrend, möchten wir genau sehen, wo wir uns befinden. Mit einem Mal stoppt ein Auto links neben uns. Zwei Männer sitzen darin. Sie fragen nach dem Woher. Matthias antwortet auf Englisch, sagt auch, das wir weiter nach Rumänien wollen. Mir ist nicht wohl zumute. Man sollte keinen fremden Gestalten des Nachts, zudem in dem unbekannten, einsamen Areal, berichten, wohin man möchte. Matthias nimmt das nicht so ernst. In der Beziehung haben wir unterschiedliche Ansichten.

Kurz darauf versperren gleich zwei Erdrutsche, jeweils die Gegenfahrbahn. Geröll und sandige Erde haben sich breitgemacht. Langsam umfahre ich die Hindernisse. Die Gegend ist bewaldet, scheint uns unheimlich, fast gespenstisch. Es gibt scheinbar nur uns hier, in dieser menschenverlassenen Sphäre.

Die bucklige Straße wird kurvenreicher. Ich, der wieder lenkt, muss mich konzentrieren. Matthias döst. Später kommt noch Müdigkeit hinzu. Ich trinke Cola. Das Getränk hatte mir schon oft geholfen, gerade, wenn ich manchmal von Vorträgen aus dem Süden kam, und die halbe Nacht bis nach Hause fuhr. Ich erinnere mich an Dutzende Nachtfahrten mit Markus und Andy durch Osteuropa, Sibirien, der Mongolei und Australien. Obwohl wir häufig hinterm Lenkrad ermüdeten, und uns auch manchmal der Sekundenschlaf heimsuchte, ist nie etwas passiert. Immer noch zur rechten Zeit, wurden dann die Plätze im Auto getauscht.

Matthias und ich haben uns verfahren, irren umher. Natürlich gibt es keinen, der Auskunft geben kann. Wie durch ein Wunder erblicken wir in einer Straßen-Ausbuchtung einer kleinen Siedlung, einen Polizeiwagen. Die Uniformierten erklären uns die Strecke. Noch etwa 100 Kilometer bis zur rumänischen Grenze. Wir bedanken uns ein paar Mal und fahren aufatmend weiter.

Rumänien

Am Morgen, um 3:15 Uhr erreichen wir Rumänien.

Wir kampieren, samt Auto, am Ufer der Donau. Nach der Wolga ist sie mit mehr als 2800 Kilometer der zweitlängste Strom Europas.

Nicht weit von uns befindet sich ein Staudamm, deshalb ist der Fluss an unserem Lager wasserreich. Wir sind in unsere Schlaftüten geschlüpft, haben keinen Hunger. Der Untergrund ist vorwiegend sandig, vereinzelnd bedecken kleine und Steine von mittlerer Größe den Boden. Hinter uns befindet sich ein Dickicht aus teils wild verzweigten, mittelgroßen Bäumen und Sträuchern.

An einem Gewässer zu sein, hat stets Vorteile. Man hat zu trinken und kann sich waschen. Arthus, den ich wieder an die Kupplung angebunden habe, tollte vorhin einige Male knietief durchs Wasser. Der Mond, in seiner dreiviertel Phase spiegelt sich verschwommen im leicht dahingleitenden Wasser. Es ist windstill, die Luft ist trocken. Seit dem Aufbruch, gestern früh, kurz vor Prag, haben wir 1250 Kilometer hinter uns gelassen. Matthias und ich sind zufrieden.

Mit geschlossenen Augen schweifen meine Sinne zurück. Ich denke an den Igel in Tschechien, den wir ›überfuhren‹, ohne ihn zu berühren. Durch die Rückspiegel sahen wir, wie das kleine Stacheltier weiter über den Asphalt tippelte. Ich erinnerte mich nach der Begebenheit, wie ich mit meinem damaligen Van, ein »GMC Vandura«, in der Finsternis Brandenburgs, einen Dachs, an einer unbewaldeten Gegend überrollte. In den Folgejahren erblickte ich noch je zwei Dachse. Einen auf dem Darß und den anderen am verschneiten Straßenrand, in meine Fahrtrichtung weiterlaufend, auf Rügen. Diese selbstbewussten, nicht ungefährlichen Tiere, sind sehr scheu und zumeist nachtaktiv. Man bekommt sie äußerst selten zu sehen. Selbst viele langjährig, erfahrene Jäger, haben noch nie in der Natur einen Dachs zu Gesicht bekommen. Mir schießen die serbischen Autofahrer in den Kopf, die sehr rasant bis verrückt fuhren. Für uns das beschwerlichste Straßengeschehen bisher überhaupt!

Erst gegen 10 Uhr schälen wir uns aus den Schlafsäcken. Unsere Körper brauchten den Schlaf, der ihnen entzogen wurde.

Ich binde Arthus los. Sofort stürmt er ins Wasser. Wir setzen uns in das Auto, beißen in ein paar Stullen von Schwarzbrot. Sie sind belegt mit Salami und Käse. Wir pellen Eier und öffnen eine Dose Thunfisch. Wir haben eine Kühltasche bei uns. Noch reichen die Essensvorräte von zu Hause. Müsliriegel, Bananen, Äpfel, Tomaten und Zwiebeln sind auch dabei. Wenn auch das Obst zu schimmeln beginnen sollte, Zwiebeln halten sich immer. Das habe ich während der Weltumradlung in Russland gelernt. Für den Hund haben wir einen 15-Kilogramm-Sack Trocken- und vier Dosen Nassfutter an Bord des Autos. Letzteres mische ich Arthus zuweilen unter die harten Brocken.

Sonnenstrahlen wärmen später unsere Gesichter. Zarte Federwolken verharren verteilt am Himmel. Der Wartburg rollt ostwärts, Richtung Craiova.

Rumänien unterscheidet sich etwas von den zurückliegenden Ländern.

Viele Schafherden ohne Umzäunung, mit Hirten und wachsamen Hunden sind zu beobachten. Menschen, die zur Gruppe der Sinti und Roma gehören könnten, zuckeln auf Pferdewagen, oder Gefährte (Karren), vor die Esel gespannt sind, dicht am rechten Rand der Straße dahin. Manche Leute gehen auf der Landstraße zu Fuß, andere radeln mit dem Fahrrad. Man hat das Gefühl, als ob die Zeit hier etwas langsamer vergeht. Die Häuser in den Dörfern bestehen zum Teil aus Stein oder Holz. Die stellenweise rissigen, abgeplatzten Fassaden erscheinen gräulich, rosarot und beigefarben. Hölzerne, mitunter windschiefen Zäune, denen auch mal einige Latten fehlen, begrenzen die Höfe. Das Leben im rustikalen Alltag, erinnert mich stark ans ländliche Russland, nur dass wir dort kaum Radfahrer sahen. Die Umgebung ähnelt der aus Serbien manchmal sehr. Weit einsehbare, hügelige Landschaft, bewachsen mit Gräsern, Sträuchern und einzeln stehenden Bäumen oder Baumgruppen.

Wir lassen Craiova, die größte Stadt in der historischen Region »Kleine Walachei« hinter uns. Das Fahren im Windschatten großer »Brummis« oder Bussen behalte ich bei. Auch hier können wir an einem Tank-Stopp den Sprit mit Euro begleichen. Die Tankstellen sind oft leer, manchmal mit zwei, drei Fahrzeugen belebt. Die Regale im Inneren der Häuschen sind halbleer. Es gibt Kekse, Salzstangen, Schokolade, Wasser, Bier und Flaschen mit hochprozentigem Alkohol.

In den Abendstunden gelangen wir nach *Bukarest*. Anders als in Serbien und den Staaten zuvor, sahen wir noch keine Deutschen auf rumänischem Gebiet. Der allgemeine Verkehr in der Hauptstadt ist dicht. Wir müssen aufpassen, auf die Autos, Passanten, Ampeln und Schilder. Es herrscht wirres Treiben. Die ausgedehnten Häuserblocks ragen zumeist zehn Etagen in die Höhe und sind grau und trist. Wir halten nicht an, wollen schnellstmöglich aus dem Moloch wieder raus.

Nur kurz unterbrechen wir einmal die Fahrt, um uns bei einem Taxifahrer, der aus Russland stammt, nach der richtigen Route zu erkundigen.

Nachdem wir Bukarest verlassen haben, hänge ich mich erneut in den Schatten eines Lasters. Er fährt mit bis zu 115 Stundenkilometer, ungewöhnlich schnell. Dann vor uns ein Knall. Leichter Qualm kommt uns entgegen. Durch den Rauch hindurch, leuchten vor uns plötzlich rote Bremslichter auf. Erschrocken trample ich auf das Bremspedal. Das war knapp! Beinahe wäre ich aufgefahren. Der vor uns fahrende LKW rollt zur Seite und stoppt. Wir sind froh, dass nichts passiert ist. Aus der Erfahrung meiner vergangenen Touren ist mir bewusst, das laute, verfrühte

Freude ein Ziel zu erreichen, mitunter nicht ratsam ist. Ich könnte darüber fast ein kleines Buch schreiben.

Später gelangen wir an die Grenze zu Bulgarien, nicht weit vom Schwarzen Meer entfernt. Die rumänischen Beamten wollen von uns eine Straßenplakette ihres Landes sehen. Wir haben keine dabei. Ich spreche mit ihnen russisch. Der Schalter an der serbisch-rumänischen Grenze war bei unserem Übertritt in der Nacht geschlossen.

Die Grenzposten fordern von uns 58 Euro. Wir sind perplex. Der Betrag gilt für das ganze Jahr. Der junge, dunkle Typ mit Käppi auf dem Kopf, ist beharrlich. Im ruhigen, dennoch konsequenten Ton, fordert er die Summe, auch wenn wir nur kurz in Rumänien waren.

Nach einer kleinen Diskussion müssen wir bezahlen. Doch dabei bleibt es nicht. Zu der Straßengebühr gesellen sich noch 15 Euro Taxgebühr. Zudem weitere zwei Euro für eine kurze Fahrt durch eine Wasserschleuse, wegen der Vogelgrippe. Und für den Chef der Grenzstelle nochmal 30 Euro! Wir verstehen das nicht, versuchen, uns zu sträuben – keine Chance!

Endlich geht es weiter. Wir haben deutlich bemerkt: Rumänien ist nicht in der EU.

Bulgarien

Die Straße nach Warna, der Stadt am Schwarzen Meer, ist in Ordnung. So ein unbeschwertes Fahren haben wir lange nicht mehr erlebt. Zu beiden Seiten begleitet uns hügeliges Land, überzogen von dichtem Wald.

Die Küstenstadt ist hell erleuchtet. Es ist Mitternacht. Kurz hinter der Stadt, lassen wir uns irgendwo zwischen Bäumen und Sträuchern nieder. Wir finden eine winzige Lichtung. Arthus springt aus dem Auto, stöbert in der nahen Umgebung herum. Seit der Abfahrt in Rostock scheint er mir etwas selbstbewusster geworden zu sein. Ich rufe ihn, übermütig rennt er auf mich zu. Stolz streichele ich meinen Vierbeiner. Er sieht aus, wie ein klassischer Schäferhund. Sein Fell ist oben schwarz, unten braun. Er hat eine sportliche Statur, wiegt etwa 40 Kilogramm. Manchmal zeigten Leute auf der Herfahrt auf den Hund und sagten: »Kommissar Rex?« Selbst die Grenzer mancherorts waren beeindruckt von Arthus.

Als wir die Schlafsäcke ausbreiten, entdecken wir einige Kondome. Beim Vergrößern unseres Radius' fallen uns noch mehr dieser Lümmeltüten ins Blickfeld.

Matthias und ich lächeln uns zu, scheinbar haben wir einen Platz für gewisse Schäferstündchen gefunden. Die Nacht ist idyllisch. Es wehte kein Lüftchen. Das Firmament sternenklar. Vor allem gibt es hier keine Mücken! Warum das so ist, bleibt offen. Der Boden ist teils sandig, Waldkiefern umgeben uns. Diese Baumart ist anspruchslos, wächst sogar auf nährstoffarmen Böden. Wir sind nicht weit vom Meer entfernt. Arthus hat in den zurückliegenden Nächten nicht einmal gebellt. Eigentlich untypisch für das nächtigen in fremder Gegend. Während meiner letzten Touren verging kaum eine Nacht, in der die Hunde sich nicht mucksten. Nur bei Dauerregen lagen sie unter ihrer Plane und waren still.

Baden im Schwarzen Meer

Am nächsten Tag, es ist mittags, baden wir, zwischen Warna und Burgas, im Schwarzen Meer. Der Strand ist beinahe menschenleer. Arthus tapst brusttief ins Wasser und schaut uns zu. Es ist erfrischend und angenehm im nassen Element. Wir schätzen die Wassertemperatur auf knapp 20 Grad Celsius und vergessen kurz die Reise, schwimmen und tauchen, wie uns zumute ist.

Als kleiner Junge hatte ich stets Respekt bis Angst vorm Wasser. Währen meiner Bundeswehrzeit nahm ich an der Minentaucherausbildung teil. Dort habe ich gelernt, mit der Angst umzugehen. Nach vielem Lauf- und Schwimmtraining schaffte ich bald 60 Meter Streckentauchen und über zwei Minuten Zeittauchen.

Ich werfe einen Stock für Arthus ins Wasser. Er stürzt in die seichten Wellen. Ich hinterher. Zusammen schwimmen wir zurück. Nach einer Ruhepause laufe ich noch eine Stunde am Strand entlang. Vereinzelnd schauen mir Badegäste von ihren Stühlen oder Decken aus, hinterher.

Wieder im Auto, müssen wir an die Prostituierten von heute Morgen denken. Sie standen, als wir aufbrachen, ganz nahe unseres Schlafplatzes an einer Straße. Mit Miniröcken oder engen kurzen Höschen, die die Pobacken kaum verdeckten, warben sie um Freier.

Uns fällt in den Küstenorten auf, dass hier viele neue Hotels entstehen. Manchmal blicken Bauarbeiter mit ihren gebräunten Oberkörpern zu uns hinab.

Dehnungsübung vor einem Trainingslauf zwischen Burgas und Warna am Schwarzen Meer

Das letzte Stück bis zur Türkei ist bergig und mit einem Meer von grünen Bäumen überdeckt.

Rund 40 Kilometer vor der Grenze müssen wir an einem Schlagbaum halten. Ein Uniformierter tritt aus einem hölzernen Wachhäuschen heraus, kontrolliert kurz unsere Pässe und lässt uns durch.

Plötzlich bemerke ich etwas später, auf der Gegenfahrbahn vor uns eine große Vertiefung. Eine riesige, rechteckige Fläche von drei mal fünf Metern des Asphalts fehlen. Die etwa 20 Zentimeter Vertiefung besteht aus kieshaltigem Boden. Eine Absperrung oder Warnschild ist nicht zu sehen …

Wir sind fast allein auf der Straße, haben kaum noch Sprit. Angespannt fahren wir weiter. Dann endlich eine Tankstelle. Sie steht mitten im Wald, fernab von jeglicher Zivilisation.

Matthias möchte wie immer, mit Euros bezahlen, doch der Kassierer im kleinen Häuschen schüttelt den Kopf. Er will nur die einheimische Währung Lew. Aber die haben wir nicht, und der Tank ist schon gefüllt. Der füllige Mann, im blauen Trägerhemd und üppiger Behaarung am Körper, runzelt die Stirn. Eine endlose Weile vergeht. Ihm bleibt nichts anderes übrig, als unsere Scheine anzunehmen. Den Rest gibt er uns in der Staatswährung wieder. Ähnlich wie in vielen Ländern können die Einheimischen Euromünzen nicht in ihrem Land verwenden.

Draußen löscht Arthus seinen Durst in einem sprudelnden Becken. Er muss viel trinken.

Türkei

Etwas später, am Grenzpunkt zur Türkei, will der dortige Polizeibeamte, eine Vollmacht von mir sehen, die mir erlaubt, den Wagen fahren zu dürfen. Zugelassen ist der Wartburg nämlich auf Markus Möller. Er guckt mich eindringlich an, sagt, wie die Russen auch: »Straf!« Er will Geld. Ich denke an die letzte Grenze, habe keine Lust, erneut tief in den Geldbeutel zu greifen. Ich bleibe beharrlich. In Russland wollten die Behörden auch oft unsinnige Dollars von uns haben. Wir blieben damals oft geduldig, spielten auf Zeit. Wir erzählten dann spontan von unseren vergangenen Reisen, lobten die russische Gastfreundschaft und Hilfsbereitschaft. Dadurch tauten die scheinbar gefühllosen Polizisten oft auf. Es hatte den Anschein, als wäre es ihnen mit einem Mal peinlich, noch eben zusätzliches Geld von uns gefordert zu haben. Damit haben wir einige Finanzen gespart. In diesem Augenblick kommt mir das Begleitschreiben vom Oberbürgermeister aus Rostock in den Sinn, das wir im Gepäck haben. Ich krame es aus dem Kofferraum, zeige die Blätter dem sportlichen Polizisten, der etwa meine Größe hat.

Auf dem Dokument ist oben das Logo der Stadt zu sehen, mit dem Rostocker gelbfarbenen »Greif«, dem Wappentier. Dahinter zwei geschwungene Symbole, in jeweils roter sowie blauer Farbe. Sie haben die Form von ausgebreiteten Pionierhalstüchern aus DDR-Zeiten. Darunter befindet sich der Text, der uns vorstellt und unser Vorhaben beinhaltet. Unten dann ein großer runder Stempel, mit der Unterschrift des Stadtoberhaupts. Die Botschaft wurde uns auch jeweils ins Russische und Englische übersetzt. Der Beamte nickt. Dann kontrollieren zwei seiner Kollegen unser Gepäck. Sie wühlen drin herum, machen Stichproben. Matthias und ich sind angespannt. Mein Herz klopft immer schneller. Die Tasche, die hinter dem Fahrersitz stand, ist auch draußen. In ihr liegt, eingewickelt in Tüchern, mein Revolver, der mit Leuchtmunition funktioniert, um im Notfall auf uns aufmerksam zu machen. Die Waffe hatte ich zuvor bei zwei vergangenen Reisen nach Russland dabei.

Einmal, am Ufer der Lena, hatte ich von ihr Gebrauch gemacht. Damals näherte sich unserem Lager in der Dunkelheit ein mittelgroßer Bär. Markus und ich lagen schon im Zelt, als unsere beiden Schäferhunde plötzlich aufgebracht bellten.

Rasch war ich draußen und erschrak. Der Petz schien keine Angst vor den erregten Vierbeinern zu haben. Prüfend tapste er näher. Im Nu holte ich den Revolver aus dem Zelt, schoss sofort über den Kopf des Bären hinweg. Der rote Schweif der Munition flog krachend in Nacht.

Das sonst so selbstbewusste Taigatier flüchtete. Danach stellten wir fest, das noch ein paar Essensreste an der Glut des Lagerfeuers standen. Durch die Hitze hat sich vermutlich ein verführerischer Duft verbreitet. Zudem haben Bären die sensibelste Nase der Tierwelt. Ein Eisbär kann den Geruch einer läufigen Eisbärin bis in 20 Kilometer Entfernung wittern.

Wir haben Glück! Die Tasche mit dem Schießeisen lassen die Beamten in Ruhe.

Bald sehen wir einige helle Minarette von Edirne, der westlichsten Großstadt der Türkei. Die breite Straße, in einem ordentlichen Zustand, führt direkt nach Istanbul, etwa 100 Kilometer entfernt.

Da der Abend schon vorangeschritten ist, biegen wir bei Silveri, einem kleinen Ort, in eine Nebenstraße ein. Schließlich landen wir auf einem Feldweg, der mit tiefen, ausgetrockneten Landmaschinenspuren durchzogen ist. Fast parallel dazu fließt ein Bach entlang. Die Gegend ist leicht hügelig.

Seit dem Grenzübertritt haben wir die Uhren zur M.E.Z. um eine Stunde vorgestellt. Heute hat es auf unserer Tour zum ersten Mal etwas geregnet. Nach einer halben Stunde war es aber wieder vorbei.

Nachts im Schlafsack liegend, rutsche ich immer wieder in die stark eingedrückten Fahrzeugspuren hinein. Leise fluche ich vor mir hin. Matthias amüsiert sich. Er steckt mich mit seiner Belustigung an. Schließlich lachen wir beide. Das Gelächter wird immer lauter, lärmt durch die Nacht. Wir steigern uns aus unerklärlichen Gründen in die Situationskomik hinein und halten uns die Bäuche.

Istanbul

Tags darauf erreichen wir Istanbul. Die Stadt ist riesig! Über 10 Millionen Menschen wohnen hier, im Ballungsraum sogar 15 Millionen!

Bereits vor mehr als 2.600 Jahren wurde die Stadt als *Byzantion* gegründet, im Jahre 324 u.Z. zu *Konstantinopel* umbenannt. Später, 1876, ging die riesige Metropole offiziell als *Istanbul* in die Verfassung ein. Sie misst von Ost nach West allein 100 Kilometer, die Nord-Südausdehnung beträgt 50 Kilometer.

Beinahe 1.600 Jahre lang diente sie nacheinander dem *römischen*, dem *Byzantinischen* und dem *Osmanischen* Reich als Hauptstadt. Das Stadtbild ist von Bauten der griechisch-römischen Antike des mittelalterlichen *Byzanz* sowie der neuzeitlichen und modernen *Türkei* geprägt. Paläste gehören ebenso dazu, wie zahlreiche *Moscheen, Cemevleri, Kirchen Synagogen.* Aufgrund ihrer Einzigartigkeit wurden Teile der historischen Altstadt von der UNESCO zum Weltkulturerbe erklärt. Im Jahre 2010 wurde Istanbul Kulturhauptstadt Europas. Drei Jahre später wurde der Eisenbahntunnel unter dem Bosporus eröffnet. Der ganze Stolz der Stadt. Auf 1,4 Kilometer Länge führt das Bauwerk unter der Meerenge zum Schwarzen Meer hindurch. Der Verkehrsweg verläuft bis zu 56 Meter unter dem Meeresboden. Somit ist die Metro die am tiefsten gebaute Tunnelröhre der Welt.

Uns ist, als führen wir schon ewig über die gut ausgebaute Stadtautobahn. Seit wir in die Türkei hineingefahren sind, bemerkten wir bald, dass der Verkehr hier anders pulsiert, als in den vorherigen Ländern. Man hupt hier schneller und länger. Johlende und pfeifende Typen, auf den Ladepritschen mancher Lastwagen, Pick-ups oder Pkws mit heruntergekurbelten Scheiben sind zu sehen. Wir fallen mit unserem beklebten Wartburg und dem hinaus schauenden Arthus ziemlich krass auf. Aus dem zähflüssig dahinrollenden Autostrom winken uns Einheimische zu.

Ankunft in Istanbul. Der Bosporus, eine der bekanntesten Meerengen der Welt.

Die größte türkische Stadt ist eine Mischung aus vielen Minaretten, Moscheen, hellen mediterran angehauchten Häusern, mit bogenförmigen Fenstern und ein paar Palmen davor. Moderne gläserne Hochhäuser stehen zuweilen dazwischen, in denen Banken und Firmen ihren Geschäften nachgehen.

Wir müssen uns in dichtem Verkehr konzentrieren, aber bis zum Bosporus geht es ohnehin nur geradeaus. Die Meerenge zwischen Europa und Asien entdecken wir vorerst nicht. Istanbul ist die einzige Stadt der Welt, die zwei Kontinente verbindet. Mir wird bewusst, dass ich die lange ›Stadtstrecke‹, die wir jetzt zurücklegen, übermorgen laufen werde.

Endlich erscheint eine der großen Hängebrücken, die über eine der meist befahrenen Wasserstraßen der Erde hinüberführt. Wir bezahlen fünf Euro Maut für die Überquerung. Auf dem asiatischen Terrain angekommen, bleiben wir nicht lange dort, kehren gleich um. Es ist für Fußgänger nicht erlaubt, die kilometerweite Brücke zu begehen.

Abendstimmung

Am Abend lassen wir uns am Westufer des Bosporus nieder. Am Wasser herrscht reges Treiben. Dutzende Angler versuchen am Kai ihr Petri Heil Glück. Mondän gekleidete Frauen mit modischen Sonnenbrillen, hellen Blusen, farbig gemusterte T-Shirts und engen Jeans flanieren an uns vorbei. Nur selten erblicken wir teils verschleierte Frauen. In einer Burka verhüllt, schon gar nicht. Man hat das Gefühl, zum Beispiel irgendwo in London oder Paris zu sein. Es ist kein richtiger muslimischer Alltag, den wir hier erleben, wie man ihn aus dem Fernsehen kennt. Natürlich sind auch einige Touristen darunter.

In einem Café, unweit vom Bosporus, lädt uns eine Frau, die einen Kangal, einen türkischen Hirtenhund bei sich sitzen hat, auf Fladenbrote und Cola ein. Die Einheimische hat uns vom Nebentisch sofort bemerkt. Die aus Pflastersteinen errichteten Gassen, Richtung Stadtautobahn hinauf, haben Steigungen bis 20 Prozent.

Wir sitzen draußen vor einem grauen, leicht rissigen dreistöckigen Haus. Die Frau mit den dunklen, schulterlang gewellten Haaren, hat ein weißes Trägerhemd, auf dem ein buntes Blumenmuster zu sehen ist, an. Zudem trägt sie eine eng anliegende, hellblaue Jeans.

Ayla, so der Name der Gönnerin, spricht gutes Englisch. Sie fragt, ob wir hier Urlaub machen. Als sie von unserem Vorhaben hört, runzelt sie die Stirn, hält sich damenhaft die Hand vor dem Mund und schüttelt seicht den Kopf. Sie ist Mitte dreißig, arbeitet als Bürokraft für eine Firma. Ihr Mann und die beiden kleinen Kinder sind gerade zu Hause. Matthias und ich staunen. Sonst sitzen die Männer stets in Cafés und die weibliche Hälfte *hat im Haus zu sein.* Ich frage Ayla nach ihrem Hund. Mesut, so heißt ihr einheimischer Hirtenhund, liegt unterm Tisch und schenkt uns kaum Beachtung. Der Rüde ist großgewachsen, sogar etwas größer als ein Schäferhund. Er hat kurzes, beigefarbenes Fell, eine dunkle Schnauze, gleichfarbige Schlappohren und wiegt fast 60 Kilogramm. Der Ursprung der Rasse liegt in Anatolien und ragt mehrere tausend Jahre v. Chr. zurück. Plötzlich klingelt Aylas Handy. Ihre Stirn legt sich in Falten, sie steht auf. Mit freundlich gequälter Miene nickt sie uns zu und verschwindet mit dem ruhig anmutenden Kangal.

Dann erheben auch wir uns, blicken ein letztes Mal in der einsetzenden Dämmerung zum Bosporus. Im dunkelblauen Wasser spiegeln sich verzerrt die gelblichen Lichter des Ufers.

Etwas später parken wir auf der europäischen Seite der Stadt. Neben uns steht ein im Bau befindlicher Turm, auf der anderen Straßenseite ist »McDonalds-Restaurant« zu sehen.

Kurz darauf sitzen wir schlemmend im Auto, haben jeweils einen Hamburger, Pommes frites, Cola und Bier am Mann. Arthus bekommt auch etwas ab. Wir haben das Gefühl, unsere Henkersmahlzeit zu futtern.

Starttag

Am übernächsten Tag, es ist der 20. Mai, ist es so weit. Heute werde ich meinen Europalauf starten.

Zwei Tage zum Akklimatisieren in Istanbul reichen uns.

Endlich Rauslaufen aus Istanbul.

Um acht Uhr erheben wir uns, haben zu dritt neben dem Auto gelegen. Arthus hat die beiden letzten Nächte einige Male gebellt. Zum ersten Mal schliefen wir in der Nähe von Menschen, dennoch ein klein wenig abseits. Üppige Vegetation hat uns geschützt. Wir essen Schwarzbrot, etwas

Salami, Käse und ich eine Banane als Energiespender. Während Matthias den Hund ausführt, natürlich an der Leine, reibe ich meine Füße mit Vaseline ein, das soll sie geschmeidig halten.

Es ist 11 Uhr 40, als ich die ersten Schritte Richtung Nordkap mache. Ich laufe gemächlich und locker los, denke an nichts, blicke mich noch einmal nach dem halbfertigen, weißgrauen Turm um. Was mich in nächster Zeit erwartet, ahne ich nicht wirklich…

Ich laufe auf dem Standstreifen der vierspurigen Stadtautobahn, Richtung Bulgarien. Wirksame Werbeschilder sind am Straßenrand zu sehen, auf einer Tafel mit gelbem Untergrund und einem blauen, ovalen Kreis in der Mitte, steht mit weißen Buchstaben »alfapen«. Ein Lastwagen mit einer roten Aufschrift »ADALI« zieht an mir vorüber.

Ich strotze voller Kraft und Energie. Mir ist, als gehöre mir die Straße. Ich trage unser weißes, kurzärmliges T-Shirt, eine kurze blaue Sporthose und einen Trinkgürtel, mit mehreren kleinen Plastikflaschen daran. Ein Fläschchen hat einen Inhalt von 0,125 Liter. Zumeist sind sie gefüllt mit purem Wasser, aber auch mit Magnesium, Kalzium und verschiedenen Vitaminen. Das Wetter ist gut, Sonnenschein, bei 25 Grad Celsius und Windstille begleiten mich. Fahrzeuge fahren lückenhaft an mir vorbei. Gehupe ist zu hören, Schreie aus den Autos. Die Insassen drehen sich nach mir um. In langen, seichten Wellen streckt sich der geradlinige Asphalt allmählich aus dem Kern der Stadt. Dieses graue, schier endlose Band, so denke ich, wird in den nächsten Monaten mein zu Hause sein.

Weit vor mir sehe ich unseren Wartburg. Er steht auf dem Seitenstreifen. Matthias behält mich im Auge. Mir ist etwas bange, denn die Polizei könnte mich anhalten und den Lauf stoppen. Sicherlich ist es nicht erlaubt, hier per pedes unterwegs zu sein. Ich schaue auf die Uhr, eine Stunde ist seit meinem Start vergangen. Matthias, der langsam mit Warnblinker hinter mir gefahren ist, hält.

Ich sitze auf dem Beifahrersitz, ein Fuß aufs Armaturenbrett gelegt. Fast zehn Kilometer stecken in meinen Beinen. Ich esse einen Schokoladenriegel, nehme schluckweise Flüssigkeit zu mir. Wie auf den bisherigen Sporttouren habe ich auch bei diesem Vorhaben einen Tagesrhythmus. Er besteht aus einer Stunde laufen, zehn Minuten Pause, einer Stunde laufen …

Einen ähnlichen Rhythmus hatte ich damals, in der Vorbereitung zur Weltum*rad*lung, in den Büchern von Reinhold Messner und Arved Fuchs gelesen, als beide gemeinsam 1989/90, als erste Menschen die Antarktis zu Fuß durchquerten.

Als Markus Möller, der auch mein ehemaliger Klassenkamerad in der POS war, und mit dem ich mit 18 Jahren auf Fahrrädern von Rostock nach Chemnitz gefahren sind, lagen wir mit roten, erhitzten Köpfen hinter Berlin im Straßengraben. Wir sind stundenlang durch die Nacht geradelt, ohne eine Pause zu machen, und haben zudem auch planlos gegessen. Mit ihm hatte ich später vier Extremreisen bewältigt,

Bei monatelanger Extrembelastung des Körpers ist Regelmäßigkeit der Schlüssel zum Erfolg. Auch wenn man meint, man läge gut im Rennen, dann sollte man sich trotzdem kurz erholen. Vor allem, stündlich etwas zu sich nehmen, in Form von kohlenhydratreicher Nahrung. Wie zum Beispiel: Bananen, Schokolade, Waffeln, Kekse, Müsliriegel u. ä.

Seit der Vorbereitung zur Weltum*rad*lung habe ich stets viele Bücher über ähnliche Touren gelesen. Parallel dazu habe ich mir ein eigenes Reisebuch angelegt, unterteilt in verschiedenen Rubriken, in dem das Wichtigste notiert wurde.

Nach zehn Minuten Pause steige ich pünktlich aus dem Wagen. Ich bin hochmotiviert, möchte endlich die Metropole hinter mich bringen. Bald lichten sich die Häuser, sie werden auch niedriger. Die Natur hingegen wird präsenter. Aus dem Auto heraus ist man weniger sensibel dafür. Oft dudelt Musik, man unterhält sich oder die Mitfahrer sind vertieft ins Lesen. Ich laufe exakt wie ein Uhrwerk.

Plötzlich, in der dritten Laufstunde, wird mir etwas schwindlig. Meine Beine werden weich. Ich verlangsame das Tempo, schleppe mich zur nächsten Pause. Gleich einem Mehlsack hänge ich auf dem Sitz. Matthias reicht mir eine Banane, gekauft in Istanbul. Meine Sinne kreisen, verstehe den Schwächeeinbruch nicht. Habe ich während der letzten Etappe zu wenig getrunken? Das kann es nicht sein! Seit dem Aufbruch am Vormittag ist es heißer geworden. Um die 30 Grad Celsius.

Matthias holt ein weiteres T-Shirt aus dem Kofferraum. Ich binde es mir angestrengt um den Kopf. Vielleicht hat mich die Sonne da etwas »gekitzelt«.

Trotzdem setze ich meine Schritte nach Plan weiter um, bewege mich bisschen wie auf Eiern. Demut schwingt mit. Fünf Minuten später habe ich meinen Rhythmus wieder gefunden.

Die erste Laufübernachtung

Am Abend gegen halb sieben mache ich für heute halt. Ich habe an die 54 Kilometer geschafft. Die ersten Stunden waren unbeschwert, fast euphorisch. Dann wurden die Beine allmählich schwerer. Der Respekt vor dem, was noch vor mir steigt: mehr als 5.000 Kilometer.

Wir haben Istanbul verlassen, stehen an einer einsamen, maroden Tankstelle, die nicht mehr in Betrieb ist, unweit des Ortes *Kavakli*.

»Der geeignete Ort, um zu übernachten«, meint Matthias gutgelaunt, die Arme dabei weit ausgebreitet. Ich setze mich auf einen hohen, abgebröckelten Bordstein, bin froh, den ersten Tag geschafft zu haben. Die heutige Etappe war mein Prolog. Er diente zum Warmlaufen, zum Abtasten der Bedingungen, zum Finden des Rhythmus, ähnlich wie auch bei der Weltumradling. Ich bin kein Profiläufer, doch nach dem ersten Tag weiß ich, dass ich das, was ich mir vorgenommen habe, nämlich 70 bis 80 Kilometer pro Tag zu laufen, schaffen kann. Auch Matthias war fleißig, besorgte Lebensmittel, führte Arthus aus und hielt schöne Motive mit der Kamera fest. Zum Abendbrot gibt es Mischbrot, Salami im Stück und Käse. Ein paar hellgrüne Äpfel hat mein Begleiter ebenso gekauft. Arthus bekommt auch etwas davon ab – aber erst, nachdem er seine Ration Trockenfutter gefressen hat. Wie ohnehin vermutet, bekam der Vierbeiner erst am dritten Tag Appetit.

Es ist kurz nach 21 Uhr und schon dunkel. Matthias hat ein kleines Feuer auf einem abgeplatzten Betonwürfel entzündet.

Wenig später sehen wir eine leuchtende Taschenlampe. Ein älterer Mann, mit hellem Basecap kommt hinter dem Tankstellenhäuschen, dessen Scheiben alle zertrümmert sind, hervor. Arthus macht ein paar Schritte auf ihn zu und bellt lautstark, so das der Ankömmling respektvoll auf der Stelle verharrt. Ich beruhige mein Hund, packe ihn am Halsband.

Der Mann redet wild gestikulierend auf uns ein. Natürlich verstehen wir kein Türkisch. Dann zeigt er auf die hüpfenden Flammen, wir sollen sie löschen. Matthias erstickt das Feuer mit herumliegendem Sand. Abrupt dreht sich der Fremdling um und verschwindet so schnell, wie er erschien. Stolz streichle ich Arthus. Er hat sich zum ersten Mal, seit ich ihn habe, einem Fremden entgegengestellt. Das gibt mir Zuversicht. Vielleicht weckt unsere Tour auch zukünftig die Urinstinkte von Arthus. Möglicherweise wird im bald bewusst, dass er nicht Bambi das Reh ist, sondern ein Schäferhund, zudem noch mit Stammbaum!

Erinnerungen an die Armeezeit

Am nächsten Morgen stehen wir schon 7:00 Uhr auf. Ich möchte den vor uns liegenden Tag voll nutzen. Die vergangene Nacht schien mir sehr lang. Immer wieder wachte ich auf, schaute zuweilen auf die Uhr. Der Vorteil der kurzen Wachphasen: Man hat mehr von der Nacht, kann sich noch einmal umdrehen. Ich esse eine Banane, knabbere an einem Apfel. Ich habe kaum Hunger. Arthus schnüffelt nahe bei uns herum.

Ich beobachte Matthias, wie er sich, den freien Oberkörper vor dem Außenspiegel unseres Wagens gebeugt, mit einer Rasierklinge den weißen Schaum vom Gesicht zieht.

Meine Gedanken schweifen zu meiner Armeezeit zurück. Ich wurde schon mit 18 Jahren zum Wehrdienst eingezogen. Ich habe noch vier Wochen bei der NVA gedient, bis am 03. Oktober 1990 daraus die Bundeswehr geworden ist. Ich war damals in Rostock, meiner Geburts- und Heimatstadt, stationiert. In der Zeit bewachte meine Kompanie mit mir ein Munitionslager in Peenemünde, auf Usedom. Als der Grundwehrdienst beendet war, verlängerte ich meine Dienstzeit noch um drei Jahre, das nannte sich »SAZ 4«,

Ich nahm in Eckernförde, bei Kiel, an einer Minentaucherausbildung teil, legte die dazugehörige Fallschirmjägerprüfung in Altenstadt (Bayern) ab und fuhr auf einem Zerstörer nach Norwegen. Später auch nach England und in die USA. Da mir damals kein Bart gewachsen ist, und sich nur mal einige Fransen nach außen verirrt haben, meinten die Unteroffiziere, während der morgendlichen Musterung, bei mir würde zum Rasieren auch ein trockenes Brötchen reichen.

Eine Stunde später setzen sich meine Beine in Gang. Ich brauche einige Minuten, um mich einzulaufen. Dann werden die Schritte koordinierter.

Am Nachmittag – es sind 29 Grad Celsius im Schatten, den ich leider nie habe – ändere ich meinen Rhythmus: Eine halbe Stunde Belastung, zehn Minuten Erholung. Ich habe den Eindruck, als trüge ich Blei in den Beinen.

Trockene Wiesenflächen, kleine Feldabschnitte und Baumgruppen prägen die Umgebung. Ich nehme die Gegend zumeist aus den Augenwinkeln wahr, zuweilen nur schemenhaft. Ich erlebe das Laufen, in einer, mir noch bisher unbekannten Dimension. Ich spüre jeden Schritt, als liefe ich zäh durch Honig. Zwar weiß ich durch meine zurückliegenden Touren, was möglich ist, aber dies ist wieder eine ganz andere Art der Fortbewegung. Aber genau das ist es, was ich ganz tief im Inneren will. Ich bin kein Radfahrer oder Kajakfahrer auf Lebenszeit, sondern möchte stets eine völlig neue Herausforderung annehmen. Darin liegt für mich der Reiz. Menschen sind oft zu viel mehr fähig, als sie selber glauben.

Der Grundstein meiner Extremreisen liegt vielleicht auch in der Kindheit. Mit acht, neun Jahren habe ich schon in Atlanten geblättert, schaute intensiv auf Landkarten aller Art und vertiefte mich in dicke Bücher mit Länderbeschreibungen – topografischen Stoff inklusive. Später wusste ich ab und an besser Bescheid als meine Geografielehrerin. Während der Unterrichtsstunde fragte sie mich manchmal, wenn wir ein neues Land behandelten, ob das stimmt, was sie oder ein Schüler gerade gesagt hatten. Über ihr Gesicht huschte dann ein wohlwollendes Lächeln.

Das Europa-Laufteam

Ich erblicke auf der gegenüberliegenden Seite der Straße, noch ein Stück entfernt, einen weiteren Läufer. Ein Kleinbus scheint ihm zu folgen. Beim Näherkommen mache ich über die zweispurige Fahrbahn, spontan einen Schwenk nach links. Der Athlet hält an, hebt lächelnd den Arm zum Gruß. Wir kommen ins Gespräch. Dem geräumigen Toyota entsteigen weitere fünf Sportler. Das Team kommt aus den Niederlanden, Österreich, Deutschland und Island. Auf ihren weißen Shirts steht auf Englisch

»Europa-RUN«. Sie veranstalten einen offiziellen Fackellauf durch den Kontinent. Jeder läuft 15 Kilometer, dann wird das Feuer an den Nächsten übergeben. Die internationale Gruppe besucht europaweit Schulen und Kinderheime. Sie halten dort Vorträge, verschenken Basecaps und Sportutensilien. Als sie von meiner Tour erfahren, heben einige von Ihnen die Augenbrauen. Die jungen Männer zwischen 18 und 30 Jahren sind froh, auch mal tagsüber im Wagen sitzen zu können.

Das internationale Staffellaufteam. Die Läufer hatten wenigstens ihre Pausen...

Nach dem nicht allzu langen Intermezzo hat mich der heiße Asphalt wieder. Motivierter als zuvor, setze ich meinen Weg fort. Schon auf der Weltum*rad*lung war es so gewesen. Begegneten wir, was sehr selten vorkam, anderen Fernradlern oder Reisenden auch aus der Heimat, stiegen die Emotionen auf beiden Seiten hoch. Obwohl man die fremde Partei nicht kannte, war sie einem doch so nah. Manchmal viel näher, als wenn man zu Hause Nachbarn auf der Straße trifft.

Trotz der herzlichen Begegnung mit den Fackelläufern quäle ich mich abends mit dem Vorankommen. Ich spüre immer mehr, Laufen ist noch um einiges schwerer, als Radfahren oder Kajak zu paddeln. Man hat bei dieser Methode der Fortbewegung kein Mittel, das einem hilft. Auf dem

Sattel kann man sich auch mal bergab beziehungsweise bei Rückenwind rollen lassen.

Im Boot sitzend, strömte das Wasser des Flusses unter und neben uns leicht an uns vorbei.

Später, im Unterlauf war es kaum noch spürbar. Die *Lena* ähnelte dann mehr und mehr einem großen See.

Zudem wurden bei diesen Sportarten, entweder die Beine oder der Oberkörper beansprucht. Beim Laufen wird der ganze Körper gefordert. Es gibt nicht die kleinste Unterstützung, selbst Rückenwind, so mein Empfinden, kann nicht viel erleichtern. Und eine Strecke *hinabzulaufen*, ist genauso anstrengend, wie *aufwärts*.

Nach 60 Kilometern höre ich auf. Diese Distanz wollte ich erreichen.

Ich stütze die Hände auf die Knie. Ich bin total fertig. Wie ausgebrannt. Als wären meine Gliedmaßen aus Gummi, schlurfe ich, den heißen Kopf im Nacken, umher. Ich steige schwerfällig ins Auto. Matthias gibt Gas. Er hat in circa drei Kilometer Entfernung einen Platz zum Kampieren gefunden. Wir haben uns die Stelle gemerkt, an der ich die heutige Etappe beendete. Morgen früh, werde ich, genau von hier aus starten.

Gastfreundliche Türken

Genau wie gestern fuhr Matthias während meiner letzten Laufeinheit voran, um nach einer geeigneten Übernachtung Ausschau zu halten.

An einem Pferdegestüt machen wir halt. Matthias, der nicht gerade scheu ist im Umgang mit fremden Leuten, konnte einem jungen Mann auf Englisch sein Begehr erklären. Der Vierzigjährige verstand meinen Partner sogleich. Er arbeitete auch schon in der Ukraine für eine Firma.

Wir dürfen auf der Veranda eines Hauses mit großen Fenstern, die beinahe bis zu den Dielen reichen, niederlassen. Arthus bleibt vorerst im Wartburg. Ich habe die Scheibe halb heruntergekurbelt.

Unser schmächtiger kleiner Gastgeber trägt ein ausgewaschenes, dunkelgraues T-Shirt, eine schwarze Jeans und eine gleichfarbige Schirmmütze.

Özgür hält eine Zigarette in der Hand und mustert uns lauschend mit vorgehaltenem Kopf, als verpasse er irgendetwas. Er gibt sich sehr interessiert und weltoffen.

Anschließend stellt Özgürs Vater einige Biere und winzige Kekse in einer Kristallschale auf den Tisch. Die beiden fragten auch, ob wir Essen bei uns haben. Matthias formte einen Berg in die Luft und meinte, wir haben genug davon. Der Vater hat sich gesetzt, während der Sohn noch immer vor uns steht. Er scheint sichtlich erfreut uns zu treffen. Özgür zeigt auf das Familienoberhaupt und erwähnt nicht ohne Stolz, dass er sechs Jahre lang in Sibirien gearbeitet hatte. Ich werde hellhörig, erkundige mich wo?

»In Mirny«, antwortet das sympathische Kerlchen. Ich erfahre, dass der Vater in der dortigen Diamantenmine der Stadt, Lkw gefahren ist.

»Einen großen Kipper?«, frage ich weiter. Ich wechsle ins Russische. Der Vater, der fast weiße, zum Scheitel gekämmte Haare trägt, spricht die Sprache des größten Landes der Erde, fließend. Seine schmalen Augen, im wettergegerbten Gesicht, beginnen zu blitzen. Er erzählt mir von einer riesigen Grube, einen Kilometer im Durchmesser, und 400 m tief. Vor über 20 Jahren war er da. Mir wird ganz warm ums Herz.

Ich war, zusammen mit Andy Winter, meinem zweiten Reisepartner und Nachfolger von Markus, 2004 in Mirny gewesen. Wir standen zu der Zeit am Rand des kegelförmigen Loches. Der Hohlraum war inzwischen auf fast anderthalb Kilometer Breite und 700 m Tiefe angewachsen. Monströse Kipper, mit Rädern von vier Metern Durchmessern schleppten sich kreisförmig, wie in Zeitlupe, hinab. Wir sahen kaum Leitplanken. Es kam auch vor, dass manche der rollenden Ungetüme, in den Abgrund fielen.

Es war und ist im Grunde für Außenstehende verboten, das mit Stacheldraht umgebene Gelände zu betreten. Kurz zuvor, bei einer Routinekontrolle in Mirny, fragten uns Verkehrspolizisten, mit der Aufschrift »DPD«, ob wir mal was Schönes sehen wollen. Minuten später, eskortierten sie uns, mit eingeschalteten rot-blauen Rundumleuchten, in das Sperrgebiet. Damals sind wir mit einem W 50, einem ehemaligen NVA-Lastwagen, nach Nordostsibirien, zum Ort Oimjakon gefahren. Das Dorf galt als kältester, bewohnter Ort der Erde. Im Jahre 1926 soll dort eine Temperatur von -71,2 Grad Celsius gemessen worden sein. Dieser Tiefstrekord der nördlichen Hemisphäre wurde 2023 aberkannt. Der angebliche Wert wurde damals nur geschätzt.

Auf dem Rückweg nach Deutschland streikte unser Fahrzeug zum unzähligsten Mal. Etwa 50 Kilometer Wegstrecke von Oimjakon entfernt, gerieten wir somit in ein Dorf, namens Jutschjugei. Dort verkauften wir aus der Not heraus unseren Lastwagen. Der Käufer unseres W 50, der uns mitsamt seiner Familie in seinem Holzhäuschen zum Abendbrot einlud, erzählte bei Kerzenschein, das ihr Dorf noch kälter ist als Oimjakon. Wir horchten auf! Das war kaum zu glauben! Polikari, so der Name des schmalschultrigen Mannes, kamen die Worte so selbstverständlich über die Lippen, als berichtete er von seinem letzten Einkauf im »Magasin« des Ortes.

Wir erfahren von Özgür, der sich inzwischen hingesetzt hat, dass er in Warna, Bulgarien geboren wurde. Dort wohnte er auch zwölf Jahre. Sein Sohn studiert derzeit Maschinenbau in Sofia. In Özgürs Familie sprechen alle bulgarisch.

Gegen halb elf Uhr legen Matthias und ich uns aufs Ohr. Wir verbringen die Nacht auf den Bänken eines offenen, nahestehenden Pavillons aus Holz. Es tat gut, uns ausgiebig mit Einheimischen unterhalten zu haben. So erfährt man auch interne Dinge der Sitten und Bräuche des Alltags. Obendrein sind solche herzlichen Gespräche zudem Balsam für die Seele. Vor dem Einschlafen denke ich respektvoll an den morgigen Tag.

Der Wecker piept um 6:35 Uhr. Ich war aber schon lange vorher wach, habe nur noch geruht. Richtigen Tiefschlaf finde ich, wenn wir draußen übernachten, ohnehin nicht. Fast wie die dösenden Tiere in der Natur, komme ich nur halb zur Ruhe.

Die Straße wechselt zwischen Landstraße und autobahnähnlichen Abschnitten. Plötzlich vernehme ich hinter mir eine kurzweilig aufheulende Sirene. Ein Polizeiwagen fährt in meinem Tempo neben mir her.

Der Beifahrer erkundigt sich im gebrochenen Englisch nach meinem ›woher‹ und ›wohin‹? Sein Kollege und er sind freundlich. Sie machen mir verständlich, dass ich möglichst nahe am Asphaltrand laufen soll. Die Sonne brennt. Es sind 33 Grad Celsius. So heiß wie noch nie bei meinem Lauf. Ich trinke etwa sechs Liter am Tag. Die Hitze, die monotone Strecke, die schwerfälligen Schritte, scheinen mich zu zermürben. Obwohl ich von Natur aus ein ausdauernder Typ bin, fühle ich mich nicht wie ich selbst, eher wie eine Marionette. Mir ist, als hätte mir jemand sämtliche Kraft aus dem Körper gesaugt. Nie hätte ich gedacht, dass die ständige Laufbewegung so schlaucht, und ich bin erst am Anfang …

Die vor mir liegende Strecke ist in diesen Minuten unvorstellbar lang für mich, wie einmal um die Welt.

Eine weitere Pause. Matthias sitzt schweigend neben mir. Was soll er auch sagen, schließlich bin ich freiwillig hier, genau wie auf den vergangenen Reisen.

Es geht weiter. Erneut taumle ich in den ersten fünf Minuten wie ein Kranker, bis der Körper seinen Takt gefunden hat. Seit ich ein Kind der Straße bin, bemerke ich die mitunter immense Anteilnahme der Leute. Sie winken mir von der Tankstelle zu, aus fahrenden Autos heraus, sogar ein paar Schäfer hoben ihre Arme zu Gruß. Für mich ist das Gehupe der Autos in meiner Nähe, schon fast zur Routine geworden.

In Istanbul haben wir kaum Hunde gesehen, hier in den Orten und Dörfern umso mehr. Zumeist sind sie verwildert. In den Abendstunden, kurz vor dem Tagesziel, fühle ich mich so elend, wie ausgespuckt. Meine Beine sind so schlapp, sie gehorchen mir kaum noch.

Mit einem Mal fährt Matthias neben mir her.

»Noch zweieinhalb Kilometer«, ruft er mir zu und gibt Gas.

Es durchzuckt mich. Habe ich mich eben verhört? Es ist bis zum Tagesziel viel weiter, als ich dachte. Die restliche Distanz wird zu einem eisernen Kampf! Sie erscheint mir endlos. Ich fühle mich wie ein Gefangener der Straße. In der Ferne sehe ich die Stopplichter unseres Wartburgs. Bis dahin muss ich noch durchhalten. Jeder Schritt ist eine Tortur. Endlich bin ich da, stütze meine Hände auf die Klappe des Kofferraums. Arthus guckt mich durch die Scheibe entgeistert an. Doch jetzt bin ich stolz, 65 Kilometer geschafft zu haben. Neuer Tagesrekord!

Begegnung mit der Polizei

Matthias hat für die künftige Nacht einen kleinen lichten Platz auf einem Feld, nahe der Hauptstraße erkundet. Wie ein Behinderter bewege ich mich umher. Ich sitze auf meinem Schlafsack, die Isoliermatte darunter. Arthus läuft ausgelassen umher, beschnüffelt die Gegend, kommt dann wieder zu mir. Ich streichle ihn, drücke ihn an mich.

Arthus und ich wollen nur noch schlummern...

Mir tut alles weh. Ich habe das Gefühl, einen Geröllabhang hinuntergestürzt zu sein. Meine rechte Schulter schmerzt, ebenso die Brustwarzen. Als ich meine Strümpfe abstreife, fällt mir eine Schwellung, oberhalb beider Füße auf. Stehe ich, zieht es arg bis in die Kniekehlen. Ich berate mich mit Matthias. Er muss ab morgen versuchen, unseren Schlafplatz an einem Gewässer zu finden. Dann könnte ich meine Füße und Beine kühlen.

In die hereinbrechende Nacht gibt Arthus plötzlich laut. Verschlafen hebe ich den Kopf. Ein Auto der Miliz steht mit hellen, drehenden Rundumleuchten Nahe unseres Lagers. Zwei Taschenlampen leuchten. Stimmen sind zu vernehmen. Dann ein Rufen. Arthus bellt. Metallenes Knacken einer Waffe dringt herüber. Es sind Polizisten. Matthias und ich sind mit einem Mal hellwach, heben im Stehen die Arme. Mein Gefährte beruhigt die Uniformierten von Weitem auf Englisch. Ich kümmere mich um Arthus. Wir sollen unseren Lagerplatz verlassen.

Etwas später befinden wir uns in einem leer stehenden Gebäude, nahe einer Moschee. Wir mussten dem Streifenwagen etwa fünf Kilometer bis hierher folgen. Die Ordnungshüter meinten, es wäre zu gefährlich für uns, auf einem verlassenem Feld zu kampieren, Banditen könnten uns überfallen. Aber hier wären wir sicher.

Wir empfinden das eher umgekehrt. Hier, in dem vermeintlichen Abrisshaus, das einer Ruine gleicht, könnten vielleicht auch andere Gestalten Unterschlupf finden wollen …

Ansonsten waren die Beamten freundlich. Einer von ihnen ähnelte dem deutschen Komponisten und Musikproduzenten Ralph Siegel. Nach anfänglichem Missmut sind wir jetzt doch froh, hier zu sein. Vor allem mit einem Dach über dem Kopf. Wir liegen auf hartem Betonboden, Arthus ist mit seinem Kopf ganz nahe bei mir.

Trotz meiner angeschwollenen Füße und Verspannungen an gefühlt sämtlichen Stellen des Körpers genieße ich fast die ersten Schritte des Morgens. Ich kann heute Bulgarien erreichen. Der Gedanke verleiht mir neue Kraft, als hätte man mir frisches Blut in die Adern gespritzt. Zudem bewege ich mich zum ersten Mal mit Musik in den Ohren voran. Matthias hat den MP3-Player aktiviert, den Markus mir für trübe Momente mitgab. Die bassbetonten Takte der Musik scheinen mich zu tragen. Es sind nur zehn Lieder drauf, die ich immer wieder höre. Ich phantasiere, sehe mich in einem Musikvideo laufen.

Die hügelige Gegend ist fast baumlos. Ich sehne mich nach kühlem Wald und Schatten. Viele kleine Felder und Tankstellen sind zu erblicken. Zuweilen geraten wir mit Polizisten in Kontakt. Matthias hat die Begegnungen an den Tankstellen, ich zumeist während des Laufes. Die Beamten fahren dann kurzzeitig neben mir her. Ich kann mich kaum erinnern, in der Häufigkeit, so nette Ordnungshüter eines Landes getroffen zu haben. Wir haben nicht ein einziges Mal Probleme mit ihnen gehabt. Oft fallen mir Kinder in hellblauer Schuluniform auf. Oft zeigen sie in meine Richtung und lachen dabei. Andere wiederum starren befremdlich zu mir herüber.

Die Hitze lässt meinen Körper kochen. Die Beine brennen, trotz des aufgetragenen »Sunblockers«. Immer wieder muss ich mich anspornen, mein Tempo zu halten. Es ist nicht wie bei der Tour de France oder einem öffentlichen Marathon, bei der die Konkurrenz und die Zuschauer die

Sportler antreiben. Es ist für mich auch Premiere, eine sportliche Herausforderung zum ersten Mal allein, ohne Konkurrenz zu laufen.

Wieder in Bulgarien

Spätnachmittag. Ich kämpfe mich durch das Straßengetümmel von Edirne. Einige Kilometer danach stehen wir in einer längeren Schlange an der Grenze zu Bulgarien, das erste Mal überhaupt. Während des einstündigen Ausharrens mustern mich die Wartenden aus ihren Autos. Mit meinem T-Shirt auf dem Kopf und dem noch umgebundenen Trinkflaschengürtel erscheine ich ihnen gewiss etwas sonderbar. Kaum jemand fragt mich nach irgendetwas. Stück für Stück rollt der Wartburg nach vorn. Selbst die wenigen Meter und Minuten steige ich nicht in den Wagen.

Ungewöhnlich viele Schlangen in Bulgarien

Als wir an der Reihe sind, verlangen die bulgarischen Beamten, obwohl wie alle Papiere für Arthus haben, einen gültigen Nachweis einer Blutprobe vom Hund. Ich habe schon einige Grenzen in der Vergangenheit mit meinen Vierbeinern passiert, jedoch ist mir diese Forderung neu, zumal wir bereits zum zweiten Mal an der bulgarischen Grenze sind. Es hilft auch keine lange Diskussion. Wir bezahlen zehn Euro. Vermutlich ist das der Polizisten Taschengeld.

Hinter der Grenze geht es in einen Wald. Ich werde von angenehm milder Luft umgeben. Seit Istanbul, das erste große bewaldete Stück Natur. Ausgelassen juchze ich in die Gegend, auch weil ich ein neues Land betreten habe.

Am Morgen darauf bin ich schon um sechs Uhr auf, möchte die kühlen Temperaturen des angebrochenen Tages nutzen. Tau liegt auf unseren Penntüten.

Mir sitzt noch etwas der Schreck in den Gliedern, als ich letzte Nacht, im Schlafsack liegend, ein Geräusch vernahm. Ich leuchtete dorthin und sah, wie Arthus einen nahen, steinigen Abhang mit losem Geröll hinabrutschte. Er fiel nach einigen Metern zur Seite und blieb bewegungslos liegen. Ich rief ihn. Er rappelte sich auf und trottete zu mir. Beim Streicheln tastete ich ihn besorgt ab. »Hoffentlich hat sich der Vierbeiner nichts getan«, murmelte ich vor mich hin. Dann blickte ich zur Seite. Matthias Schlafsack war leer! Auch nach ihm rief ich. In der Dunkelheit war ein kleiner rot aufglühender Punkt zu sehen. Matthias schlenderte zwischen den hochgewachsenen Sträuchern herum. Er war mal kurz *für kleine Jungs* und hatte noch eine Zigarette geraucht.

Die tote Schildkröte

Ich komme heute gut voran, habe mich auf schnelles Walken orientiert. Der Verkehr ist im Vergleich zur Türkei lichter und ruhiger geworden. Das Hupen der Fahrzeuge ist beinahe verstummt. Gegen Mittag wird der Lauf quälender. Die Hitze drückt. Meine Sinne konzentrieren sich auf das Wesentlichste und nehmen nur noch schaukelnd die nächsten Schritte wahr. Ich denke nur noch bis zur nächsten Pause. In meinen Ohren dudelt das Lied »Ich möchte ein Eisbär sein, im kalten Polar...«, gesungen von der Schweizer Band »*Grauzone*«. Ich wünsche mir in diesem Moment nichts sehnlicher als *das*! Seit dem Bosporus habe ich kaum an das Nordkap gedacht. Die ständigen Gedanken daran, würden vielleicht zermürbend wirken, so unendlich weit weg erscheint mir das magische Ziel. Spontan entschließe ich mich, morgen einen Ruhetag einzulegen.

Am Nachmittag wird im Wald die Straße schmaler. Gelangen LKWs in meine Nähe, springe ich zur Seite und stakse auf dem holprigen, teils mit spitzen Steinen gespickten Boden weiter.

Dieser Wechsel vollzieht sich kilometerweit. Meine Füße, hochsensibel, spüren fast jede kleine Unebenheit. Am Rand des zuweilen rissigen Asphalts, liegen manchmal tote Schlangen. Sie sind oberhalb grünlich gefärbt, auf der Unterseite gelb. Ob sie giftig sind? – Ich weiß es nicht.

Zwischen den Reptilien erblicke ich auch eine Schildkröte. Sie liegt rücklings auf dem Panzer. Ist sie tot? – Wahrscheinlich! Ich drehe sie vorsichtig mit einem kleinen Ast um. Das gepanzerte Tier, so groß wie eine Männerhand, ist fast vollständig grau gefärbt. Ein paar winzige, bräunliche Striche mustern den unversehrten Körper. Die Augen sind halb geöffnet. Behutsam bugsiere ich den Kadaver etwas abseits des Asphalts, auf die feuchte Erde des Waldes. Mit dem gewölbten Panzer nach oben, sieht »Schildi« (ich gebe ihr diesen Namen) aus, als wäre das Leben wieder in sie zurückgekehrt. Seltsam, für die kleine Schildkröte empfinde ich deutlich mehr Mitleid als bei den Schlangen.

Der erste Ruhetag

Am nächsten Morgen werde ich um sechs Uhr wach, obwohl heute Ruhetag ist. Mittlerweile hat sich mein Körper auf das frühe Aufstehen eingestellt.

Ich brauche die Erholungspause, fühle mich wie ausgebrannt. Wenn ich mir vorstelle, wie viele Kilometer noch vor mir liegen, kommt mir das Grauen. Wir liegen in einem kleinen Steinhäuschen, so groß wie das einer Haltestelle, nahe an einem Fluss. Die Gegend um uns herum ist karg, sandig, und weit einsehbar. Hin und wieder liegt Geröll. Vereinzelt stehen einige Sträucher beieinander, zuweilen auch ein paar krummgebogene Bäume. Ich schaue auf das Handy. Cora hat auf meine Nachricht von gestern Abend geantwortet. Ich schrieb ihr bisher immer zum Ausklang des Tages, sie stets am darauffolgenden Morgen.

Sie fühlt sich allgemein nicht ganz wohl, geht dennoch jeden Tag zur Arbeit, so ihre Worte. Ich würde ihr fehlen, soll mich doch öfter melden. Wenn nicht, so droht Cora, würde sie ihre Sonnenbrille absetzen, so das die Männerwelt ihre hübschen, großen Augen sehen können. Ich würde schon sehen, was ich davon hätte …

Ich weiß, dass sie das allem Anschein nach, nur aus Spaß geschrieben hat, dennoch kann ich solche Zeilen auf diesem beschwerlichen Trip kaum gebrauchen. Cora kann und will sich auch nicht, aufgrund ihrer gängigen Haltung, vorstellen, wie sehr ich mich seit Istanbul geplagt habe. Ihr Argument wäre dann: ›Du hättest es nicht machen müssen, keiner hat dich dazu gezwungen.‹

›Man kann auch niemanden zwingen, unter Tage zu arbeiten, oder sich im Tiefbau bei Wind und Wetter zu quälen‹, würde ich ihr dann wahrscheinlich entgegnen.

Wir kennen uns mittlerweile ein Jahr und sind das klassische Beispiel dafür, dass sich Gegensätze anziehen können. Wir verstehen uns sonst sehr gut, doch mein Tun ist für Cora stets ein rotes Tuch.

Später steigen wir zu dritt, einen steinigen Abhang zu einem Gewässer hinunter. Wir schwimmen und tauchen ausgelassen, bespritzen uns übermütig mit dem warmen Nass. Im Wasser bemerke ich kaum noch etwas von meinen Gebrechen. Es wirkt auf meinen lädierten Körper anscheinend wie eine kleine Kur.

Als wir kurz darauf den Abhang wieder hinaufsteigen, dabei mitunter auch leicht klettern müssen, durchzieht und sticht es mich am Körper, als wäre ich um 50 Jahre gealtert. In mir keimt der Gedanke, noch einen Tag der Schonung nach diesem Ruhetag anzuhängen. Die Vorstellung ist verlockend.

Ein Discobesuch

Am Nachmittag fahren wir nach Charmanli, einer Kleinstadt, nur unweit von unserem Lagerplatz entfernt. Ich war gestern Abend hier im Ort, in einer Diskothek. Matthias hatte keine Lust, blieb im Auto. Ich nahm Arthus mit, leinte ihn zwischen dichten Büschen in der Nähe des Feiersaals an. Ich bezahlte zwei Lew; das entspricht etwa einem Euro.

Als ich die Großraumdisco betrat, fühlte ich mich wie in einer andern Welt, obgleich ich in Deutschland das Ausgehen gewohnt bin. Doch der Kontrast zu meiner Tour ist riesengroß.

Überall bunte Scheinwerfer, große, sich drehende Silberkugeln und eine johlende Masse aus jungen Leuten. Obwohl ich mit modischem T-Shirt, Jeans und sauberen Turnschuhen bekleidet war, hatte ich den Eindruck, man sähe mir den Lauf und das Leben aus der Natur heraus, an. Ich bestellte Wodka-Cola an der belebten Bar. Zurechtgemachte hübsche Frauen tanzten oder stolzierten herum. Genau wie in Russland, hat sich das grell, bunt Geschminkte bei der Weiblichkeit auch hier, aus der Zeit der 80er Jahre, verflüchtigt. Plötzlich stieß mich ein breitschultriger Mann von der Seite an. Er verstand, trotz der dröhnenden Musik, dass ich aus Deutschland komme. Im Nu hatte ich einen zweiten Drink in der Hand. Der Vollbärtige zog meinen Kopf zu sich heran und brüllte mir ganz laut »Hansa Rostock« ins Ohr. Er rüttelte mich wie an einer Puppe, und riss seine dunklen, kohlebraunen Augen dabei euphorisch auf.

Eine Einladung

Wir sitzen draußen vor einer Gaststätte bei einer Schüssel Salat, dazu Pommes und Bier, Marke *Kamenitza*. Das Hopfengetränk ist neben *Heineken* und *Astika* in der Region um Plovdiv, einer der meistverkauften. Uns mundet es nicht so. Etwas zu herb vom Geschmack.

Matthias isst sich ordentlich satt. Seit wir Rostock verlassen haben, hat mein Begleiter tagsüber stets kaum was gegessen. Zuweilen mal zwischendurch einen Apfel oder eine Banane und er hat geraucht. Am Abend aß er dann richtig. Ich bemühe mich, nicht so viel auf einmal zu essen, lieber etwas verteilter.

Die Stimmung um uns herum ist ausgelassen. Technomusik dringt aus einem nahestehenden 190er Mercedes, dessen Türen weit zu uns geöffnet sind. Manche Gäste wippen ihre Köpfe, bewegen die Arme dazu. Schließlich ist heute Herrentag. Arthus liegt dösend unter dem Tisch im Schatten. Er scheint müde von unserem ausgiebigen Bad im Fluss zu sein.

Vom Nebentisch her spricht uns ein feister Mann, vielleicht um die Mitte vierzig, auf Deutsch an. Der Mann, mit kurzer Stoppelfrisur, gibt uns gleich die Hand, und stellt sich mit Jurek vor. Ihm gehört der weiße Mercedes. Er wohnt schon seit 16 Jahren in Deutschland. Jurek handelt dort mit Autos. Seine nicht anwesende Frau – es ist ja Herrentag – hat er später zu sich nach Augsburg geholt. Deutschland, so sagt er, sei für ihn nur Zwischenstation. Er hat vor, irgendwann nach Amerika zu gehen.

Der redselige Bulgare macht hier gerade drei Wochen Urlaub bei seinen Eltern, und besucht dabei seine Verwandten und Bekannten. Dann kommt

Jureks Kumpel hinzu. Er heißt Argos. Sein Auto, ein Opel Astra, parkt hinter dem Mercedes. Argos spricht bulgarisch und ein paar Brocken russisch. Jurek fungiert als Dolmetscher. Die beiden Tischnachbarn sind damals zusammen zur Schule gegangen.

Argos trägt ein graues, hochgekrempeltes Hemd. Sein sonnengebräuntes Gesicht ist mit einem Dreitagebart versehen. Beim Sprechen arbeiten seine knöchernen Wangen ständig mit. Alle Augenblicke erkundigt er sich bei uns, ob wir schon satt seien und noch Durst hätten haben. Auf sein Drängen hin nehmen wir jeder noch ein kleines Bier.

Wie fast überall beherrschen Autos und Fußball die Gespräche mit den Einheimischen. Die Unterhaltungen wurden immer irgendwie in diese Richtungen gelenkt. Jetzt, kurz vor der Fußballweltmeisterschaft in Deutschland, fallen Namen, wie Ballack, Kahn, Lehmann und Balakow, Berbatov auf hiesiger Seite. Leider konnten sich die Bulgaren nicht für die diesjährige Weltmeisterschaft qualifizieren.

Als wir später aufbrechen, bezahlt Argos unsere Rechnung. Es hilft keine Widerrede. Ich fühle mich jetzt, wie auf meinen Reisen in Russland. Die Menschen dort, gerade in ländlichen Gegenden, sind einmalig. Außer durch Südamerika bin ich inzwischen mindestens teilweise durch alle Kontinente getourt. Die Russen bleiben für mich, was Gastfreundschaft und Hilfsbereitschaft betrifft, weltweit Spitzenreiter.

Andere Menschen und Volksgruppen sind auch entgegenkommend, aber die meisten Bewohner des größten Landes der Erde, drängen einem, in einer guten Art und Weise, Kost und Logis förmlich auf.

Als unsere Fahrräder in Sibirien kaputt waren, nahmen uns LKW-Fahrer oder normale Bürger von der Straße, manchmal die Werkzeuge aus der Hand und versuchten, selbst die Stahlrösser zu reparieren. Ein Fernfahrer hat mit seinen Lippen am Benzinschlauch unseres Toyota gesaugt, wobei der Sprit zum Teil in seinen Mund sprudelte. Er wollte unseren Wagen unbedingt wieder in Gang bringen.

Auf der W50-Tour 2004, kamen Andy Winter und ich, tagelang von einem Rastplatz mitten in der Taiga, nicht weiter. Dort stand zum Glück, eine einfache Holzhütte, auch »Scheinaja« genannt. In Jakutien werden die Gaststuben so genannt.

Unser Gefährt war damals eingefroren. Ohne dass wir andere LKW-Fahrer um Hilfe baten, näherten sie sich unserem Platz und versuchten, zum Teil mit eigenen Werkzeugen, den vereisten Wagen wieder in Gang zu kriegen. Nachdem wir, unter anderem, einige Male Feuer unter der Ölwanne gemacht haben, war es irgendwann geschafft. Wir holperten weiter auf dem Winterweg, den »Simmnek«, wie die Einheimischen ihn auch nennen, zwischen Ust-Kut, am Baikalsee und Mirny, bei -35 Grad Celsius weiter nach Norden.

Glühwürmchen

Abends sind wir wieder bei unserem Steinhäuschen am Fluss und haben ein kleines Feuer entzündet. Die Dämmerung hat bereits eingesetzt. Die karge, leicht hügelige Landschaft, hat etwas von einer Indianergegend. Zuweilen raschelt es, in den abseits stehenden Büschen. ›Sind das Schlangen?‹ Mir ist nicht ganz wohl bei diesem Gedanken. Als meine Blase drückt, und ich mich erleichtern muss, stampfe ich mit den Füßen fest auf den Boden. Zudem schlage mit einem Ast paarmal auf den Untergrund. Schlangen können nicht hören, spüren aber kleinste Vibrationen. Dann flüchten sie meist. Matthias hat weniger Angst vor den Reptilien, vielmehr Respekt vor Brennnesseln, die wiederum können mich kaum jucken.

Plötzlich entdecke ich hellgrün leuchtende Punkte in der Luft und auch auf den Sträuchern.

»Das sind Glühwürmchen«, meint Matthias sachlich, als wäre es nichts Besonderes. Fasziniert starre ich die winzigen Leuchtkäfer an. Noch nie zuvor habe ich sie gesehen. Obwohl ich mich recht gut in der Tierwelt auskenne, weiß ich kaum etwas über sie.

Matthias unterrichtet mich, dass sie oft in Wassernähe leben und nur einige Wochen im Jahr, nämlich von Mai bis Juli zu sehen sind. Interessant ist auch, das nur die Männchen fliegen können, und sich die Leuchtkäfer allgemein von Nacktschnecken ernähren, die sie mit einem giftigen Biss töten.

Des Nachts habe ich Arthus das erste Mal nicht angeleint. Er hat sich inzwischen gut in den Verlauf der Tour integriert. Sein etwas unsicheres, manchmal gar schreckhaftes Verhalten, das er bisher an den Tag legte, ist im Grunde verschwunden. Fazit: Das Leben für einen Hund in der Natur, vor allem gerade in der Nacht, ersetzt fast das Training auf dem Hundesportplatz.

Am nächsten Morgen schäle ich mich schon zehn nach fünf aus dem Schlafsack, so früh wie noch nie auf der Reise. Während der Weltumradlung und der Kajak-Tour auf der Lena, haben Markus und ich es, nach einem Ruhetag, ähnlich gemacht. Wir waren ausgeruht vom vorherigen Tag und wollten von der »verlorenen« Zeit etwas wettmachen.

Die ersten Blasen

Punkt 5 Uhr 55 starte ich den Lauf. Wir sind wie immer genau zu der Stelle gefahren, an der ich vorgestern die Etappe beendete.

Am Vormittag ist die Umgebung von Feldern und feuchten Strauch- und Graslandschaften geprägt. Ich muss mich langen Anstiegen, von sechs bis acht Prozent Neigung, hinauf kämpfen. Es ist unverändert heiß! Das Thermometer zeigt über 30 Grad.

Ich steche mir, erstmals auf der Tour, während einer Pause, Blasen auf. Es sind gleich drei, die ziemlich schmerzen. Mit einem scharfen Teppichmesser, das ich vorher an einem brennenden Feuerzeug sterilisiert habe, steche ich in die wulstigen Blasen. Danach klebe ich spezielle Blasenpflaster darauf. Anschließend umwickle ich die Wunden mit einem leichten Verband.

Im Verlaufe des Tages melden sich die Knieschmerzen von gestern wieder. Stoßartig durchziehen Stiche das Gelenk. Noch vor der nächsten Pause muss ich den Lauf unterbrechen. Mit einem Kühlgel, reibe ich Kniescheibe und Kehle ein, streife eine Bandage darüber. Dann ziehe ich mir die lange, dünne Laufhose über. Trotz der Hitze erhoffe ich mir einen gewissen Schutz, so dass das Bein, vielleicht besser durchblutet wird. Ich nutze die Pause auch, um meine Schuhe zu wechseln. Ich schlüpfe in die Sportschuhe der Rostocker Trainingszeit.

Angespannt bewege ich mich in kleinen Schritten weiter, immer mit der begleitenden Angst, ich könnte mich jederzeit so verletzen, dass mein Vorhaben gefährdet wäre. Dachte ich noch zu Anfang, je mehr Tage vergehen, umso sicherer würden meine Schritte, und der Körper hätte sich bald an die Strapazen gewöhnt, war der Fall umgekehrt. Anders als auf der Weltumradlung und der Kajak-Tour, als Markus und ich mit der Zeit immer mehr an Sicherheit gewannen, habe ich jetzt das Gefühl, mein Körper brenne von innen allmählich aus. Keine Abfahrt, die ich mich hinunterrollen lassen kann, keine leichte Strömung, die das Vorankommen etwas erleichtert. Ich habe keine Hilfsmittel, jeder Schritt muss getan werden. Das Hinunterlaufen eines Abhanges ist genauso schwierig, wie das Bezwingen einer Anhöhe. Besonders die Schienbeine werden dann beansprucht.

Mittlerweile ist es Abend. Es ist angenehm warm. Trotzdem fange ich an zu frösteln, muss mir ein Sweatshirt überziehen. Ich schleppe mich weiter, bin total kaputt. Auf hupende, winkende Autofahrer reagiere ich nur mit Mühe. Ich habe nur ein Ziel, die 60-Kilometer-Marke zu erreichen.

Nach 14,5 Stunden habe ich sie endlich geschafft. Ein so langer Zeitraum, für eine relativ geringe Distanz. Ich habe für die heutige Strecke, am ersten Tag der Reise viel weniger Zeit gebraucht, zumal ich mich gestern noch erholen konnte. Mit gesteigertem Respekt und einer Portion Angst sehe ich dem Tourverlauf entgegen. Ich habe bisher nur einen Bruchteil der Unternehmung geschafft.

In dieser Nacht schlafe ich das erste Mal im Auto. Ich habe Bedenken krank zu werden. Ich schiebe den Beifahrersitz ein Stück nach hinten, drehe die Rücklehne ganz hinunter. Zwischen den Sitzen lasse ich mich nieder. Ich habe den Untergrund mit Handtüchern und Kleidungsstücken gepolstert. Mein Kopf und der Rumpf liegen matt auf der Rückbank, die Beine ragen nach vorn.

Matthias und Arthus schlummern unter zwei Weiden am Lagerfeuer. Hätte mein Begleiter noch ein Pferd dabei und einen Cowboyhut auf dem Gesicht, bekäme ich das Gefühl, in einem »Western« zu sein.

Als ich am nächsten Tag in die Schuhe steige, brennen meine Fersen fürchterlich. Ich fühle mich, als hätte mir des Nachts jemand die Haut entfernt. Es ist nicht anders möglich, als die erste Stunde den groben Asphalt nur mit den Ballen zu berühren, was im Grunde der natürlichen Laufbewegung entspricht. Aber bei meiner Tour ist das sehr speziell. Ich muss die ganze Fläche der Füße nutzen, um die stetige Belastung zu verteilen. Ich reibe mir, wie jeden Tag, in einer der Pausen, das Gesicht, die Arme und Beine mit schützender Creme ein. Die Sonne steht hier augenscheinlich höher am Firmament, als über der heimischen Ostseeküste. Für die Lippen habe ich einen besonderen Stift mit hohem Lichtschutzfaktor. Mein Mundbereich ist schon seit Kindheitstagen sehr empfindlich. Ich hatte dort in der Schulzeit oft Herpes. Es war für mich belastend und kein schöner Anblick, weshalb man mich auch oft ›schief‹ anguckte oder gar hänselte.

Festgefahren

Später meldet sich mein Walkie-Talkie. Ich trage ihn am Körper. Wir haben uns die einfache Art der Kommunikation aus Deutschland mitgebracht. Die Funkgeräte waren nicht teuer. Ihre Reichweite beträgt circa fünf Kilometer, weiter ist Matthias auch nie von mir entfernt. Unerwartet hat sich mein Kumpan festgefahren. Ich muss etwa 300 Meter zurücklaufen. Gemessen an meinen Tagesetappen erscheint das Stück nicht weit. In diesem Moment jedoch, ist es für mich belastend.

Ich sitze hinterm Lenkrad. Matthias schiebt. Dann ist der Wartburg aus dem moddrigen Boden befreit.

Am Nachmittag verlaufe ich mich. Matthias dachte, es geht immer geradeaus, aber ich hätte rechts abbiegen müssen. Sofia war auf dem Wegweiser rechts unten kaum zu erkennen. Insgesamt drei Kilometer für die Katz …

Ein hellblauer Trabant kommt mir entgegen, der erste auf der Tour. Ein vertrautes Motorengeräusch wird lauter. Meine Eltern besaßen ebenfalls viele Jahre ein paar »Trabbis«, bis sie sich später einen Wartburg leisten konnten. Wie gesteuert hebe ich den Arm zum Gruß. Das DDR-Gefährt macht einen kleinen Bogen um mich herum. Der Fahrer, ein junger Typ mit Sonnenbrille, winkt zurück und hupt.

Ich drehe mich um, schaue dem Fahrzeug aus Duroplastik hinterher. Im selben Moment durchzieht ein heftiger Schmerz den Rücken. Die Bewegung war zu abrupt. Jede plötzliche Veränderung an meinem Körper macht sich bemerkbar. Selbst wenn ich irgendwo am Straßenrand beim Wasserlassen bin, wird das Stehen zu einem Akt. Meine Beine, die nur das Laufen gewöhnt sind, zittern, als stünden sie unter Strom. Ich suche mir, wenn es das Umfeld zulässt, oft einen Baum, an dem ich mich abstütze.

Manchmal ist Matthias darum an mir vorbeigefahren, ohne mich zu sehen. Er dachte dann oft, ich wäre schon viel weiter vor ihm …

Drei Tage später, es ist früh morgens, bin ich wie gerädert. Wir haben die vergangene Nacht an einem Teich mit quakenden Fröschen verbracht. An Tiefschlaf war hier gar nicht zu denken. Doch kurze Zeit darauf bin ich wieder motiviert. ›Nur noch 40 Kilometer bis zur bulgarischen Hauptstadt. Niemand kann mir dann, die zurückgelegte Strecke, zwischen Istanbul und Sofia nehmen‹, so mein Gedanke.

Bevor ich starte, ruft uns, wie verabredet, unser Heimatsender NDR 1, Radio MV für ein kurzes Interview an. Am anderen Ende der Leitung ist der Moderator *André Kuchenbecker*. Ich merke schnell, ich muss mich kurzfassen. Zum Schluss des mehrminütigen Gesprächs grüße ich noch eilig meine Eltern und Cora.

Nahe der Rhodopen

Am gestrigen Tag passierte ich ein Teilstück der Rhodopen, dem höchsten Gebirge des Landes.

In südwestlicher Richtung, etwa 40 Kilometer entfernt, sah ich den Musala, mit 2925 m, die höchste Erhebung Bulgariens und der gesamten Balkanhalbinsel. Im 19. Jahrhundert ist der Gipfel von Bergsteigern erstmals erreicht worden. Der erste historisch dokumentierte Bezwinger des Musala ist König Philipp V. von Makedonien. Der Berg hat keinen immensen Schwierigkeitsgrad. Seit den 70er Jahren gibt es einen Kabinenlift, der bis zur Berghütte Jastrebez auf eine Höhe von 2369 m reicht. Von dort kann man in zwei bis drei Stunden die Spitze erreichen.

Ich selbst bin auf Straßen in 700 m Höhe gelaufen. Der Anstieg war sehr beschwerlich. Der Schweiß lief nur so herunter. Mir kamen die langgezogenen Serpentinen der Rocky Mountains in den Sinn. Damals quälten wir uns mit den bepackten Fahrrädern, von etwa 25 Kilogramm Gewicht, einen Anstieg von 30 Kilometern, bis in eine Höhe von fast 1800 m hinauf. Trotzdem empfand ich das Hochlaufen als noch schwieriger.

In dieser Gegend habe ich von Weitem beobachtet, wie Arthus sich plötzlich an einem Feldrand von Matthias löste, und ein weißes Tier verfolgte. Er lief weiter darauf zu, dachte vermutlich, der helle Vierbeiner wäre eine Ziege oder Schaf. Es war aber ein Hund, dem Arthus auf den Fersen war. Matthias rief lauthals ihm nach. Dann lief er Arthus querfeldein hinterher. Ich verlangsamte das Tempo, fast überschlug sich meine Stimme. Nach einigen hundert Metern besann sich mein Hund, und kam zurück.

Auf den zurückliegenden Kilometern erblickte ich viele Häuser, die auf felsigen Erhebungen standen. Ich hörte das Rauschen von Bächen, zerquetschte Schlangen lagen erneut herum.

Wohliges Wadenkühlen nahe der Rhodopen in Bulgarien

Ich nähere mich der bulgarischen Hauptstadt, Schritt für Schritt. Das erste große Etappenziel liegt nicht mehr weit vor mir. Kurz vor Sofia geht es wieder bergan. Trotz meiner Euphorie wird es beschwerlicher. Böiger Wind bläst mir zudem derb ins Gesicht. Es geht tatsächlich immer höher, hinauf bis auf etwa 820 m, die höchste Geländehöhe bisher. Ich schleppe mich wie an Gummibändern befestigt aufwärts, bin total fertig. Ich schaue mich um und sehe in südöstlicher Richtung schneebedeckte Flecken auf den Bergen. Sofia zeigt mir kurz vor der Ankunft scheinbar noch die Krallen, so als müsse ich womöglich einmal geistig in mich gehen. Immer demütig zu bleiben!

Mir kommen ein paar ähnliche Erlebnisse meiner vergangenen Touren in den Sinn.

Als wir von der Weltumradlung wieder in Rostock eingetroffen waren, fuhr mir eine Frau mit ihrem Auto, zwei Kilometer vor meiner elterlichen Wohnung ins Fahrrad, so das ich stürzte. Mir war zum Glück nichts passiert. Die vordere Felge aber war gebrochen.

Auf einer anderen Tour, 1996, bei der Markus und ich in den vier Monaten fast 30 Kilogramm Körpergewicht eingebüßt hatten, musste das Flugzeug in Kasachstans Karakum-Steppe notlanden. Es hatte damals Kerosin verloren. Das war auf dem Weg nach Hannover.

Im Jahre 2004, als ich gemeinsam mit Andy Winter, mit unserem W50-Laster durchs eisige Sibirien fuhr – wohlgemerkt, meist ohne funktionierende Heizung – stieg kurz vor einem Zwischenziel, wie durch Geisterhand, dichter, weißer Qualm in der Fahrerkabine auf. Sekunden später war uns die Sicht versperrt. Überdies führte die Piste noch leicht bergab. Plötzlich fühlten wir uns wie in einem »Whiteout«, einem meteorologischen Phänomen, das vor allem in Polargebieten und im Hochgebirge vorkommt. Durch schneebedeckten Boden und gedämpftem Sonnenlicht (durch Bewölkung, Nebel oder Schneefall) kann die Umgebung mit einem Mal, wie durch einen vermeintlich dichten Vorhang verschwinden. Vergeblich versuchte Andy zu bremsen, doch sie funktionierten, durch die Kälte, seit längerer Zeit schon nicht mehr. Panisch trat mein Kumpan mit dem Fuß gegen die Tür, die sich vom Frost, nicht rührte. Dann sprang sie doch auf. Der Rauch im Führerhaus blieb. Andy lenkte den Laster nun absichtlich nach rechts. Der harte, aufgeschobene Schnee am Rand des Weges fing uns auf.

Sofia

Die Pferdegespanne der Sinti und Roma am Rande der Hauptstadt häufen sich.

An einer Leitplanke der autobahnähnlichen Straße mache ich meine obligatorische Pause. Der Autoverkehr hat sich verdichtet. Plötzlich sprechen mich von hinten, aus der lichten, baumbewachsenen Natur heraus, zwei junge Frauen an. Auf ihren Köpfen tragen sie bräunliche Decken, die weit nach unten hängen. Die Röcke wirken auf mich ein wenig abgewetzt.

Die beiden Einheimischen werben für einen Liebesdienst, für nicht mehr als fünf Euro. So einen Preis habe ich noch nie gehört!

Die hübschen, mädchenhaften Frauen sind augenscheinlich Sinti oder Roma. Etwa 100 Meter hinter ihnen, sehe ich einen Teich, an dem einige graue Stoffbehausungen unter Bäumen stehen. Dünner Rauch steigt auf. Ein paar Gestalten halten sich dort auf. Da wir nicht kommunizieren können, mache ich eine schlafende Geste vor den Frauen und zeige zu ihrem vermuteten Lager. Sie bejahen. Die Sinti sind eine Teilgruppe der europäischen romanessprechenden Gesamtminderheit der Roma. Sie sind seit langem in Mittel- und Westeuropa und im nördlichen Italien beheimatet. Das Wortpaar Sinti und Roma soll die Fremdbezeichnung Zigeuner ablösen.

Auf der richtigen Straße nach Belgrad. Neues Land, neue Motivation

Hinter mir ein altbekanntes Geräusch. Matthias ist eingetroffen. Er nickt den Frauen an der Leitplanke freundlich zu. Überhaupt ist Matthias ein sympathischer Kerl, mit dem man Pferde stehlen könnte … aber ich habe es nicht angesprochen …

Ich hoffe, unser freundschaftliches Verhältnis bleibt auch weiter so bestehen.

Später überquere ich die Stadtgrenze, fühle mich kurzzeitig, als wäre ich schon am Nordkap.

Die Stadt mit etwa einer Million Einwohner, liegt mehr als 600 m über dem Meeresspiegel. Trotz der südlichen Lage kann es im Winter auch mal -20 Grad Celsius werden. Neuere archäologische Funde deuten drauf hin, dass sich im Raum Sofia schon vor 8.000 Jahren, eine steinzeitliche Siedlung befand. Demnach wäre diese Hauptstadt eine der ältesten Siedlungsplätze Europas.

Ich laufe noch ein Stück in die Stadt hinein und steige dann ins Auto. Wir behalten die Stelle, von der ich das nächste Mal wieder starten werde, im Gedächtnis und fahren durch den Verkehr der Stadt. Sie erscheint uns eher grau und trist, scheinbar ohne Höhepunkte.

In einem Café eines zentralen Platzes lassen wir uns nieder. Arthus haben wir als Wächter im Auto gelassen. Ich genieße es, hier zu sitzen, und denke an den Beginn des Laufes in Istanbul.

Nach einer Weile tritt ein junger Mann an unseren Tisch. Er spricht uns auf Englisch an. Es ist einer der Läufer vom internationalen Staffel-Laufteam, das ich unterwegs getroffen habe.

Überrascht schütteln wir Zdravko, so der Name des etwa Mittzwanzigers, die Hand. Alle drei können kaum verstehen, dass wir uns zufällig im Zentrum Bulgariens wiedertreffen. Der junge Bulgare, mit sportlichem Seitenscheitel, setzt sich zu uns an den Tisch. Zdravko sieht in seiner blauen Jeans und dem beigefarbenen Hemd heute etwas ungewohnt aus. Er ist in Sofia geboren und studiert hier Physik und Mathematik. Sein Laufteam und er, sind, nachdem sie Istanbul erreicht hatten, wieder zurückgefahren. Hier machen sie einige Tage Pause und laufen dann weiter nach Rumänien. Sie haben keine festgelegte Route. Ihr Manager telefoniert von unterwegs aus mit Schulen, Kinderheimen und ähnlichen Einrichtungen. Hat er sich mit einer Institution, oder mehreren terminlich geeinigt, begibt sich das Team in die jeweilige Richtung. Später zeigt uns der schlaksig wirkende Typ, nur unweit von hier, ein angeblich preiswertes Hotel. Doch umgerechnet 75 Euro für ein Doppelzimmer sind uns zu viel. Zdravko telefoniert herum. Anschließend landen Matthias und ich für 40 Euro in einer Jugendherberge. Unser Lauffreund fuhr mit seinem Lada Shiguli voraus und zeigte den Weg. Zum Abschied gab uns Zdravko noch seine Adresse nebst Telefonnummer.

Geschwächt liege ich auf dem Bett. Wir mussten bis in die dritte Etage steigen. Für meine stark lädierten Beine der blanke Horror. Wie ein alter Mann hielt ich mich am hölzernen Gelände fest, zog mich langsam daran hoch, wobei ich die Stufen mit den Füßen seitwärts nahm. Meine Beine sind nur auf eine Bewegung getrimmt, gerade auszulaufen. Seit der Abfahrt in Rostock, vor 15 Tagen, schlafen wir zum ersten Mal wieder in einem Gebäude. Arthus, der mit rein durfte, stupst mir seine feuchte Schnauze ins Gesicht. Es kommt mir vor, als genieße mein Hund die Räumlichkeit wie wir. Matthias sitzt neben mir auf seinem Bett und hat sich ein Bier aufgemacht. Im Fernseher läuft irgendein Programm. Es ist eine Dokumentation über Raubvögel. Wir lassen uns berieseln.

Nachdem Matthias ein paar Burger vom naheliegenden McDonald's geholt hat – ich war froh, nicht noch einmal die Treppen in Angriff nehmen zu müssen – aalen wir uns mampfend auf den Betten. Arthus bekommt auch etwas davon ab. Wir haben das Gefühl, im Paradies angelangt zu sein.

Am übernächsten Morgen erheben wir uns aus unseren Autositzen, es ist *Viertel vor Sieben* oder wie man bei uns in Rostock sagt, »dreiviertel Sieben«.

Wir haben die vergangene Nacht im Wagen geschlummert. Noch eine zweite Übernachtung in der Herberge, hätte zu sehr an unserem Budget gerüttelt. Gähnend begrüßt Arthus mich draußen. Ich habe ihn an die Anhängerkupplung angeleint, ihm aber eine Decke untergelegt.

Am gestrigen Ruhetag haben wir in der Jugendherberge unsere Wäsche in der Maschine gewaschen, und die Fotofilme per DPD nach Deutschland verschickt. Wir haben es uns mit Bier und Nudeln *beim Chinesen* gleich zweimal gut gehen lassen.

Abends hat mich noch ein Masseur in einem Fitnessstudio durchgewalkt. Am Nachmittag hatten wir einen Termin gemacht. Die ›Kneterei‹ beim ›Viehdoktor‹ hat nur 20 Minuten gedauert, aber ich fühlte mich wie nach ein paar Runden mit einem Proficatcher.

Später starte ich meine neue Etappe, nahe dem *Radisson-Hotel,* dort, wo ich vorgestern in den Wagen gestiegen war. Nach zehn Kilometern habe ich Sofia verlassen. Bin heilfroh! Große Städte sind immer irgendwie mit Stress verbunden, obgleich sie auch Abwechslung bieten.

Wie schon auf der Weltumradlung habe ich auch hier das Gefühl, zwischen den vielen Häusern nicht voranzukommen. Ich laufe auf der E80/8, einer breiten Straße, Richtung Serbien. Meine Füße sind dick geschwollen. Der Schmerz zieht sich allmählich hoch bis zum Schienbein. Mir ist, als hätte jemand mit dem Knüppel darauf geschlagen. Ich begreife es nicht: ›Hatten wir gestern nicht Ruhetag?‹, kommt es mir in den Sinn.

In der nächsten Pause wechsle ich die Schuhe. Es bessert sich nicht. Dann reibe ich mir die Füße mit Gel ein, lockere ein bisschen die Schnürsenkel. Ich verspüre nun etwas Erleichterung – oder ist es Einbildung?

Noch 20 Kilometer bis zur serbischen Grenze. Ich quäle mich durch eine enge Bergwelt. Einsame, kurvenreiche Straßen schlängeln sich durch sie hindurch. Kaum ein Fahrzeug ist zu sehen. Es ist kühler geworden, etwa 18 Grad. Die Luft ist diesig. So kalt war es am Tag bisher noch nie gewesen. Ich streife mir ein Sweatshirt über.

Wieder in Serbien

Einen Tag später, erreiche ich am Vormittag, bei strömendem Regen, die Grenze zu Serbien. Die Freude über die Ankunft überwiegt. Der eigentliche Übergang ist fast leer. Nur an der rechten Seite stehen viele LKWs. Wir können ohne Probleme passieren.

Kurz darauf zieht ein Gewitter auf. Wie schon auf der Fahrradtour, ist das der einzige natürliche Grund, die Tour zu unterbrechen. In einem nahen Café, suchen wir Schutz, könnten auch im Auto ausharren, aber hier gibt es heißen Tee und Baguette, belegt mit Salami und überbackenem Käse. Eine Stunde ist vergangen. Das Unwetter will nicht enden. Ich werde ungeduldig.

Gegen Mittag hat mich die Straße wieder. Die Luft ist jetzt besonders frisch und klar. Ich habe heftige Schmerzen im linken Schienbein. Im Wanderschritt geht es weiter. Es ist ungewohnt, aber Hauptsache ich komme voran. Zu meiner rechten Seite erstrecken sich langgezogene Berge, davor kleine gelbliche Felder. Die Sonne verschafft sich wieder

Platz am Himmel. Ihr Schein zieht sich wie ein breites Flutlicht über die bewachsene Ebene. Es herrscht Leben in der hiesigen Gegend. Ein Mann radelt mir mit einem Gefährt voller Heu entgegen. Ein langer Holztransporter, Marke *Kamas*, überholt mich. Traktoren rattern in der Umgebung.

Rückblick in die Jugendzeit

Die tuckernden Geräusche erinnern mich an das Landleben bei meinen Großeltern. Das Dorf, in dem sie lebten, heißt Kleverhof. Die Gedanken schweifen zurück in meine Jugendzeit. Ich war damals 18 Jahre alt.

Markus Möller, mit dem ich die Weltumradlung und noch drei weitere Touren unternahm, und ich, hatten im Sommer 1990 viel Freizeit. Wir wollten irgendetwas Verrücktes tun. Dann kam uns die Idee, irgendwohin zu marschieren. Das Ziel sollte meine Großeltern sein, in ihrem 65 Kilometer entfernten Dorf.

Dann war es so weit gewesen. Punkt 8 Uhr brachen wir von unserem Heimatstadtteil Rostock-Evershagen auf. Wir wollten, die vor uns liegende Strecke, ohne eine einzige Pause bewältigen. Anfangs waren wir noch voller Euphorie, ließen die Stadt leichten Fußes hinter uns.

Auch außerhalb von Rostock war noch alles mit unseren Kräften in Ordnung gewesen. Nur wenn die Blasen an den Füßen drückten, hielten wir kurz an. Doch dann, nach etwa 40 Kilometern, merkten wir, unsere schleichend schwer gewordenen Beine. Ungefähr 15 Kilometer später, erlitt ich in der Kleinstadt Gnoien, einen Kräfte-Einbruch. Ich zwang mich zu trinken, schleppte mich weiter. Markus war zu der Zeit noch so fit, so das er herum hopste und juchzend/triumphierend in die Luft boxte. Aber sein Übermut rächte sich, denn kurz darauf hatte er kräftemäßig einen Tiefpunkt. Mir hingegen ging es wieder relativ gut. Schweigend marschierten wir dann weiter.

Nach einer Weile fragte mich Markus alle paar Minuten, wie weit es noch bis Kleverhof wäre. Ich habe ihn getröstet, und geflunkert, dass wir bald da wären. Doch das war nicht ganz die Wahrheit. Ich wollte ihn in seiner kritischen Phase nicht demotivieren.

Endlich, nach fast zwölf Stunden, waren wir bei meinen Großeltern angelangt. Sie haben es jahrelang nicht geglaubt, dass wir die gesamte Distanz zu Fuß gegangen waren. Stattdessen erkundigten sie sich erstaunt bei uns, ob noch so spät ein Bus gefahren sei …

Dieser Marsch hat uns erstmals gezeigt, was es bedeutet, extrem lange zu Fuß unterwegs zu sein. Zudem hatte uns das verdeutlicht, was der menschliche Körper leisten kann und wozu wir, gepaart mit einem großen Ehrgeiz, fähig sein können.

Nach einer kurzen Zeit versuche ich, wieder zu laufen. Prompt zuckt es erneut im Schienbein, als stünde es unter Strom. Ich erreiche am Abend, leicht hinkend, die Kleinstadt Pirot.

Wir sitzen irgendwo draußen in einem Gasthof. Ich bin total erschöpft, sehe Leute und doch keine. Ich will nichts anderes als nur sitzen und mein lädiertes Bein nach oben legen.

Matthias, der grundsätzlich am Tag nichts, oder kaum etwas isst, bestellt uns Bratwürste, einen großen Salat mit Schafskäse und Zwiebeln. Dazu gibt es Bier. Ich trinke den Gerstensaft vielleicht auch, um meine die Schmerzen zu betäuben. Mein Begleiter langt jetzt ordentlich zu. Ich hingegen muss mich *zwingen*, etwas zu essen.

Zum Trost rufe ich kurz darauf Cora an. Das zweite Mal bisher. Ihre Stimme, ihre Worte sind jetzt doppelt Balsam für mein Gemüt. Wir können nicht lange reden, es wird dann zu teuer. Jeder von uns zahlt bei den Telefonaten die Hälfte der Gebühren.

Tags darauf wache ich übermüdet und gerädert im Auto auf. Matthias hat freiwillig draußen übernachtet. Ich ärgere mich über mein Alkoholkonsum vom gestrigen Abend. Zwei Liter Bier waren doch zu viel. Zu Hause hätte ich die gleiche Menge problemlos vertragen. Es nützt kein Jammern: »Wer trinkt, kann auch laufen«, so mein Gedanke.

Ich zwänge mir etwas Thunfisch auf Brot hinein. Wenig später hat mich der dunkle Asphalt zurück. In dem Stil, wie ich gestern Abend aufgehört habe, geht es weiter. An Laufen ist vorerst nicht zu denken.

Dennoch marschiere ich recht leicht dahin. Mein Schienbein scheint beruhigt, der schwere Kopf klart langsam auf.

Die Verletzung

Ein weiterer Tag ist angebrochen. Während des Vormittags kehrt in mir eine Art Laufstil wieder zurück. Ich bin erleichtert, hoffe, es bleibt auch so.

Die Gegend ähnelt den Indianer-Filmen von Karl May. Weißgraue, bröcklige Felsen erheben sich zur rechten Hand. Darunter kurze Graslandschaft mit vereinzelt daliegenden Gesteinsbrocken. Zuweilen stehen Sträucher, wie grüne Farbtupfer, herum. Im Geiste sehe ich hoch oben Winnetou und Old Shatterhand, wie sie ihre Feinde belauern. Wie schon seit Tagen scheint auch heute die Sonne. Es ist angenehm warm. Ich habe gerade einen sechs Kilometer langen Anstieg hinter mir. Arthus hat mich währenddessen an der Leine begleitet, sogar etwas hinaufgezogen.

Jetzt laufe ich bergab, allein. Mein Schäferhund ist wieder zu Matthias ins Auto gesprungen.

Erneut verlangsamen vorbeifahrende Autos ihr Tempo, um mich nach dem Weg zu einem Motorcross-Rennen zu fragen. Ich, der Ausländer, kann ihnen Auskunft geben. Ein paar Hinweisschilder, bezüglich des Sportereignisses, säumten meine Strecke.

Mit einem Mal spüre ich einen heftigen Schmerz im linken Fuß. Beim Auftreten auf den Asphalt habe ich das Gefühl, als durchziehe mich ein Stromstoß. Mein Bein zuckt in die Höhe. Humpelnd laufe ich weiter. ›Das geht wieder vorbei‹, denke ich. Dann beginne ich zu torkeln, will es nicht wahrhaben, dass ich womöglich verletzt bin.

Kurz darauf geht nichts mehr! Ich verharre am Straßenrand, den Oberkörper nach vorne gebeugt, die Hände in auf die Knie gestützt. Ich richte mich auf, spreche in mein Walkie-Talkie. Keine Antwort von Matthias. Ich schreibe Markus, meinem damaligen Tour-Partner, eine SMS nach Rostock. Er soll Matthias kontaktieren, der ein Stück vorausgefahren ist. Matthias und ich können uns nicht per Handy im serbischen Netz verständigen.

Wenig später vernehme ich ein Geräusch. Ein Auto naht von vorne. Es ist Matthias. Er hält an. Mein Begleiter hat meine Worte per Funkgerät vernommen, ich jedoch seine Antwort nicht. Ich bin froh, jetzt auf dem Beifahrersitz zu kauern, die Füße aufs Armaturenbrett gelegt. Ich trinke

Wasser, schließe erschöpft die Augen. Arthus schnüffelt von hinten an meinem Kopf.

»Was ist los?«, fragt Matthias besorgt. Meine Augen halb geschlossen und nach vorne blickend, schildere ich ihm murmelnd die Lage.

Eine halbe Stunde ist vergangen. Ich habe eine Banane gegessen, steige mechanisch aus dem Wagen. Vorsichtig tipple ich weiter. Es scheint zu gehen. Doch die Freude ist verfrüht. Nach einer kurzen Distanz wieder dieser Schmerz. Er zieht sich bis zum Schienbein hoch. Mir ist, als liefe ich über einen elektrisch geladenen Boden. Ich halte inne, bin gleichzeitig erschrocken. Mir wird bewusst, dass ich mich verletzt habe. Ich mache mir trotzdem Mut, sitze erneut im Auto.

Es vergeht eine ganze Weile.

»Wir müssen zu einem Arzt«, entfährt es mir. Mein Blick haftet an Matthias. Er hebt die Augenbrauen, schaut mich schweigend an. Kurze Zeit später fahren wir nach Niš. Es ist früh am Nachmittag, ungefähr 25 Kilometer stecken in meinen Beinen.

Die vorbeiziehende Gegend bleibt weiterhin bergig. Kleine Gruppen von Bäumen und ausladenden Büsche sind an den Hängen zu sehen. Federwolken bedecken seicht das Himmelsblau. Ich nehme die Umgebung nur wie durch einen Schleier wahr. Meine Sinne kreisen um meine Verletzung. Wie schlimm ist es? Ist der Lauf hier schon zu Ende? Viele Leute erkundigten sich auf meinen Vorträgen, ob ich während meiner vorherigen Reisen jemals daran dachte aufzuhören. Diesen Gedanken hatte ich nie, trotz all der Strapazen. Ich hatte vielmehr Angst, an Unfällen oder Verletzungen zu scheitern, die ich nicht beeinflussen hätte können.

Ich habe mich auf die Durchquerung Europas zehn Monate lang vorbereitet. Pro Woche trainierte ich drei bis vier Mal, nie nach Kilometern, sondern stets nach Zeit. Meistens zwischen 45 Minuten und einer Stunde. Von meiner Wohnung aus, durch den Barnstorfer Wald, am Zoo vorbei und noch ein Stück weiter. Ich trainierte auch auf dem Laufband im Fitnessstudio. Nebenher machte ich noch ein paar Kraftübungen für den Oberkörper. Das Laufband ließ sich in facto so einstellen, als liefe ich bergan. Nur hinab joggen konnte ich nicht trainieren. Wo, und wie auch? Ich habe Angst, das sich das jetzt rächt! Die Schienbeine sind diesbezüglich besonders gefordert. Sie müssen den Schub des körperlichen Gewichts dämpfen, da wirken enorme Kräfte.

Im Krankenhaus von Nis

Nach zehn Kilometern gelangen wir nach Nis. Matthias und ich haben kaum miteinander gesprochen. Ich habe das Gefühl, einen Kloß im Hals zu haben. Nis ist mit beinahe 200.000 Einwohnern fast so groß wie Rostock. Heute ist Sonntag, der 4. Juni. Der Verkehr auf den rissigen, teils löchrigen Straßen ist beruhigt. Menschen schlendern auf den Bürgersteigen, manche haben es auch eilig. Wir müssen eine Klinik finden. Aus einem Mix aus Englisch und Russisch erkundigen wir uns danach.

Nach einigen Straßen und Abbiegungen werden wir fündig. Das Krankenhaus wirkt nicht gerade einladend. Der graue Putz des Gebäudes bröckelt. Die Stufen der breiten Treppe zum Haupteingang sind an den Kanten abgeplatzt. Ein paar kurze Stücken von Bewehrung lugt an ihnen hervor.

Der Mann am Empfang, mit rosafarbenem Hemd und hellbrauner Anzughose spricht englisch.

Ihm ist schnell klar, was wir möchten. Wir gehen einige Gänge entlang. Hinkend versuche ich Matthias zu folgen. Er scheint, bei der Suche des richtigen Zimmers vergessen zu haben, das ich nicht ganz fit bin. Wir lassen einige Ecken und eine Treppe hinter uns. Auf einer braunen, schmalen Holzbank, ohne Lehne, warten wir in einem langen Flur. Die Wände sind weiß, das Linoleum hellgrün. Auf dem Gehbelag sind dunkle Bogenmuster versehen. Es herrscht kaum Betrieb.

Neben uns verweilt ein junger Fußballer in seiner Trainingskleidung. Er hat den Oberkörper nach vorn gebeugt, die Ellenbogen auf die Oberschenkel gestützt. Er stöhnt leise vor sich hin. Der etwa 20-Jährige hat einen offenen Bruch, die Enden von Elle und Speiche sind zu sehen.

Nachdem mein Fuß und Schienbein geröntgt worden sind, bittet uns der Arzt, um die Vierzig, aber schon mit lichten Haaren, in das Behandlungszimmer.

Er teilt uns im sachlichen Englisch mit, das ich eine Entzündung im Schienbein habe, jedoch der Knochen noch nicht betroffen sei. Ich solle meinen Lauf für mindestens zwei Wochen unterbrechen. Die Diagnose trifft mich wie ein Schlag! Der Doktor, der einen leicht ergrauten Schnauzer trägt, verschreibt mir entzündungshemmende Tabletten. Er hat sie aus einem Schrank geholt. Wir bezahlen 592 Dinar, das entspricht rund fünf Euro.

Wieder draußen, dreht sich Arthus freudig im Kreis, als er uns sieht. Matthias nimmt ihn an die Leine, und geht mit ihm eine größere Runde. Ich lasse mich auf den Beifahrersitz plumpsen, Beine hochgelegt. Meine Gedanken kreisen. Was soll nun werden? Ich kann unmöglich zwei Wochen pausieren. Die ganze Tour wäre zerrissen. Das wäre genauso, als wenn sich ein Marathonläufer zwischendurch mal eine halbe Stunde erholt. Ist der Lauf jetzt schon zum Scheitern verurteilt? Was ist, wenn die Entzündung sich nicht mindert, oder sich gar ausbreitet?

Ich erkenne gerade, dass der Lauf mir, im wahrsten Sinne des Wortes, körperliche Grenzen aufzeigt. Ich kann die Tour nicht mehr alleine bestimmen, muss versuchen, positiv zu denken und mich gedulden. Weder bei der langen Weltumradlung, noch bei der mühsamen Kajaktour auf der Lena, musste ich mit solchen Schmerzen, oder gar Verletzungen kämpfen. Laufen bedeutet eben, sich aus 100-prozentiger, eigener Kraft fortzubewegen. Das gesamte Gewicht des Körpers muss, fast ohne Hilfsmittel, stets beachtetwerden.

Trotzdem erinnere ich mich auch an andere Rückschläge auf meinen zurückliegenden Reisen. Angefangen hatte es mit Markus' schwerer Bazillenruhr (bazilläre Dysenterie), die ihn 200 Kilometer vor Moskau, während der Weltumradlung, ereilte. Wir waren zu der Zeit auf einem einsamen Feld, im Zelt, wie in einem Krankenlager gefangen. Markus hatte über 40 Grad Fieber, blutigen Durchfall sowie ständiges Erbrechen. Er verlor in diesen qualvollen fünf Tagen etwa 13 Kilogramm an Körpergewicht. Ich verarztete ihn mit Elektrolyt-Tabletten, Cola und Salzstangen. Letztere besorgte ich Markus aus dem nächstgelegenen Dorf. Mit meinem unbepackten, und somit leichten Fahrrad ›eierte‹ ich den ersten Kilometer auf der Straße herum. Es war sehr ungewohnt für mich, nach etwa zwei Wochen mit beladenem Rad, jetzt quasi wieder leichtgewichtig unterwegs zu sein.

Ausgerechnet die Kohletabletten gegen Durchfall, hatten wir zu Hause vergessen. Markus hätte im Extremfall sterben können. Dieser Fakt stand als letzter Satz in unserem kleinen Medizin-Handbuch, das wir bei uns hatten. Nur ich habe diese Aussage gelesen und natürlich meinem Begleiter nichts davon erzählt.

Sinti - Roma Mann in Serbien

Ich habe auch daran gedacht, als ich mich einige Wochen später, mit dem Drahtesel in China überschlagen hatte, und die Felge gebrochen war. Markus und ich trugen auf der gesamten Erdumrundung mit den Fahrrädern keine Helme, obwohl wir welche bei uns hatten. Ein irrsinniger Leichtsinn. Nun, wir waren zu der Zeit noch sehr jung und eitel. Wir hatten stets das Gefühl, mit den Helmen uncool zu wirken.

Mir kommt ebenso in den Sinn, als Markus mit dem Kajak auf der Lena, gegen einen herab hängenden Ast schleuderte, und gekentert war. Er war etwa 20 Minuten, bei 6 Grad Wassertemperatur, im Fluss gefangen gewesen. Ein Fischer kam damals, wie durch ein Wunder, mit seinem Motorboot, um die vor uns liegende Biegung herbei, und konnte meinen Kumpanen bergen. Es ist immer wieder weiter gegangen. Und so hoffe ich, dass es auch diesmal so sein wird.

Wir trösten uns kurz darauf, in einer gemütlichen Gaststube, mit ein paar Bieren und einem großen, bunten Salat. Er besteht aus geschnittenen Tomaten, Petersilie, Paprika, Mais, geröstete Krumen von Weißbrot, Avocado, Rucola, Apfelstücken, Gurkenscheiben, Radieschen, gekochtem Ei und gebratenen Stücken vom Huhn. Und das alles übergossen mit einem Balsamico-Senf-Honig-Dressing. So eine Salatmischung aus so vielen, unterschiedlichen Zutaten, habe ich bisher noch nie gegessen. Wir genießen jeden Happen. Für eine Weile sind wir dadurch etwas abgelenkt.

Spät am Abend lassen wir uns an einem naheliegenden Fernfahrerstützpunkt nieder. Lange Zeit will der Schlaf nicht kommen. Unruhig wälze ich mich hin und her. Die Nacht scheint endlos.

Es geht weiter

Am vierten Tag nach dem Klinikbesuch wage ich mich gegen Mittag, mit einem flauen Gefühl im Magen, weiter. Ich wollte eigentlich schon gestern starten, aber die Vernunft siegte. Ich weiß nicht, was mich auf den nächsten Kilometern erwartet. Meine Gedanken schweifen noch einmal zurück.

Wir hatten uns in der zweiten Nacht in Niš, ein preiswertes Hotelzimmer gegönnt. Der Balkon davor umgab das halbe Gebäude. Wir konnten unsere Wäsche waschen. Arthus musste diesmal im Auto bleiben, denn Hunde waren unerwünscht. Der Aufenthalt im Hotel war auch entspannend für meine bedrückte Psyche. Das Fernsehprogramm verdrängte kurzweilig die Verletzung.

Wir ließen den Auspuff des Wartburgs in einer kleinen, gemütlichen Autowerkstatt schweißen, bezahlten umgerechnet sieben Euro dafür.

Für Arthus haben wir einen Zehn-Kilogramm-Sack Trockenfutter besorgt. Diese Art von Nahrung zu finden war nicht einfach, denn in den Supermärkten gab es nur Dosenfutter. Es dauerte ein paar Stunden, ehe wir ein geeignetes Geschäft für Tierbedarf fanden. Das Futter aus der Dose hätte unseren Geldbeutel zu schnell erleichtert. Außerdem hätte das Nassfutter auch nicht ausreichend Nährwert, den Arthus benötigte. Aber das Trockenfutter war, zu unserer Überraschung, auch recht teuer. Auf dem Boulevard sitzend, schrieben wir einige Ansichtskarten nach Hause. Uns fielen die einheimischen Frauen auf, die gut proportioniert, und zuweilen modisch bis elegant gekleidet, vorbeiflanierten. Sie wirkten sehr stolz und selbstbewusst.

Währenddessen flitzten ständig kleine Jungs, es waren vermutlich Sinti und Roma, kichernd um uns herum. Sie hielten immer wieder ihre Hände dabei auf. Nach einer Weile gaben wir ihnen einige Dinars, dazu noch ein paar Centstücke.

Quirlige Sinti - Roma Kinder während unseres Zwangsaufenthalts in Nis

Die verschmitzt dreinblickenden Buben, in ihren verwaschenen T-Shirts, wobei ein Shirt die Aufschrift »Wanted« trägt, hielten die winzigen Taler wie kleine Schätze in die Höhe. Sie blieben bei uns, bis wir gingen. Sie hofften wohl auf mehr …

Irgendwann scherte ein schmächtiger Teenager auf der Straße aus, und wollte Arthus, ohne mich zu fragen, streicheln. Eine Frau, vermutlich seine Mutter, ermahnte das junge Kerlchen, der vielleicht um die 16 Jahre alt war. Er hörte aber nicht auf sie, schien auch angetrunken zu sein. Arthus knurrte plötzlich. Ich war verwundert. So kenne ich ihn nicht. Mit jedem Tag habe ich gemerkt, das Unterwegssein hat ihn bis jetzt schon merklich geformt.

Wir kamen mit der Mutter ins Gespräch, während ihr Sohn weiterhin die Hand nach dem Hund ausstreckte. Milena, so der Name der zierlichen Frau, sprach perfekt deutsch. Sie hat einige Jahre, mit ihrem, jetzt geschiedenen Mann, in Deutschland gelebt.

Ihr Ehepartner hatte damals für eine deutsche Firma als Fernfahrer gearbeitet und gutes Geld verdient. Das war für Milena auch von Vorteil. Heute hat sie mehrere Wohnungen, die sie vermietet. Die Frau, mit den braunen, ausdrucksstarken Augen und dunklen schulterlangen Haaren, lächelte zufrieden drein.

Es fing an zu tröpfeln. Abends, als Matthias und ich wieder im Auto saßen, zogen wir Resümee über die Reise und über das, was uns noch erwarten könnte. Es hatte sich eingeregnet. Das Wasser lief in langen, mitunter auch leicht kurvigen Streifen über die Scheiben. Die Sicht nach draußen war stark verschwommen.

Mit einem Mal klopfte es derb am Wagen. Arthus bellte. Wir dachten an Polizei. Matthias kurbelte die Scheibe herunter, konnte aber niemanden erblicken. Kurz darauf das gleiche Spiel. Diesmal bummerte es heftiger an das Autoglas. Matthias sprang aus seinem Sitz, brüllte drohend in die Umgebung. Ich stieg ebenfalls aus, schwerfällig wie ein Faultier. Etwa fünf leichtgewichtige Gestalten standen in geringer Distanz zu uns und feixten übermütig. Darunter auch der angetrunkene Sohn von Milena. Matthias fackelte nicht lange. Er griff sich die Hundekette und rannte wie besessen, schreiend auf die grölende Gruppe zu, die sogleich Flucht ergriff. Dann wurde es ruhig. Die Teenie-Bande ließ sich nicht mehr blicken.

Später telefonierte ich mit Cora. Wir waren beide leicht aufgeregt, als lernten wir uns gerade neu kennen. Nachdem wir aufgelegt hatten, merkte ich das erste Mal, wie sehr ich sie plötzlich vermisse. Seit wir uns vor knapp einem Jahr kennengelernt haben, war sie für mich eher wie eine Bekannte, Kumpeline. Mich hingegen, betrachtete Cora eher vielmehr als Partner.

Ich habe mein Schienbein mit einer Binde umwickelt, um die Körperwärme zu speichern. Zur Erleichterung habe ich zwei Stöcke dabei, betreibe also gerade Nordic Walking. Wir haben uns diese Gehhilfen in Niš gekauft. Doch irgendwie kann ich mich nicht mit den langen Stäben anfreunden.

Nach einer Stunde gebe ich es auf. Ich marschiere ohne sie weiter, fühle mich wie befreit. Besorgt denke ich fortlaufend an mein Schienbein. Ich wandere relativ beschwerdefrei. Vorerst scheint es zu klappen. Trotzdem weiß ich: Der Schmerz kann jeder Zeit zurückkehren. Um das Schienbein ein wenig zu entlasten, bewege ich mich o-beinig voran.

Zu Hause bei Einheimischen

Am Abend setzt Regen ein. Ich marschiere mit einem großen Schirm weiter. Matthias fotografiert mich. Er lacht dabei. Ein ulkiges Bild. Kurz darauf mache ich für heute Schluss. 30 Kilometer sind erreicht, bin unendlich erleichtert! Die geschaffte Strecke gibt mir unheimlich viel Kraft für morgen!

Wir sitzen draußen vor einer Kiosk-Kneipe, im Ort Drazevac. An einem Holzbrett, neben der Eingangstür, hängen Annoncen von Verstorbenen, die zumeist mit Fotos versehen sind. Auch an anderen Plätzen, wie zum Beispiel Poststellen und kleinen Einkaufsmärkten, bemerkten wir die öffentlichen Nachrufe.

Matthias trinkt sein Bier. Ich habe mir eine Pepsi-Cola genehmigt. Nach nur ein paar Minuten, setzt sich ein junger Mann zu uns, in der Hand auch eine Flasche des Hopfengetränks. Er hat verblüffende Ähnlichkeit mit Nino de Angelo. Dominik, so sein Name, ist Maler, genauer gesagt, er zeichnet. Wir schauen ihn erstaunt an. Spontan holt er ein gefaltetes Blatt Papier und einen Kugelschreiber aus der Innentasche seiner dunkelblauen Jeansjacke. Dann skizziert er eifrig einen VW-Beetle auf dem Tisch. Matthias und ich sind begeistert. Im Nu ist das Auto in echter Form fertig. Aus unserem, anfänglich, dezentem Dialog, wird eine lebhafte Unterhaltung.

Dominik, der brauchbares Englisch spricht, erzählt uns, dass im Norden Serbiens viele reiche Leute wohnen, im Süden ist eher das Gegenteil der Fall. Ferner erfahren wir, dass der Krieg nicht in seinem Land tobte, sondern nur in Kosovo.

Wenig später verabschiede ich mich von Dominik und gehe ins Auto, um zu schlummern.

Etwas später, ich bin noch nicht eingeschlafen, kommt Matthias und startet den Motor. Der junge Maler hat uns zu sich nach Hause eingeladen.

Der 25-Jährige, wohnt bis jetzt bei seiner Mutter, seine etwas jüngere Schwester ebenso.

Ich liege wenig später, auf dem Boden, im Schlafzimmer des Hauses. Unter mir liegt die Isoliermatte, den Schlafsack habe ich über mich gelegt. Ein Ehebett steht neben mir. Wir könnten es benutzen, wollen aber nicht, dass man wegen uns zusätzliche Arbeit hat. Ich habe mein Schienbein mit einem nasskalten Handtuch umwickelt. Ein Wassereimer steht neben mir. Ich denke an die herzliche Begrüßung durch Dominiks Familie.

Seine hagere Mutter, mit schon ergrauten Haaren, die sie zum Dutt geformt hat, sah älter aus als 50 Jahre. Ihr Gesicht war etwas faltig, die Augen wirkten gelblich. Dominiks jüngere Schwester, die ihrem Bruder sehr ähnelte, war auch dabei. Sie war hübsch, ihre geflochtenen, hellbraunen Zöpfe hatte sie nach vorn gelegt. Mutter und Tochter haben uns in ihrem zweistöckigen Haus freundlich empfangen. Sogleich bot die Mutter uns Essen an. Wir dankten und sagten, dass wir schon gegessen hätten. Zur Untermalung strich ich mir mit der flachen Hand über den Bauch, machte große Augen und dicke Wangen. Unsere Gastgeber schmunzelten.

Die Mutter und die Tochter sprechen kein Englisch, dafür ein bisschen Russisch, das ich nutzen konnte. Matthias verständigte sich mit Gesten, so gut er konnte.

An Einschlafen ist nicht zu denken, von unten tönt laute Musik. Ich möchte nicht hinunter gehen und nörgeln, schließlich können wir für den heutigen, beinahe luxuriösen Schlafplatz dankbar sein.

Irgendwann später höre ich lautes Gepolter. Aufgeregte Stimmen sind zu vernehmen. Ich verharre im Zimmer. Als Matthias gegen halb eins hereinkommt, sagt er im üblichen, sachlichen Ton, das Dominik betrunken die Treppe hinuntergefallen ist. Er hat sich die Nase und den Mund aufgeschlagen, so dass er stark blutete. Bevor ich in meine Träume gleite, muss ich an Russland denken. Bei einer dortigen Einladung ins Haus hätte ich nicht ins Bett gehen dürfen. Ich hätte mitfeiern müssen, um nicht unhöflich zu wirken. Auch wenn ich vor Müdigkeit oder allgemeiner Schwäche, gedroht gewesen wäre, vom Stuhl zu fallen.

Die kleine Schildkröte an der Hauptstraße

Am nächsten Morgen, es ist der 9. Juni, stehen wir gegen sieben Uhr auf. Wir können duschen. Ich genieße die warme Brause wie eine Minikur, als würde der Körper sich wieder erneuern. Danach kurz auf kalt gedreht, und ich fühle mich wie frisch geboren. Trotzdem denke ich wieder angespannt an den vor mir liegenden Tag. Hält das Schienbein durch?

Die Verabschiedung von Dominiks Familie, einschließlich ihm, ist sehr herzlich. Alle umarmen sich abwechselnd. Die Mutter, die in der Morgenfrische ein hellgrünes Kopftuch mit gemusterten Blättern trägt und eine rosafarbene Kittelschürze umgebunden hat, bekreuzigt uns, ähnlich wie ein Pfarrer, der mit der flachen Hand vor dem Kopf und Rumpf, die Gemeinde zum Ende des Gottesdienstes segnet.

Wider Erwarten komme ich ganz gut voran, spüre sogar eine gewisse Lockerheit in mir. Ich bewege mich wie ein professioneller Geher. Das ist eine zügige Variante, Strecke zu machen. Diese Form der Bewegung ist darüber hinaus schonend für die Gelenke, und vor allen Dingen, für das angeschlagene Schienbein.

Das Wetter ist mit knapp über 20 Grad und leicht bewölktem Himmel angenehm. Kurzzeitig hat es auch leicht geregnet.

Am Nachmittag entdecke ich am linken Straßenrand eine Schildkröte, die im Begriff ist, die Fahrbahn zu überqueren. Es ist das erste Mal überhaupt, das ich so ein gepanzertes, lebendes Tier in freier Wildbahn zu Gesicht bekomme. Mein Herz hüpft vor Freude. Welch eine schöne Überraschung, die mich meinen gestressten Touren-Alltag kurz vergessen lässt.

Ich bleibe stehen, begutachte das Reptil. Es ist etwa handgroß und hat einen grauen Panzer, der unterhalb mit einem sandfarbenen Muster versehen ist. Es ähnelt einer Kette aus kleinen Rechtecken. Das behäbige Geschöpf könnte eine griechische Landschildkröte sein. Schildkröten erschienen vor über 200 Millionen Jahren auf der Erde. Mit Ausnahme von Polargebieten besiedeln sie alle Kontinente. Nur im Norden Kanadas, dem größten Teil Russlands, der gesamten Mongolei, weiten Teilen Chinas, Saudi-Arabien und der Mitte Australiens, sind die Reptilien nicht zu finden.

Ich greife die Schildkröte am Panzer und trage sie über die Straße. Das Terrain auf der anderen Seite scheint sumpfig zu sein.

Erste Begegnung mit einer Schildkröte in freier Natur. Freude pur!

In diesem Augenblick nähert sich unerwartet ein älteres Mütterchen. Erstaunt starre ich in ihre Richtung. Wie aus dem Nichts ist sie plötzlich da. Die kleine Omi hat ein pinkfarbenes Kopftuch auf, trägt eine bräunliche, etwas abgetragene Jacke und einen grauen Rock. Sie hat eine helle Schürze umgebunden und graue Filzschuhe an. Das Mütterchen schlurft etwas nach vorne gekrümmt dahin. Im Arm hält sie einen dunklen Plastikeimer, bei dem ich nicht sehen kann, was er enthält. Ich schätze ihr Alter auf 80 Jahre. Als das Muttchen sieht, was ich gerade mache, nickt sie mir lächelnd zu. Sie murmelt einige unverständliche Worte. Ich versuche es auf Russisch. Und tatsächlich, das Mütterchen versteht mich. Sie geht gerade zu ihrem Bruder ins Nachbardorf, um ihm Essen zu bringen. Ich frage nicht warum, lobe aber ihren Einsatz. Immerhin ist ihr Hin- und Rückweg zusammen gerechnet, sechs Kilometer lang.

Überhaupt ist mir in Serbien aufgefallen, dass in ländlichen Regionen öfter Menschen am Straßenrand per pedes unterwegs sind. Nicht selten auch betagte Leute. Manche trugen einen großen Korb voller Heu auf dem Rücken. Andere hatten Tiere, wie Kühe, Schafe oder Ziegen dabei.

Abends lasse ich lautstark meiner Freude freien Lauf, nachdem ich 50 Kilometer geschafft habe. Ich habe Gänsehaut, spüre, dass ich der Entzündung trotzen kann. Ich nehme täglich die verordneten Tabletten. In den letzten beiden Tagen habe ich 80 Kilometer hinter mir gebracht. Das gibt mir enorme Zuversicht.

Später sitzen wir in einer vollen Kneipe und gucken Fußball. Die Luft ist verraucht, nicht wirklich förderlich für mich. Wir essen Hühnersuppe, dazu einen gemischten Salat. Die Gäste, vorwiegend aus Männern bestehend, raunen oder grölen zum Geschehen auf dem Bildschirm.

Deutschland spielt gegen Costa Rica. Zum Ende steht es 4:2 für die deutsche Mannschaft, unter der Regie von Jürgen Klinsmann. Einige Gäste haben bemerkt, dass wir aus Deutschland sind. Manche klopfen uns auf die Schultern oder heben anerkennend die Daumen in die Höhe. Alle scheinen auf der Seite der Deutschen zu sein.

Mich wundert das nicht. Seit ich weltweit auf Reisen bin, habe ich fast nur gute Erfahrungen im Ausland gemacht. Sobald die Menschen wussten, woher wir kommen, war der Bann sofort gebrochen. Begriffe wie Mercedes, Audi oder Opel bekamen wir zu hören. Auch Namen aus dem Bereich des Fußballs, wie Franz Beckenbauer, Oliver Kahn, Rudi Völler usw … Bayern München und Borussia Dortmund wurden eben sooft genannt. Diese beiden Themen sorgten zumeist für den Inhalt der Gespräche. Überhaupt sollen, laut einer globalen Umfrage, die Deutschen die beliebtesten Menschen oder Reisenden der Welt sein.

Kurz bevor wir die Gaststube verlassen wollen, kommt ein feister Einheimischer, mit grauen, etwas zerzausten Haaren zu uns, und möchte uns einen Hundewelpen schenken. Der kleine schwarze Vierbeiner, mit kurzem Fell und Schlappöhrchen ist niedlich anzuschauen. Er befindet sich in einem Pappkarton, die Vorderpfoten in die Höhe gestemmt. Bei dem rührenden Anblick entsinne ich mich an die früheren Welpen von meiner Hündin Gina. Die Zeiten mit den vierbeinigen Zwergen wird wieder lebendig. Ich erinnere mich aber weniger an das Gute, sondern mehr an die Anstrengung, die ich in den jeweiligen Wohnungen mit ihnen hatte. Je größer sie wurden, umso geruchsintensiver und chaotischer gestaltete sich der Alltag. Dankend lehnen wir das Angebot des Stoppelbärtigen ab.

Wenig später erreicht mich eine Nachricht von einem Bekannten aus der Heimat: *Drafi Deutscher* ist verstorben.

In der Nacht schleichen wir uns in ein Abrisshaus, nahe einer Tankstelle. Matthias hat die Absteige, während ich lief, ausfindig gemacht. Wir können uns hier ungestört ausbreiten und haben gleichzeitig ein Dach über dem Kopf.

Belgrad

Drei Tage später erreichen wir Belgrad, die Hauptstadt Serbiens.

Die vergangenen Nächte schliefen wir zum Teil in leer stehenden Häusern, ich davon eine Nacht im Auto. Vorgestern schaffte ich 70 Kilometer, neuer Tagesrekord! Und das trotz des immer wieder piksenden Schienbeins. An diesem Tag hatte Matthias zu nahe an einigen Bienenstöcken gefilmt. Plötzlich drohte die Situation zu eskalieren. Die Insekten schwärmten aus, attackierten meinen Kumpanen. Der flüchtete Hals über Kopf ins Auto, brauste davon. Es ging noch mal gut. Als mir Matthias von dem Vorfall in der nächsten Pause berichtete, steckte ihm noch der Schreck in den Gliedern. Er war ganz blass um die Nase. Ich musste in dem Moment an unsere Fahrradtour um die Welt denken. Damals verfolgte uns, während der Fahrt in Sibirien, ein Schwarm Hornissen.

In einer unserer Erholungspausen tief in der Taiga, hatten vermutlich die süße Düfte der Schokoladenriegel die Hornissen angelockt. Die riesigen Insekten, die die Länge eines kleinen Fingers hatten, waren wie aus dem Nichts, mit einem Mal da. Panisch stiegen wir auf unsere Räder und rammelten ohne Rücksicht auf Speichen und Felgen über den teils zerfurchten Waldweg. Die Piste führte hinauf und hinunter. Wir nahmen das alles kaum wahr und hatten nur das dumpfe Brummen der Hornissen in den Ohren.

Sie saßen, während wir wie besessen in die Pedalen traten, auf unseren Händen, auf den Sonnenbrillen und teils im Gesicht. Sogar auf den Lippen! Die gefährlichen Insekten umschwirrten uns. Sie waren überall. Die Luft vibrierte fast von ihnen. Wir jammerten wie kleine Kinder. Die

Flucht war körperlich sehr anstrengend, und doch spürten wir keine Schwäche. Obwohl wir wussten, dass wir nicht schneller als unsere Angreifer waren, gaben wir den Versuch zu fliehen, nicht auf.

Nach über einer Stunde der Hatz sahen wir unverhofft ein Haus, dann drei und noch einige mehr. Am Rande dieser Siedlung zog sich der Hornissenschwarm plötzlich zurück. Den »Brummern« erschien vermutlich die neue Umgebung fremd. Sie machten kehrt, und flogen heim in die vertraute Taiga.

Ein Wunder, dass uns kein Insekt gestochen hatte. Hätte uns nur eine Hornisse gestochen, hätte es sein können, dass dann der ganze Schwarm über uns hergefallen wäre. Die stechende Hornisse sondert nämlich während ihrer Attacke eine Art Warngeruch für ihre Artgenossen ab, so das sie ebenfalls zum Angriff übergehen können.

In der Nähe eines Landmaschinenhofes lümmelten wir uns dann auf einer abgenutzten Holzbank. Ein Bauer, der hinter seinem schrägen Holzzaun stand, dem ein paar Latten fehlten, beobachtete uns stumm. Erneut summten Insekten um uns herum. Erneut kam Aufregung auf. Es waren nur Fliegen gewesen. Für uns fast eine Wohltat.

Einen Tag später schaffe ich immerhin 62 Kilometer. Irgendwie habe ich den Eindruck, mich eingelaufen zu haben. Auf der Fernverkehrsstraße M1, wechselte die Gegend von flachem, einsehbarem Land, zum hügeligen bewaldeten Terrain. Mir fiel auf, als ich einige Ortschaften durchquerte, dass die Häuser edler wirkten, zuweilen im mediterranen Stil. Oft roch es nach gegrilltem Fleisch. Ich bekam keinen Hunger, nur etwas Appetit. Dominik hatte recht, dass die Menschen im Norden des Landes anscheinend wohlhabender sind, als ihre Landsleute im südlichen Gebiet. Vermutlich leben die Leute im nördlichen Teil Serbiens mehr von der Industrie, die Bewohner in der südlichen Region größtenteils von der Landwirtschaft.

Kurz darauf fing mein linker Oberschenkel an zu brennen. Die Beschwerden zogen sich bis zum Gesäß hoch. Das ging so weit, dass die Schmerzen sich zu einem Taubheitsgefühl entwickelten. Ich rieb die lädierten Stellen mit japanischem Minzöl ein, danach war das Bein wieder besser durchblutet.

Zum Ende der Etappe bog ich nach Smederevo ab, direkt an der Donau liegend. Dort schliefen wir. Aber bevor wir uns zur Ruhe begaben, warf ich noch einige Male einen Stock in den Fluss, damit sich Arthus von der Tageshitze abkühlen konnte.

Ich schmiss das Stück Holz nicht so sehr weit ins Wasser, denn die Strömung war enorm. Nach dem Aufbruch in Niš, konnte ich mich abends wieder etwas besser bewegen, war nicht mehr so greisenhaft.

Wie schon in Sofia, lotst mich Matthias durch den Verkehr von Belgrad. Hier ist ein bisschen mehr Betrieb auf den Straßen, als in der bulgarischen Hauptstadt. Ich laufe manchmal zwischen Bussen und Straßenbahnen, wie durch einen schmalen Korridor. Diese Manöver sind mitunter gefährlich. Ich blicke mich konzentriert allseitig um, muss auf alles achten. Meine Sinne sind hellwach.

Im Wechsel laufe ich auf der Fahrbahn, dann wieder auf dem Bürgersteig. Matthias und ich dürfen uns nicht aus den Augen verlieren. Das Walkie-Talkie ist nicht immer zuverlässig. Es gab auch schon ein Umstand, da waren wir nur einen Kilometer voneinander entfernt und hatten trotzdem keinen Empfang.

Gruppen von Passanten, drehen mir, wie verabredet die Köpfe zu. Mit einem T-Shirt auf dem Haupt und dem Flaschengürtel um der Hüfte falle ich ohnehin auf.

Belgrad ist allgemein höher gebaut als Sofia. Zehn- und zwölfstöckige helle, lang gezogene Hochhäuser säumen die Straßen. Ähnlich wie in Bukarest, Warschau und anderen Hauptstädten des ehemaligen Ostblocks, steht auch in der serbischen Hauptstadt die breite, sozialistische Bauweise im Vordergrund.

Tags darauf habe ich die Millionenstadt hinter mir gelassen. So ein Gewirr aus fast unzähligen Fahrzeugen und den vielen Menschen hatte mich physisch sowie psychisch arg gefordert.

Der Wartburg stand in der Nacht wieder an einem Gebäude, diesmal ein Rohbau, nahe der Donau.

Als ich Arthus ausführte, sah ich eine Blindschleiche zwischen den Sträuchern dahin gleiten. Matthias schlief in dem im Bau befindlichen

Haus, ich im Auto. Ich hätte gerne mit meinem Mitstreiter zusammen übernachtet, aber der harte Betonboden tut meinen belasteten Beinen nicht gut. Ich wusste dann oft nicht, wie ich vor Schmerzen und zuweilen stromstoßähnlichen Attacken der Muskeln und Nerven die Nacht überstehen sollte. Die dunklen Stunden sind viel zu kurz, um die Beine zu regenerieren.

Seit einigen Tagen habe ich meinen Laufrhythmus leicht geändert. Von einer halben Stunde Belastung, und fünf Minuten pausieren, nun auf einen neuen Rhythmus geschwenkt, 70 Minuten Bewegung und 10 Minuten Erholung. Ich fühle mich derzeit stark genug dafür, mache somit auch mehr Strecke. Das Wetter ist gut, 26 Grad, bei leicht bewölktem Himmel. Die Umgebung verändert nun ständig ihr Gesicht. Mal laufe ich an ebenen Feldern vorbei, dann wird die Umgebung wieder hügelig, bewachsen mit auseinanderstehenden Laub- und Nadelbäumen.

Plötzlich stolpere ich, drohe nach rechts zu stürzen. Ein Fahrzeug naht in diesem Augenblick. Ich fange mich gerade noch ab. Als das Auto mich in einem kleinen Bogen umfahren hat, halte ich kurz inne. Der Schreck steckt mir in den Gliedern. Ich muss wirklich auf jeden Schritt achten. Das gelingt nicht immer. Nach ein paar Minuten setzte ich mich erneut in Gang. Kommt mir ein breiter Laster entgegen, muss ich seitwärts ausscheren. Die Straße ist mitunter sehr schmal.

Mir fällt auf, dass ich hierzulande, die bisher meisten toten Hunde am Straßenrand erblickte. Schon von Weitem, konnte und kann ich den süßsäuerlichen Gestank der Kadaver wahrnehmen. Natürlich sind das verwilderte Vierbeiner, die auf diese Art und Weise ihr jähes Ende finden. Auch Füchse, Marder und Schlangen liegen zuweilen leblos herum.

Treffen mit einem Fernradler

Am frühen Nachmittag treffe ich auf einen Fernradler. Als er mich sieht, hält er sofort an. Der junge Mann, der aussieht, als wäre er bei der Tour de France, stammt aus Belgien. Er trägt ein gelbes, eng anliegendes Oberteil, einen professionellen Helm, Radhose und Fahrradhandschuhe. Der kleine, drahtige Typ heißt Nico und ist 32 Jahre alt. Er hat hinten auf seinem Trekking-Fahrrad zwei wasserdichte Taschen am Gepäckträger. Nico fährt jedes Jahr vier Wochen einen selbst gewählten Abschnitt durch Europa. Er hat leider nicht mehr Urlaub. Mit diesem System möchte er eines Tages den Kontinent ganz bereist haben. Der junge Mann, der ein angenehmes Äußeres hat, befindet sich auf dem Weg nach Athen. Er ist vor drei Wochen in Brüssel gestartet. Nico, der einen französischen Zungenschlag hat, übernachtet zumeist in preiswerten Pensionen. Für den Notfall hat er ein Minizelt im Gepäck. Wir unterhalten uns auf Englisch, so gut es geht. Der Belgier schwärmt von Jan Ullrich. Noch dazu, stammt der Sieger der *Tour de France* von 1997, wie auch ich, aus Rostock. Jan Ullrich ist bis heute der einzige Deutsche, der die *Tour de France* gewonnen hat.

Einst fuhr Nico ebenso Radrennen.

Nachdem wir uns verabschiedet haben, wird mein Lauf schwerer. Aufkommender Wind weht mir immer heftiger entgegen. Ich stemme mich mit gesenktem Kopf dagegen. Niemand ist jetzt da, der mir Windschatten spenden könnte.

Meine Sinne schweifen zurück zur Weltum*rad*lung. Auf der Reise hatten Markus und ich auch öfter quälenden Wind von vorne. Wir wechselten dann stündlich die Führungsposition, sodass zumindest der hinterdrein Fahrende etwas Kraft sparen konnte. Ich bin jetzt aber allein, muss selbst zurechtkommen. Der Wind wird immer stärker, wirkt zermürbend. Ich fluche vor mich hin. Ich weiß aber auch, dass das die Situation nicht verbessert, doch es muss dringend raus, befreit mich etwas.

Drei Stunden später, die gleiche Szenerie. Der Wind flaut oder dreht nicht ab. Ich kann nicht klar denken. Die sich stets wiederholenden Lieder aus den Kopfhörern dudeln. Ich laufe wie im Trance. Funktioniere irgendwie. Mir ist, als hätte ich einen ›Kleinen‹ intus.

Meine Sinne schweifen immer nur bis zur nächsten Pause. Ich habe den Rhythmus, auf eine halbe Stunde laufen, und fünf Minute pausieren, reduziert. Gegen Abend lässt der Wind langsam nach. Mit einem Mal geht alles viel leichter, fast wie bei einer lockeren Trainingseinheit. Kurz danach beginnt als ›Ausgleich‹, mein rechter, großer Zeh zu schmerzen. Auch in meiner rechten Achsel ›zwiebelt‹ es plötzlich, als hätte mir jemand eine Brennnessel daran gehalten. Letzteres ist mir schleierhaft.

Als ich beim Ausklang des Tages, nach 62 Kilometer meine Etappe beendet habe, bekomme ich schlagartig Atembeschwerden. Das Problem des

Luftholens ist mir seit einem Jahr bekannt. Es tritt bei Überbelastung auf oder wenn ich den Abend zuvor zu viel Bier getrunken habe. Matthias hat noch zwei Alsterwasser im Auto. Zischend öffne ich eine Dose. Nur wenig später sind meine Atemwege wieder frei, als hätte man einen Wattebausch aus der Luftröhre entfernt. Die 2,5 Prozent Alkohol haben die Blutgefäße etwas erweitert. Wir haben vor, die kommende Nacht draußen an einer Kirche zu schlafen.

Ich wurde als Baby katholisch getauft, bin auch regelmäßig mit meinem damaligen Reisepartner Markus zum Religionsunterricht gegangen. Bis zu meinem 13. Lebensjahr habe ich nicht wirklich an Gott geglaubt.

Doch dann kam der Mai 1985. Ich habe diesen Zeitraum nie vergessen. Es war während eines Ausfluges der Kirchengemeinde. Wir Kinder spielten in einer großen Kiesgrube bei Bad Doberan, einer Kleinstadt in der Nähe von Rostock, im Kreis stehend Volleyball. Im Verlaufe des Spiels bekam ich so etwas wie eine Eingebung. Seit jenem Tag begann ich, an Gott zu glauben. Warum, kann ich mir bis heute nicht erklären. Vielleicht hatte jemand der Anwesenden, womöglich etwas Bedeutsames gesagt, das in mir 'was ausgelöst hatte. Trotzdem war und bin ich kein großer Kirchgänger, aber beten gehört zu meinem Alltag.

Es ist schon dunkel, als wir an der Kirche ankommen. Ich fühle mich wohl hier, ein Ort der Sicherheit. Spontan legen wir uns irgendwo hin.

Als wir am Morgen des nächsten Tages aufwachen, bemerkt Matthias, dass er auf einem Grab genächtigt hat. Er ist kurz erstaunt. Dann meint mein Begleiter schmunzelnd: »Der liebe Gott wird das verzeihen, es ist ja kein Unheil passiert«.

Zum Frühstück essen wir Thunfisch auf Brot, dazu ein paar Scheiben Käse und Äpfel. Im Anschluss waschen wir uns am öffentlichen Wasserhahn des Friedhofs. Einige Gießkannen stehen am rötlichen Auffangbecken herum. Für ein paar Minuten sind wir splitternackt. Kein Mensch ist zu sehen. Danach ist uns wohler.

Bevor ich starte, verbinde ich noch den großen Zeh des rechten Fußes. Ich laufe die ersten Kilometer wie gerädert. Mein Kopf ist schwer. Wodurch, ist mir nicht klar. Ich trinke eine Cola, das Koffein belebt meine Lebensgeister. Am Vormittag passiere ich Novi Sad.

Gefährliche Begegnung mit einem Hirtenhund

Am Nachmittag walzt sich eine dunkelblaue Wolkenfront heran. Von Weitem sehe ich Blitze zucken. Wenig später sitzen wir im Auto, warten das Unwetter, verbunden mit heftigem Regenfall, ab. Ich wechsle meine nassen Turnschuhe sowie die Strümpfe. Ich frottiere die Füße mit einem Handtuch trocken, denn Feuchtigkeit fördert die Blasenbildung.

Dann geht es weiter. Felder und Wiesen zu beiden Seiten. Ich genieße die klare Luft. Es herrscht kaum Verkehr. Grillen zirpen in die friedliche Stille der Umgebung.

In einiger Entfernung sind Schafe zu erkennen. Ich erfreue mich immer über den Anblick von Herden oder Gruppen von Tieren. Egal ob Pferde, Kühe, Schafe oder Ziegen. Es ist stets eine schöne, beruhigende Atmosphäre und willkommene Abwechslung.

Als ich mich der Herde nähere, kommt mir plötzlich ein brauner, großer Hund entgegen. Unbeirrt, aber mit einem flauen Gefühl im Magen, laufe ich weiter. ›Jetzt nur nicht abrupt anders wirken‹, schießt es mir in den Kopf. Der leicht zottelige Hund, bewegt sich mit gespitzten Ohren bellend auf mich zu. Noch zehn Meter, dann er hat mich erreicht! Jetzt steigt doch die Angst in mir auf.

Just in diesem Moment, ertönt ein greller Pfiff. Daraufhin kehrt der kräftige Vierbeiner um. Der Schäfer hat seinen Herdenhund zurückbeordert. Trotzdem bewege ich mich noch angespannt weiter. Erleichtert winke ich meinem Retter von Weitem zu. Auch er hebt kurz den Arm.

Am Abend kehren wir wieder in eine Gaststube ein. Wenn wir die Chance dazu haben, nutzen wir sie auch. Es ist dann immer ein schöner, wohlverdienter Ausklang des Tages. Deutschland spielt heute gegen Polen. Die Einrichtung ist zum Glück nicht übermäßig besetzt wie vor fünf Tagen, als ein stoppelbärtiger Typ uns den Hundewelpen schenken wollte.

Matthias und ich sind nicht lange allein. Ein Mann, der am Nebentisch sitzt, spricht uns auf Deutsch an. Er stellt sich anders als sonst, mit vollem Namen vor: Miodrag Knezevibic. Wir verstehen nicht ganz, sodass der

Neuankömmling seinen Namen auf einen Bierdeckel kritzelt Mirek, so die Kurzform des Serben, wohnt schon seit 1970 in Österreich. Seine Frau kommt aus dem Alpenstaat. Der etwa 60-Jährige sieht aus, als wäre er aus einem Film gesprungen. Er trägt einen dunklen Dreitagebart, hat stechend blaue Augen, wie T*erence Hill,* sowie eine gepflegte Stoppelfrisur. Mit seinem tarnfarbenen Hemd, das lässig über seine braune Cordhose lappt, wirkt er kämpferisch. Er arbeite als Klimatechniker in Österreich. Natürlich ist er bei der Fußballweltmeisterschaft für Deutschland. »Keine Frage«, meint er lachend. Der gebürtige Serbe hat drei Kinder. Seine jüngste Tochter ist mit dem Torschützenkönig von *Sturm Graz* verheiratet, verkündet Mirek stolz, wobei er seine Augenbrauen hebt und eifrig mit dem Kopf nickt. Er fragt uns, was wir essen möchten.

Kurz darauf bringt der Kellner Bier und Wasser an unseren Tisch. Danach bekommen wir Nudeln mit Gulasch. Mirek übersetzt dem Kellner, der ein wenig Franz-Josef Strauß ähnelte, alles, was er bis jetzt über uns erfuhr. Der schon etwas betagte Gastronom, ist eigentlich Ungar, arbeitet nun aber in Serbien.

Plötzlich durchzieht ein Geschrei die Gaststätte. Ich schaue von meinem Teller auf. Soeben hat Deutschland das 1:0 geschossen. Auch Mirek reißt die Arme hoch, blickt euphorisch zu uns. Matthias und ich wirken verhalten, obwohl wir uns ebenso freuen. Zudem ist mein Reisepartner nicht der Fußballfreak schlechthin, und ich bin nicht bei vollen Kräften.

Später bestellt Mirek hier im Haus für uns ein Doppelzimmer für die Nacht. Angeblich kostet es nur zehn Euro, und bezahlt ist es auch. Obwohl wir uns innerlich wie Schlosskönige freuen, ist uns das peinlich.

»Keine Widerrede«, meint der gastfreundliche Serbe bestimmt. Zur Untermalung wedelt er mit den Händen, wie zwei gegenläufige Scheibenwischer, abwechselnd hin und her.

Am Morgen darauf beginne ich die kommende Etappe noch vor 8 Uhr. Mirek und ein paar Bekannte von ihm, verabschieden uns. Ihre Gesichter spiegeln den feucht fröhlichen Vorabend wieder. Ich bin hochmotiviert. Wenn alles gut läuft – im wahrsten Sinne des Wortes – könnte ich heute Abend Ungarn erreichen.

Erstmals auf der Tour, laufe ich zwei Stunden hintereinander, ohne Pause. Ich bin erstaunt, meine Beine, mein Körpern funktionieren wie ein Uhrwerk. Danach mache ich wie gewohnt weiter, eine Stunde Belastung, zehn Minuten Erholung. Ich bin so gut in Form, das ich nachmittags noch einmal zwei Stunden am Stück laufe. Ich muss mich fast bremsen, um nicht übermütig zu werden. Vielleicht ist es Ungarn, das mich wie ein Magnet anzieht. Zudem gehört das Land schon zu Mitteleuropa. Die Landstraße, vorbei an flachen Wiesen und Feldern ist kaum befahren. Bereits am Nachmittag, gegen 15 Uhr, habe ich 44 Kilometer geschafft. Mir kommt der gute Lauf, den ich gerade in meiner Bewegung habe, langsam unheimlich vor. Ich weiß die jetzige Leichtigkeit sehr zu schätzen.

Am Abend erreiche ich die Stadt Subotica. Wie aus dem Nichts fängt plötzlich das linke Schienbein an zu schmerzen. Auch die Zehen des gleichen Beines beginnen zu stechen. Mir wird klar: Es lief einfach zu gut …

Meine Gedanken fangen an zu kreisen. Habe ich mich mit dem Zwei-Stunden-Rhythmus zu sehr belastet? Es kommt erschwerend hinzu, dass die serbisch-ungarische Grenze, noch zwölf Kilometer weiter entfernt ist, als wir dachten …

Die Situation erinnert mich an ähnliche Geschehnisse aus meinen vergangenen Reisen. Wir durften uns unterwegs nicht lange über etwas freuen. Die Lage konnte sich ohne Vorwarnung abrupt ändern. Sei es vom Wetter her, von den Straßen- oder Pistenbedingungen, oder, dass das Auto sowie ein Fahrrad, mit einem Mal zu Bruch ging. Fluchen half da wenig, denn dann wurde es oft noch schlimmer.

Ich denke zurück, als Markus und ich, während unserer Weltumradlung, auf das Uralgebirge in Russland zugesteuert hatten. Gegenwind blies uns heftig ins Gesicht, obendrein ging es noch bergan. Markus fuchtelte mit seinem Arm in die Luft und beschwerte sich lauthals über eine Art erdachten Troll, der sich womöglich hinter einem, der vor uns liegenden Berge verbirgt. Mein Gefährte hat die Figur für den zermürbenden Wind verantwortlich gemacht. Je mehr sich Markus mokierte, umso mehr musste ich, schlapp über dem Lenker gebeugt, lachen. Zudem sich auch noch der Wind verstärkt hatte. Eine gute Comedyszene hätte nicht besser gedreht sein können.

Während der Pause massiere ich mit einem Handtuch mein Schienbein. Ich ziehe es, an den Enden angefasst, hin und her. Danach reibe ich die Wade und die Vorderseite mit meinem »Gehwol«, eine spezielle Fußcreme, ein. »Gehwol« wurde 1882 vom Drogisten *Eduard Gerlach* auf den Markt gebracht. Sie war die erste Fußcreme, mit einer immensen Wirkung gegen Wund- und Blasenbildung. Obendrein ist sie ein Weichmacher für Zehennägel und soll auch Hornhautbildung verhindern. »*Gehwol*« ist heute die bekannteste sowie eine der beliebtesten Fußpflegemarken und die überhaupt am häufigsten verwendete in Deutschland.

Nach 20 Minuten steige ich wie versteift aus dem Wagen. Wie immer, brauche ich etwa fünf Minuten, um mich abermals einzulaufen. Ich bin überrascht, das Schienbein und die Zehen haben sich nahezu normalisiert.

Wieder in Ungarn

Etwas später ist es so weit. Mit lockeren Beinen bewege ich mich über die Grenze. Der Übergang ist fast leer. Ich bin überglücklich. Wir sind in Ungarn!

Euphorisch laufe ich weiter, bis zur Kleinstadt Tompa, fünf Kilometer hinter der Grenze. Hier beginnt die *Große Ungarische Tiefebene*, auch Alföld genannt. Als ich am Eingangsschild der Ortschaft meine Tagesetappe beende, habe ich 72 Kilometer geschafft. Neuer Tagesrekord! Mit innerer Zufriedenheit nehme ich das zur Kenntnis. Die heutige abendliche Ankunft kann kaum schöner sein!

Als ich nachts im Auto liege, komme ich vor Endorphinen, die sich in mir tummeln, kaum zur Ruhe. Ich muss an die vielen Strapazen, Schmerzen und die Hitze, seit dem Start in Istanbul denken. Und nun bin ich Mitteleuropa!

Am übernächsten Morgen pelle ich mich 6 Uhr 30 aus meinem Schlafsack. Wir haben die Nacht neben dem Auto geschlummert. Ich ärgere mich ein wenig, wollte eigentlich schon eine halbe Stunde eher aufstehen. Mir ist stets bewusst, wie schnell so manche Tage, verbunden mit unerwarteten Problemen, vergangenen sind. Je früher ich starte, umso gelassener fühle ich mich.

Ich schlüpfe in meinen rechten Schuh, der neuerdings vorne offen ist.

Ich musste ihn gestern mit einem Messer aufschneiden. Der zweite Zeh, der gleichsam auch der längste am Fuß ist, stieß beim Laufen ständig sehr schmerzvoll gegen den Schuh. Einreiben, verbinden, all das half nicht. Kurzentschlossen schnitt ich ihn auf. Und siehe da, der dunkelgelb-violett gefärbte Zeh konnte mit einem Mal besser atmen, und die anderen auch.

Zusätzlich musste ich auch meine Strümpfe von oben einschneiden. Die beiden Knöchel, arg geschwollen, lechzten nach Freiraum. Danach lief es sich besser. Mitunter musste ich ein paar Blasen aufstechen. Die Wundstellen mit hochprozentigem Alkohol aus einem Flachmann heraus desinfizieren und leicht verbinden. Die Prozedur ist schon fast Alltag für mich geworden. Aber trotz aller Schmerzen, die mich oft nicht mehr klar denken lassen, stelle ich mir vor, irgendwann wieder zu Hause im Sessel zu sitzen. Dann sind die Leiden und Blessuren Geschichte. Man erinnert sich dann fast nur noch an die schönen Momente der Reise.

Was bisher auf dieser Tour ungewöhnlich war, ist, dass uns kaum Mücken belästigten.

Während meiner Reisen durch Sibirien war es überhaupt mit den Insekten am schlimmsten gewesen. Ich hatte damals, zusammen mit meinen Partnern, stets Mückenspray der Marke »Autan« dabei. Besonders auf der Weltumradlung und der Kajak-Tour auf der Lena sprühten Markus und ich uns, bei der abendlichen Ankunft mit dem Spray ein. Erst dann haben wir das Zelt aufgebaut, und Holz für das Lagerfeuer gesammelt. Autan« hat uns recht gut vor den Plagegeistern geschützt, die in der Masse einem den Verstand rauben können.

Ein totes Reh lag am Vortag neben dem Straßenasphalt, der schon seit Kilometern eine stark geriffelte Oberfläche hatte, die mir das Laufen erschwerte. Ich tippelte unsicher darüber, als balancierte ich auf einem Schwebebalken. Die Augen des großen Kadavers schienen klar. Aus dem halbgeöffneten Äser, so nennt man das Maul eines Rehs in der Waidmannssprache, sickerte Blut. Das ausgewachsene Tier muss erst vor kurzem angefahren worden sein. Mir kommt sogleich der deutsche Abenteurer Rüdiger Nehberg in den Sinn. Er durchquerte auf einer seiner

Reisen auch Deutschland, von Flensburg bis Obersdorf. Unterwegs ernährte er sich nur von dem, was er in der Natur fand. Nehberg schabte unter anderem, tote Igel und andere Kadaver von der Fahrbahn und bereitete sie abends über der Feuerstelle zu. Das, beinahe unversehrte Reh, wäre für den ehemaligen Abenteurer und Menschenrechtler ein wahres Festmahl gewesen.

Dem ungarischen Schafhirten schenkte Matthias ein paar Zigaretten

Am heutigen Vormittag laufe ich zweieinhalb Stunden ohne Unterbrechung. Nach einer 15-minütigen Pause, dann noch einmal eineinhalb Stunden. Ich habe gerade eine gute Phase, was sich aber schnell ändern kann. Unterhalb der Straße, entdecke ich, zwischen dem Laubwald die Donau. Der Strom begleitet mich ein Stück des Weges.

Gegen 17 Uhr habe ich schon 58 Kilometer hinter mir. Ich fühle mich wie eine Maschine. Wird die heutige Etappe vielleicht eine neue Bestmarke?

In einem kleinen Ort, fallen mir Mädchen auf, die etwa um die zwölf Jahre alt sind, und alle gleich gekleidet sind. Sie tragen weiße Blusen, darüber dunkelblaue Westen. Vermutlich ist das ihre Schuluniform.

Nicht lange danach, habe ich einen körperlichen Einbruch. Meine rechte Ferse brennt, als liefe ich über erhitzten Schotter. In mein linkes Schienbein frisst sich ein Schmerz, als wäre Säure auf die Haut gekippt. Ich schalte einen Gang zurück, marschiere noch neun Kilometer qualvoll weiter. Egal ob auf der Weltumradlung, der Kajak-Tour, der Kamtschatka-Durchquerung zu Fuß und der jetzigen Ausdauer-Tour, wenn mal ein Tagesrekord aufgestellt wurde, war er nie geplant. Es passierte einfach, so wie in diesem Moment. Es sind 74 Kilometer, die ich stolz in mein Tagebuch eintragen kann. Überhaupt tragen Matthias und ich fast jeden Abend die aktuellen Erlebnisse des Tages in unsere Büchlein ein. Das Schreiben bedarf, gerade bei mir, oft eine große Überwindung.

Am Abend steht der Wartburg nahe der Donau. Wir sind in Mezöfalva angelangt. Wir machen ein paar Schritte am Ufer. Es dämmert schon. Ein weißes Passagierschiff gleitet langsam stromaufwärts an uns vorbei. Das Wasser des Flusses scheint nicht so klar. Es hat einen bräunlich, grünlichen Ton. Den Blick auf das Schiff gerichtet, trete ich zwischen dem wiesenähnlichen Untergrund auf etwas Weiches. Ich bin verblüfft! Zu meinen Füßen liegt ein lebloser Fuchs. Jetzt hat ihn auch Arthus entdeckt. Mit einer schnellen Bewegung ziehe ich meinen Vierbeiner zurück, habe Angst vor Tollwut.

Nur ein kurzes Stück weiter, eine tote Ratte. Was für eine makabre Gegend!

Zu Gast bei einem Klassentreffen

Im Verlaufe des Abends dringt Musik an unseren Wagen. Nach einer Weile klopft es an die Scheibe. Arthus bellt. Zwei Frauen stehen draußen. Eine hält ein Bierglas in der Hand.

Kurz darauf befinden Matthias und ich uns auf einer Party eines in der Nähe stehenden Hauses. Es herrscht ein ausgelassenes Treiben. In einem ebenerdigen Raum, mit großer Terrasse, tummeln sich Männer und Frauen in bester Laune. Zuweilen wird an verschiedenen Plätzen getanzt. Maria, so heißt eine der Frauen, die uns von unserem Auto hierher gelotst hat, trägt schulterlange Haare und eine weiße Bluse mit freizügigem Ausschnitt. Sie ist Deutschlehrerin und erzählt uns, dass hier nach zehnjähriger Pause wieder ein Klassentreffen stattfindet. Ihre Vorfahren stammen aus Böblingen, in Baden-Württemberg. Im 18. Jahrhundert kamen sie ins hiesige Gebiet. Die gebürtige Serbin ist 47 Jahre jung. Sie verdient als Lehrerin umgerechnet 400 Euro im Monat. In Serbien würde sie nur die Hälfte ihres Gehalts bekommen.

Sie hat zwei Jahre in der Grundschule deutsch gelernt, später die germanische Sprache im Studium erweitert. Maria meint, das ungarisch nicht einfach ist.

Sie war mit ihrer Freundin Franziska, die uns, just in diesem Moment, aus der Nähe zuprostet, auch schon für einige Tage in Istanbul. Mit dem Zug fuhren sie dorthin. Die Lehrerin meint, dass vor der *Wende* 1989 in ihrem Land alles humaner war. Die Nachbarn kannten und halfen sich, ohne etwas von anderen zu erwarten. Ich kann das nur aus eigener Erfahrung der DDR Jahre bekräftigen. Zu sozialistischen Zeiten waren die Mieter eines Wohnhauses für die Reinigung der Flure, die Pflege von Beeten und des Rasens vor dem Haus verantwortlich. Jede Woche war eine andere Familie dran. Auch weiß ich noch aus meiner Kindheit, dass praktisch veranlagte Bewohner unseres Hauses einen Metallzaun, der den anliegenden Rasen unseres Wohnblocks begrenzte, in Eigeninitiative aufstellten und verschweißten.

Matthias und ich halten uns an unseren Bierflaschen fest, die uns Maria brachte. Sie hat uns eingeladen. An ihrem Weinglas nippend, blickt sie uns mit ihren hellbraunen, rehähnlichen Augen neugierig an. Wir müssen der hübschen Wahl-Ungarin allerhand Fragen über unsere Unternehmung beantworten.

Durst

Tags darauf wache ich gegen 7 Uhr benommen auf. Ich liege auf einer Bank, irgendwo draußen und fröstele. Schwerfällig erhebe ich mich. Wo ist Matthias? Wie kam ich hier her? Wie in Trance laufe ich Slalom. Kurz darauf ist mir wieder warm. Meine Sinne schaukeln. Ich lege mich wieder auf die hölzerne Parkbank, schlafe ein.

Als ich erneut erwache, zeigt meine Armbanduhr auf 10 Uhr. Die Sonne scheint vom wolkenlosen Himmel. Ihre warmen Strahlen haben mich geweckt. Die Luft ist gut temperiert. Mein Mund ist trocken. Ich kann schlecht schlucken, habe Durst. Ich wühle in den Taschen meiner knielangen Hose, kann kein Geld finden. Ich mache einige Schritte, um etwas für den Kreislauf zu tun.

»Wo ist nur Matthias?«, flüstere ich vor mich hin, als wenn mir das jemand sagen könnte. Der Durst wird immer quälender.

Meine Gedanken schweifen zurück in die Wüste Gobi. Markus und ich hatten sie während der Weltumradlung durchquert. Zu jener Zeit wachte ich nachts vor Durst im Zelt auf. Mir war, als hätte ich eine Tüte Haferflocken verschluckt. Wir hatten seit nachmittags nichts mehr getrunken, und die nächste Oase war über 20 Kilometer entfernt. Markus konnte auch nicht schlafen. Vorsichtig griff ich nach der Trinkflasche. Ich schüttelte das Gefäß, in der irrsinnigen Hoffnung, es wäre zumindest halb voll. Aber es plätscherte nur auf dem Grund. Darauf bedacht, auch nicht einen Tropfen zu verschütten, nippten wir abwechselnd an der Flasche. Nie hätten wir gedacht, wie wertvoll und wohltuend ein halber Schluck abgestandener Brause sein kann.

Mit hängenden Zungen, erreichten Markus und ich am nächsten Tag, entkräftet den Ort Sainschand. Dort angekommen, mussten wir noch zwei Stunden vor einem Geschäft ausharren, ehe wir uns 120 Packungen Minidrinks gekauft hatten.

Obwohl mir bewusst ist, kein Geld bei mir zu haben, gehe ich in die nahe liegende Kneipe der nächtlichen Feier. Die Tür ist auf, aber alle Stühle sind kopfüber auf die Tische gestellt.

In dem Moment vernehme ich von draußen ein vertrautes Geräusch. Es ist der quietschende Keilriemen unseres Wartburgs. Er tönt in diesem Augenblick wie Musik in meinen Ohren. Ich bin erleichtert. Ich könnte Matthias draußen umarmen. Genüsslich lasse ich mir das Wasser aus der Flasche durch die Kehle rinnen. Dankbar blicke ich zu meinem Kumpan. Matthias sagt, er hat irgendwo anders gelegen. Wir müssen beide lachen.

Im Grunde bin ich viel zu schwach, um heute noch weiterzulaufen. Doch der Ehrgeiz flammt in mir auf. ›Wer sich einen antrinkt, der sollte sich nicht vor seiner Tätigkeit am Folgetag drücken‹, so kreist es in mir.

Die Bieretappe

Ich setze mich gegen 13 Uhr allmählich in Bewegung. Meine Schritte sind bleiern. Ich bin so kraftlos, könnte mich sofort wieder langmachen. Es ist sehr warm, 30 Grad.

Nach ein paar Kilometern bekomme ich schlechter Luft. Es ist nicht nur die Hitze, die mich belastet, sondern auch der Alkohol der letzten Nacht. Ich bitte Matthias in der Pause, mir Bier zu besorgen. Entgeistert guckt der mich an. Er denkt, ich mache einen Witz. Ich erkläre ihm das Problem mit meiner Atmung, das mich schon seit einem knappen Jahr belastet. Besonders wenn ich einen Abend zuvor Alkohol getrunken habe, bekam ich am Vormittag darauf oft erschwert Luft. Dieser Zustand dauert manchmal den ganzen Tag an. Ich wusste nicht, woran es lag. Als ich Wochen später, zufällig am Abend mal wieder ein Bier trank, waren die Atemprobleme schlagartig verschwunden. Einen Tag danach nahm ich schon gegen Mittag Wein zu mir, als das Dilemma erneut begann. Erneut waren die Atemwege plötzlich frei. Ich fand heraus, dass sich durch Alkohol die Blutgefäße erweitern, die dann wieder eine effektive Sauerstoffzufuhr ermöglichen. Mein Partner hält inne, starrt ins Leere.

»Na gut, wenn es dir hilft?« Fragend und mit zweifelnder Miene guckt mich Matthias an. Dann hat mich der Asphalt wieder.

Mein Gefährte wendet den Wagen, braust davon.

Wenig später fülle ich den Gerstensaft in die kleinen Plastikflaschen meines Gürtels. Argwöhnisch beobachtet Matthias mein Tun.

Nach einigen Schlucken geht es mir deutlich besser. Ich kann wieder normaler atmen. Zwei Fläschchen habe ich aber mit Wasser gefüllt. Durch das Bier, die enorme Belastung und die Hitze, könnte ich womöglich einen Kollaps erleiden. Ich muss mit dem Hopfengetränk haushalten, es nur zu mir nehmen, wenn die Luft knapper wird, quasi als Medizin.

Zum Glück führt die Straße, die sich wie eine riesige Schlange vor mir windet, durch eine größere, bewaldete Fläche, die mir dann erträglichen Schatten spendet. Dazwischen liegen zuweilen große Mohnblumenfelder. Das Meer aus den rot-orangefarbenen Gewächsen, die einen dunklen Fleck in der Mitte der Blüte haben, ist eine Augenweide. Da meine Blicke zumeist auf den, mitunter unebenen Asphalt gerichtet sind, kann ich die zauberhafte Umgebung kaum genießen. Die Gegend wirkt verlassen. Kommen mir Fahrzeuge entgegen, mache ich oft ein paar Mätzchen, indem ich zum Beispiel beide Arme hebe, als wäre ich gerade beim Zieleinlauf. Das Bier zeigt Wirkung. Die Zeit vergeht auch schneller. Manche Autofahrer denken an einen Verrückten und fahren einen Bogen um mich. Ich habe ein Glücksgefühl in mir. Trotz des feuchtfröhlichen Abends habe ich es geschafft, mich aufzuraffen, und mache jetzt sogar noch merklich Strecke.

Einige Stunden darauf werde ich schwächer und wechsle in den Wanderschritt. Hauptsache irgendwie vorankommen, das ist meine Devise.

Zum Ausklang des Tages erreiche ich Székesfehérvár, die »Stadt der Könige« wie sie in Ungarn wegen der früheren Königskrönungen genannt wird.

Ich kann mir immerhin 33 Kilometer ins Tagebuch eintragen. In das Büchlein schreibe ich fast jeden Abend etwas hinein. Eingeteilt in drei Abschnitte. Statistik, wie Wetterlage und Kilometer, dann die vergangenen 24 Stunden in sachlicher Kurzform und zum Schluss meine persönlichen Empfindungen des Tages.

Wir lagern an einem großen See. Frösche quaken im angrenzenden Schilf, Mücken schwirren herum. Wir haben uns mit einem speziellen Gel gegen die winzigen Blutsauger geschützt. Matthias hat eine Feuerstelle entzündet. Mich erinnert hier die Stimmung an die Kajaktour auf der Lena.

Nur hatten Markus und ich damals ein Zelt dabei, was wir auf dieser Reise nicht bei uns haben.

Sowohl am längsten Fluss Russlands, als auch zwei Jahre später in Kamtschatka, war das Erste, was wir abends nach vollzogener Strecke getan hatten, ein Lagerfeuer zu entzünden. Sobald es brannte, wurde der ausgewählte Platz in der Natur, für uns im Nu heimisch. Auf dem Feuer konnten wir uns Essen zubereiten, es spendete Wärme, Licht und trotz unserer beiden Schäferhunde auch ein Stück Sicherheit, vor wilden Tieren, besonders Bären.

Matthias, der sonst so besonnen war, fuchtelt ständig mit seinen Armen herum. Die lästigen Mücken machen ihn fertig. Trotz des aufgetragenen Gels bedrängen sie uns gnadenlos. Die piesackenden Insekten lassen sich auch nicht vom Rauch des Feuers und von Matthias qualmender Zigarette vertreiben.

Kurz danach ist mein Mitstreiter im Wagen verschwunden.

»Die Biester machen mich verrückt!«, beschwert er sich durch den dünnen Schlitz des Fensters. Ich hingegen habe kaum Probleme. Vermutlich schmeckt den Plagegeistern mein Blut nicht gut genug. Ich hülle mich in meinen Schlafsack, bleibe heute Nacht mal ohne Matthias draußen. Diese Konstellation gab es bisher noch nie. Vor dem Einschlafen befühle ich mein unteres Gesicht. Seit der Abfahrt in Rostock, vor fünf Wochen, habe ich mich nicht mehr rasiert. Mein ›ziegenbartähnlicher‹ Wuchs scheint zu stagnieren.

Drei Tage später bin ich kurz vor der ungarisch-österreichischen Grenze. Die zurückliegenden Tage waren geprägt voll Hitze, bis 34 Grad!

Am Stadtausgang von Székesfehérvár, und darüber hinaus, lief ich erstmals auf einem langgezogenen Radweg. Er führt im Abstand von zwei Metern, parallel zur Straße entlang. Ich muss an die Fahrradwege in China denken. Sie waren zum Teil so breit wie Fahrbahnen für Autos. Man darf sich darüber nicht wundern, schließlich ist das drittgrößte Land, nach Russland und Kanada, der Staat mit den meisten Fahrrädern der Erde.

Ich empfand den Radweg in Ungarn als angenehm, musste nicht auf den Verkehr achten. Ich hatte viele kleine Blasen, weil ich meine feuchten Verbände zwei Tage nicht abgenommen hatte. Die Füße konnten in den Nächten nicht trocknen, und sich somit kaum erholen. Ich war zu bequem, den dünnen Stoff zu wechseln, worauf die Strafe folgte.

Viele Maisfelder und Weinhänge, die bis zu den Ufern der Donau hinabreichten, säumten meinen Weg. Manchmal standen »*leichte*« Frauen an den Rändern des Asphalts. Sie winkten und riefen mir lauthals zu, tanzten mitunter auch breitbeinig auf der Stelle. Ich hob meinen Arm zum Gruß oder streckte meinen Daumen in die Höhe. Das half ihnen nicht wirklich. Ihr eben noch dagewesenes Lächeln erlosch oft sogleich.

Abends saßen wir nach einem anstrengenden Tag in Gaststuben. Die Kellner sprachen manchmal gutes Deutsch. In den vorherigen Ländern war dies kaum der Fall. Als ich gestern eine Stunde lang durch die Großstadt Györ lief, winkten mir seit der Türkei wieder, verstärkt Autofahrer und Passanten zu. Ich genoss jede Zuwendung, die mir zuteil wurde. Györ befindet sich im westlichen Pannonien, der *Kleinen Ungarischen Tiefebene.* Hier mündet die Raab in die Moson-Donau, einem rechten Seitenarm der Mutter-Donau. Am Rand der Straße stieß ich zum ersten Mal auf ein totes Wiesel, später auf einen leblosen Maulwurf. Schlangen fielen mir hierzulande nicht ins Blickfeld. An den Abenden drangsalierten uns dafür so viele Mücken wie noch nie auf der Tour. Matthias zog sich dann stets ins Auto zurück.

Wir ließen uns in der Kneipe vom Spiel Deutschland gegen Ecuador berieseln. Uns fiel auf, dass die Ungarn, sich eher verhalten beim Fußball zeigten. Vielleicht auch aus dem Grund, weil sich ihre Mannschaft nicht für die Weltmeisterschaft qualifizieren konnte. Zum Schluss stand es 3:0 für die Deutschen. Wie schon in Serbien, waren die Gäste auch hier auf der Seite unserer Landsmänner.

Österreich

Am frühen Nachmittag überquere ich den Grenzstreifen zu Österreich. Kurz dahinter ein hölzerner Wachturm. Draußen am Geländer, bewegen sich Uniformierte. Als ich auf ihrer Höhe bin, rufen sie mich zu sich heran. Matthias ist an meiner Seite.

Kurz darauf steht mein Reisepartner, in fünf Meter Höhe, neben den österreichischen Beamten. Ich soll ihm folgen, bleibe aber am Boden, meinen Beinen zuliebe. Wären Matthias und ich mit dem Auto gefahren, hätten die Polizisten, in ihren grünen Uniformen und gleichfarbigen Schirmmützen, uns vermutlich nicht beachtet. Seit ich weltweit etwas abenteuerlich unterwegs bin, habe ich vergleichbare Privilegien und Begegnungen oft erlebt. Da wo ›Normalreisende‹ oder Bürger nie hinkämen, wie offizielle Sperrgebiete, verbotene Grenzbereiche oder ähnliche Terrains, wurden meine Reisepartner und ich sogar dahin eingeladen, oder wir bekamen einfach Zugang zu diesen genannten Zonen. Aus vermeintlich unnahbaren Gestalten in Uniformen schälten sich mit einem Mal humane, freundliche Personen heraus. Das Interesse uns gegenüber ließ ihre steinerne, maskenhafte Fassade bröckeln.

Nach einigen gelaufenen Kilometern auf Neuland hat mir Matthias, in einer Tankstelle, Halsbonbons besorgt. Ich habe wieder Beschwerden mit der Atmung. Zudem kratzt mich der Hals. Ich möchte nicht gleich wieder zum Bier greifen, muss meine leichten Asthmaprobleme gesund in den Griff bekommen. Mir kommt dabei Jan Ullrich in den Sinn, der zuweilen mit ähnlichen Sorgen zu kämpfen hatte. Am Straßenrand sehe ich auffällige Werbeschilder, dessen Bilder sich in kurzen Abständen von oben nach unten verschieben. Und das alles nun in deutscher Sprache. Ich muss mich allmählich an den im Grunde vertrauten Anblick gewöhnen. Die Hitze ist drückend. Ich zähle die Stunden. Einfach weiter, immer weiter. Heute wären für mich 50 Kilometer eine annehmbare Leistung.

In den Abendstunden sitzen wir draußen im Restaurant »Donaustübel«.

Die Donau fließt nur unweit an uns vorbei. Der Strom ist sichtlich schmaler geworden. Hatte er noch in Serbien circa eineinhalb Kilometer Breite, schätze ich ihn jetzt nur noch auf ein Drittel dessen.

Unsere hintere Seitenscheibe ist kaputt. Matthias hat die Tür etwas zu schwungvoll zugeworfen, nachdem er mit Arthus Gassi gegangen war. Daraufhin klirrte es plötzlich. Erschrocken zuckte der Hund zurück. Einige scharfkantige Glasreste blieben noch unten im Fensterrahmen haften, die Matthias dann entfernte. Zum Glück hat sich weder Arthus noch Matthias, bei dem Malheur verletzt.

Erstmals auf der Tour piesacken mich die Mücken jetzt auch sehr derb. Wir flüchten ins Innere der Einrichtung. Der Kellner bringt uns Fleischbrühe mit Bohnen. Als er bemerkt, wie schwerfällig ich mich in Richtung Toilette bewege, und ich mich zudem noch mit der Hand an der Wand abstütze, fragt er nach meinem Befinden. Nachdem er den Grund weiß, meint er schnippisch:

»Warum macht man das? Selbst schuld!« Ich habe keine Kraft für so einen belastenden Wortwechsel. Ich hebe stumm meine Augenbrauen, die Schultern und presse rollend die Lippen aufeinander. Dann schlurfe ich weiter.

Etwas später erfahren wir vom Gastronomen mit der dunklen Knabenfrisur, dass fast 50.000 Deutsche in Österreich arbeiten. Seine Miene hat sich im Verlaufe unserer Gespräche entspannt. Als Matthias Blase drückt, kommt er mit zwei jungen Frauen vom WC zurück. Die drei gerieten vor der Toiletteneinrichtung, aus einem kurzen Dialog heraus, in eine kleine Unterhaltung.

Eine der hübschen Frauen ist Tierärztin. Bereits eine ganze Weile hat sie Arthus, der zu unseren Füßen liegt, beobachtet. Wie schon so häufig auf meinen Reisen, mit meinen anderen Vierbeinern, fungiert auch jetzt mein Hund als Vermittler.

Daheim bei einer Kampfsportlerin

Nachdem die beiden Österreicherinnen eine Zeit lang an unserem Tisch gesessen haben, lädt die Freundin der Tierärztin, uns zu sich nach Hause ein. Wir können bei ihr übernachten.

Draußen versucht Matthias verzweifelt, unseren Wagen zu starten. Die Batterie scheint leer zu sein. Wir haben vergessen den Stecker unserer Kühlbox, aus der Buchse des Zigarettenanzünders zu ziehen. Nachdem wir mit vereinten Kräften den Wartburg anschieben, läuft der Motor und die Batterie kann sich wieder aufladen. Die Tierärztin verabschiedet sich von uns. Kurz darauf folgen wir der Freundin mit unserem Auto. Tanja, so heißt die brünette 32-Jährige, hat eine sportliche Figur und ein angenehmes Äußeres.

Kurze Zeit später halten wir vor einem großen Einfamilienhaus. Tanja führt uns über eine lange, kurvige Holztreppe nach oben. Unter dem Dach hat sie ihr Zimmer, gleichzeitig aber auch für Gäste gedacht. Unter den schrägen Wänden, die mit lackierten Spundbrettern verkleidet sind, stehen einige Pokale. An einer hellen Wand hängen Urkunden. Als wir uns danach erkundigen, erzählt uns Tanja, das sie professionell *Jiu Jitsu* betrieb. Man traut ihr, die eher klein und grazil wirkt, auf den ersten Blick den Kampfsport nicht unbedingt zu. Aber mit ihren kurzen Haaren und den wachen, blitzenden Augen, mutet sie doch kämpferisch an.

Tanja berichtet, das sie schon bei Olympischen Spielen und Weltmeisterschaften teilgenommen hat. Sie erklärt, das Jiu Jitsu eine von den japanischen Samurai stammende Kampfkunst der waffenlosen Selbstverteidigung ist. Dabei soll bei dieser Art des Kämpfens nicht Kraft gegen Kraft aufgewendet werden, sondern – nach dem Prinzip »Siegen durch

Nachgeben« – so viel wie möglich der Wucht des Angreifers gegen ihn selbst verwendet werden. Heutzutage arbeitet die Österreicherin beim Zoll. In ihrer Freizeit trainiert sie den Nachwuchs in Jiu Jitsu.

Als sie uns eine angenehme Nacht wünscht, drückt sie uns zum Abschied herzlich. Sie fährt jetzt mit dem Rennrad zu ihrem Freund. Wir können duschen, und sonst auch alles nutzen. Morgen früh sollen wir nur die Haustür zuziehen, so ihre Worte. Matthias und ich müssen überlegen, wo und wann wir das letzte Mal unter einer Brause standen. Mittlerweile ist das zwei Wochen her. Es war bei Dominiks Familie, in Serbien.

Dann sind Matthias, Arthus und ich allein. Erstaunt, doch zugleich freudig überrascht, blicken wir uns an. Vertrauen scheint die Gastgeberin ja zu haben. Kurz darauf liege ich schon im Bett. In meinem Blickfeld Matthias und Arthus, die es sich auf dem Balkon, der zu unserer Überraschung kein Geländer hat, bequem gemacht haben.

In Verlaufe der Nacht höre ich im Halbschlaf, wie die beiden ins Zimmer kommen. Matthias geht mit Arthus noch kurz raus. Kaum fällt die Tür ins Schloss, grollt es von draußen. Meine Augen öffnen sich. Ein paar Augenblicke später erhellt ein Blitz den Raum. Besorgt denke ich an Matthias und Arthus. Ich weiß, dass mein Begleiter so gut wie keine Angst verspürt. Einige Sekunden danach kracht es erneut, diesmal aber beträchtlich lauter. Das Gewitter scheint sich zu nähern. ›Hoffentlich kommen die zwei gleich hoch‹, denke ich mit Ungeduld. Das Unwetter wird immer heftiger. Regen setzt ein. Dann strömt es draußen. Unruhig erhebe ich mich, will nach dem Rechten sehen. Als ich die Zimmertür öffne, höre ich, wie Matthias und Arthus die Treppe hinaufsteigen. Ich bin erleichtert. Etwas nass betreten meine Begleiter die hellen, glasierten Dielen. Dann knallt es wieder. Jetzt schon fast ohrenbetäubend. Ich schließe das gekippte Fenster zum Balkon. Nun empfinde ich das Gewitter mehr aufregend und beinahe gemütlich, als gefährlich. Auch wenn wir jetzt im Auto ausgeharrt hätten, wäre mir das gleiche Gefühl widerfahren.

Nachdem die restliche Nacht ruhig verlaufen war, tobt gegen 7 Uhr morgens erneut ein Gewitter. Habe ich vorhin noch ans Aufstehen gedacht, ziehe ich mir jetzt die Bettdecke bis zur Nasenspitze heran. Insgeheim freue ich mich über die Naturgewalt, gegen die wir ohnehin machtlos sind.

Als ich wie immer, von meinem gestrigen Punkt aus starte, ist es angenehm kühl. Seit ich vor acht Tagen meinen Schuh aufgeschnitten hatte, trage ich wieder geschlossenes Laufwerk. Der lädierte lange Zeh hat sich beruhigt.

Es läuft sich ungewohnt locker. Ich habe weder Bein- noch Fußschmerzen. Zu meinem Erstaunen ändert sich das auch nicht in den nächsten Stunden. Die flache Landschaft ist geprägt von weiten Feldern, vorwiegend bestehend aus Mais, Gerste und Weizen.

Hebe ich mal den Arm, um entgegen fahrenden Autos zum Gruß zu winken, grüßen die Insassen, ähnlich wie in Deutschland, zumeist verhalten zurück. Zuweilen sehe ich am Rand der gut asphaltierten Fahrbahn einige Radsportler. Mal in einer kleinen Gruppe fahrend oder auch allein. Meist grüßen wir uns.

Die Straßen Österreichs sind bisher die besten der Tour. Überhaupt wirken die Ortschaften des Alpenlandes sehr gepflegt. Kein marodes Haus war bis jetzt zu sehen. Die Rasenflächen auf den Grundstücken sind stets kurz gemäht. Mir ist, als wären wir schon auf deutschen Boden.

Als ich wieder zu meiner ersehnten Pause in den Wagen steige, hat Matthias inzwischen die fehlende Fensterscheibe durch ein dünnes Blech ersetzt. Er hat das metallene Stück in den offenen Fensterrahmen gesteckt, und beidseitig mit zwei Holzkeilen fixiert. Matthias hat das Blech mit unserem Beil auf Maß gehackt. Als es in der vergangenen Nacht anfing zu regnen, haben wir das Fenster notdürftig mit einer Decke verhängt. Mein Gefährte lehnt am Rahmen der offenen Tür und relaxt bei einer Zigarette.

Ich teile ihm mit, dass ich, bis zu meiner Ankunft in Deutschland, gerne einen Ruhetag einlegen möchte. Entgeistert schaut mich Matthias von der Seite an. »Wie jetzt, noch einen Tag Pause, so kurz vor Rostock?« Seine Miene ist ernst. Doch sogleich erhellt sich sein Gesicht. Schmunzelnd klopft er mir auf die Schulter. Mein Wegbegleiter macht ab und zu seine Späße, die auch mich erheitern. Seit unserem Aufbruch an der Ostsee habe ich ihn nie schlecht gelaunt erlebt. Vielleicht mal etwas in sich gekehrt, in einer abwartenden Haltung, was nicht negativ sein muss.

Zu der fehlenden Scheibe gesellt sich wenig später ein neues Problem hinzu. Der erste sowie der vierte Gang im Getriebe des Wartburgs streiken. Sie sind wie blockiert. Schlimmer wäre es, wenn die zweiten und dritten Gänge betroffen wären …

Matthias und ich sind einer Meinung, Hauptsache es geht vorerst weiter, egal wie.

Am Nachmittag erblicke ich ein Schild, noch drei Kilometer bis zur slowakischen Grenze. Meine Gedanken schweifen in diesem Moment nach Deutschland. ›Wie werde ich mich fühlen, wenn ich heimischen Boden betrete?‹

Ich weiß noch, wie das bei der Weltumradlung war. Es war Anfang November 1994. Wie aus dem Nichts tauchte plötzlich ein blaues Schild mit dem Sternenkreis der Europäischen Union vor uns auf: »Bundesrepublik Deutschland«, stand da drauf.

Eine kleine Tafel, die uns in diesem Augenblick schöner erschien, als jeder Van Gogh. Es war, als hörten wir schon vertraute Stimmen. Übermütig grölten wir, so laut wir konnten. Zwei Fernfahrer, die gerade auf einem Parkplatz ein Rad wechselten, schauten auf.

Nachdem wir vorher schon ein kurzes, geografisches Intermezzo auf heimatlichem Gebiet hatten, waren wir nun endgültig in Deutschland angelangt. Obwohl wir noch nie zuvor in dieser Gegend waren, war uns jede Laterne, jeder Baum, jeder Strauch wie unser Zuhause vorgekommen.

In der Nacht gelingt es mir kaum, Schlaf zu finden. Wir liegen in einer Art Werkhalle. Das marode Gebäude, das innen von eisernen, halb verrosteten Trägern gestützt ist, steht leer. Die großen Fenster haben keine Scheiben, oder sie sind kaputt und zersplittert. Der Wind zieht spürbar durch das Innere. An manchen Stellen liegen Scherben, Steine und verteilter Sand herum. Die Stimmung wirkt gespenstisch, ähnlich wie in einem *Stephen-King-Film*.

»Hauptsache wir haben ein Dach über dem Kopf«, meinte Matthias vorhin froh, den Schlafplatz gefunden zu haben. Trotz meiner Isoliermatte fühle ich den harten, nackten Boden aus Beton. Eigentlich bräuchte ich davon gleich zwei Unterlagen. Ich denke an die Decke in unserem Auto.

Doch sie jetzt, in der Dunkelheit, durch das Gewirr der Natur zu holen, fehlt mir die Lust. Zudem steht der Wagen auch noch etwas abseits.

Ich bin froh, als endlich der Morgen dämmert. Die Nacht schien mir endlos. Ich habe meist wach gelegen. Matthias hingegen schlummerte ganz gut, wie er sagte. Wieder auf der Straße laufend, bin ich heilfroh, Leute und Autos zu sehen. Die unheimliche Umgebung der letzten Nacht hat psychisch etwas an mir ›genagt‹.

Nur drei Kilometer weiter entfernt, entdeckt Matthias eine Autowerkstatt. Er teilt mir dies, aus dem fahrenden Wagen mit. Die Reparaturhalle steht nahe der Hauptstraße. Matthias wartet dort auf mich. Nach nur einer Stunde ist der Wartburg wieder instand. Ich kann weiter Strecke machen.

Eine Schraube war an der Gangschaltung abgebrochen, somit konnte der Schaden schnell behoben werden. Als der kräftige Mechaniker, mit Schnauzbart, den Grund unseres Vorhabens erfuhr, brauchten wir die Kosten des Materials und des Arbeitsaufwandes nicht bezahlen.

Tschechien

Am Vormittag, gegen 11 Uhr, erreiche ich die Grenze zu Tschechien.

Wenig später laufe ich durch schier endlosen Wald. Es ist einsam, kaum Fahrzeuge sind zu sehen, geschweige denn Ortschaften. Die Monotonie stört mich nicht. Schließlich bin ich jetzt, im Nachbarland meiner Heimat angekommen.

Eine lange Gerade führt mich in Richtung Bruno. Die Stadt ist ungefähr so groß wie Bochum. Die Fahrzeugführer im neuen Land zeigen mehr Emotionen und Anteilnahme, als die in Österreich. Ich bin euphorisch und hoch motiviert. Meine Beine bewegen sich fast von allein.

Doch am Nachmittag wird mir schwindlig. Die Wolken haben sich vor der Sonne gelichtet. Es ist sehr warm. Seit heute früh habe ich keine Kopfbedeckung auf. Kurz darauf bin ich zum Glück wieder der ›laufende Scheich‹, mit schützendem T-Shirt auf dem Haupt. Ich muss meine Sinne beisammen halten, darf nicht leichtsinnig werden.

Am übernächsten Morgen habe ich bereits 5 Uhr 50 meinen Schlafsack verlassen. So früh wie noch nie auf der Reise. Eine knappe Stunde später bin ich schon unterwegs. Es ist, als zöge Deutschland, mit einem verborgenen Band an mir. Ich durchquere die Kleinstadt Milonice. Die Fassaden der Häuser sind grau und bräunlich.

Auf dem Autobahnstandstreifen entlang bewegte ich mich gestern, Richtung Bruno. Bald darauf durchquerte ich die zweitgrößte Stadt Tschechiens. Sie empfand ich nicht so stressig, als ich dachte. Weiter ging es nach Prag, hin zur »Goldenen Stadt«, wie man sie auch nennt.

Abends haben wir uns in einer gut besuchten Gaststätte das Fußballspiel Deutschland gegen Schweden angeschaut. Es endete 2:0. Ich war zwischenzeitlich öfter mal draußen, um frische Luft zu schnappen. Der ständige Zigarettenqualm war nicht gerade nützlich für meine Lunge. Ich habe vor dem Einschlafen kaum etwas gegessen. Ich beschloss, ab jetzt, gerade abends, meine Kalorien zu reduzieren. Mein Ziel ist es, mein Gewicht auf unter 70 Kilogramm zu senken, noch etwa zwei, drei trennen mich davon.

Die breite Straße in der hügeligen Gegend hat eine grob gekörnte Oberfläche. Die Fahrbahn verläuft stetig auf und ab. Wälder und Felder säumen im Wechsel den spärlich befahrenen Asphalt.

Seit Österreich und hierzulande, sah ich kaum tote Hunde und Katzen herumliegen. Umso mehr überfahrene Igel. Auch kamen mir in beiden Ländern, kaum Gedenkkreuze für verunglückte Verkehrsteilnehmer, nahe der Straße, zu Gesicht.

Seit Tagen sind die Stunden des Nachmittags wieder quälend. Wie ausgebrannt lasse ich mich in der Pause auf den Beifahrersitz nieder. Ich schaffe es kaum meine Füße zur leichten Entspannung, auf das Armaturenbrett zu hieven. Ich bin völlig fertig. Um die Kräfte zu bündeln, verharre ich ausnahmsweise eine halbe Stunde im Auto. Matthias sitzt schweigend daneben, immer hoffend, dass es irgendwie schnell weitergeht. Wieder auf der Straße, schleppe ich mich nach einer Stunde zur nächsten Pause. Aber wo ist Matthias? Er war bisher zu meiner Erholungsphase stets pünktlich da. Erschlafft lümmle ich mich in den flachen Straßengraben, mit Sicht auf die Fahrbahn.

Zehn Minuten später ist Matthias vor Ort. Durch das offene Seitenfenster entschuldigt er sich, dass er irgendwo am Feldrand eingenickt war. Ich verschnaufe noch ein paar Momente auf dem Sitz.

Plötzlich klingelt mein Handy. Ein ungewohnter Klang. Es ist meine Mutter. Meine Eltern haben einige Tage in Blaufuß, einem Dorf in der mittleren Slowakei verbracht. Dort wurde mein Vater, 1942, und seine drei älteren Brüder geboren.

Im 13. Jahrhundert hat der damalige ungarische König Bela IV aus Deutschland Fachkräfte in das Gebiet der heutigen Slowakei geholt. Er hat ihnen Land, Vorrechte und andere Privilegien versprochen – und gehalten. Die Deutschen konnten über Jahrhunderte ihre Traditionen, Essgewohnheiten und ihre Sprache erhalten und pflegen.

Erst nach dem Kriegsende 1945 wurden die meisten Deutschen aus ihrer Heimat vertrieben. Der damalige Staatspräsident der Tschechoslowakei Edvard Beneš erließ ein Gesetz, das die Ausweisung amtlich machte. Von heute auf morgen musste mein Vater mit seiner Familie ihr heimatliches Dorf verlassen. Sie nahmen mit, was sie tragen konnten. In Viehwaggons ging es in einer wochenlangen Odyssee voller Angst und Ungewissheit, in Richtung Mecklenburg Vorpommern.

Meine Eltern haben Verwandte, mitsamt ihren Nachfahren besucht und befinden sich momentan auf der Rückfahrt nach Rostock.

Mit schluchzender Stimme teilt mir meine Mutter mit, dass die beiden schon in Dresden sind. Wir wollten uns eigentlich am gestrigen Tag hier irgendwo auf tschechischem Boden treffen, weil sich unsere Wege gekreuzt hätten.

Aufgeregt erzählt Mama weiter, dass sie uns gestern nicht erreichen konnten, weil sie eine falsche Telefonkarte gekauft hatten. Scheinbar hat der Verkäufer meine Eltern falsch verstanden …

Mutter ist fix und fertig! Sie hatte sich so auf unser Wiedersehen gefreut. Mein Vater hingegen schien das nicht so wichtig. Mit dem Satz: »Ronald ist ja bald in Rostock«, gab er in Richtung Dresden Gas. Auch ich bin etwas traurig. Um mich abzulenken, laufe ich schnell weiter, immer der Hauptstraße F35 folgend.

Am Abend habe ich eine neue Rekordmarke erreicht. Trotz meiner Nachmittagsschwäche habe ich 75 Kilometer hinter mir! Das ist auch dem frühen Start am Morgen zu verdanken. Meine Rechnung ging auf. Ich hätte womöglich auch noch 80 Kilometer schaffen können, aber die Demut war stärker.

Wir haben draußen, an einem Restaurant in Litomyšl, einer Kleinstadt in der ostböhmischen Region Pardubice, Platz genommen. Das hiesige Schloss Litomyšl gehört zum UNESCO-Welterbe. Die gastronomische Einrichtung betreibt ein *Italiener*. Einige Gäste sitzen, wie wir, gelassen, unter weit aufgespannten Schirmen. Die Stoffe der »Wetterschützer« bestehen aus den drei Landesstreifen des »Stiefelstaates«. Das Grün steht für die Natur und Landschaft, das Weiß steht für die Farbe der Gletscher der Alpen und das Rot steht vor allem für das Blut, das in den italienischen Unabhängigkeitskriegen vergossen wurde, heißt es in den verschiedenen Quellen.

Nach einer Weile tritt ein gut aussehender Mann mit Dreitagebart an unseren Tisch. Sofort zeigt er auf Arthus und stellt uns im fließenden Deutsch, ein paar Fragen zu dem Vierbeiner. Schnell entsteht ein Gespräch. Traurig erzählt uns Sandro, wie er sich vorstellte, von seinem Dobermann, der vor über zwei Wochen gestorben sei. Sein Hund, den er Hasso nannte, hatte in ein Metallstück gebissen. Das sperrige Teil ist dann im Hals des Vierbeiners stecken geblieben. Obwohl man den Rüden schnell zum Tierarzt brachte, der ihn, nach einer verabreichten Infusion, notoperierte, konnte der Hund nicht gerettet werden. Einen Tag später war Hasso tot. Der Dobermann wurde neun Jahre alt. Der Gastronom, der etwa um die Vierzig ist, presst die Lippen aufeinander und blickt seufzend auf Arthus hinab.

Wenig später bringt uns Sandro eine mittelgroße Pizza, belegt mit Salami und zerlaufenem Käse. Obendrein hat er für Arthus eine große Dose Chappi, mit Rinderstücken mitgebracht. »Was soll ich damit«, so sein Kommentar. Der Futterzylinder erinnert ihn nur wehmütig an seinen Hasso. Spontan setzt sich Sandro kurz zu uns. Er trägt ein weißes T-Shirt und eine verwaschenen Jeans, in der ein brauner Ledergürtel steckt. Als er drei Monate alt war, wanderte seine Familie nach Deutschland aus, nach Heilbronn. Dort lebe sein 80-jähriger Vater noch immer, weiht er uns ein.

Sandro wohnt mit seiner Frau seit zwölf Jahren in Tschechien. Er zeigt auf eine hübsche, blonde Kellnerin. Das ist seine Romana. Sie lernten sich hierzulande kennen, und haben inzwischen einen dreijährigen Sohn. Seine Frau macht die Buchhaltung ihres Restaurants. Sandro fragt uns, ob wir Euros bei uns haben. Matthias reicht ihm ein paar Münzen. Unser Gastgeber beäugt unsere Währung interessiert, doch auch skeptisch. Er meint, die Mehrheit der Tschechen und Bulgaren wollen keine Euros in ihrem Land. Sie haben Angst, die Produkte würden dann um ein Vielfaches teurer werden. Der Kurs von Euro zur einheimischen Krone betrage 1: 27!

Sandro lehnt sich bequem nach hinten, und rutscht, auf dem dunklen Plastikstuhl, in dem man etwa wie in einer Schale sitzt, ein Stück tiefer. In Tschechien gefällt es dem sportlich wirkenden Gastronom besser als vorher in Deutschland. »Hier sind die Menschen einfacher, der Alltag nicht so kommerziell«, resümiert er.

Unser sympathischer Gesprächspartner, dem der Kopf vorne schon etwas licht ist, erhebt sich. Seine Frau und er führen das Restaurant im Grunde alleine. Nur zu Saisonzeiten haben sie Aushilfskräfte, so wie derzeit.

Wir fragen Sandro, ob wir unsere Handys und den Akku für unsere Videokamera aufladen dürfen. Wie selbstverständlich nimmt er unsere Geräte an sich. Wir brauchen gleich drei Steckdosen …

Wir lassen den Abend allmählich in der Pizzeria verstreichen. Lernt man irgendwo in der Fremde herzliche Menschen kennen, wird der Platz, an dem man sich gerade aufhält, gleich heimischer. Ein Wohlgefühl breitet sich aus.

Spät abends steht unser Auto an der Rückseite einer alten, verlassenen Bahnstation. Der steinige, bröcklige Untergrund, teils mit großen Löchern behaftet, musste einer durchgewachsenen Wiese weichen. Mir kommt die fiktive Dokumentation auf dem Fernsehsender »n-tv« in den Sinn, in der man sehen konnte, wie sich die Vegetation wieder allmählich alles zurückerobert, für den Fall, dass die Menschheit mit einem Mal verschwinden würde. Nach Jahrzehnten und Jahrhunderten wären die Städte zerfallen, das Straßennetz unauffindbar. Nur Staudämme und Pyramiden, wären beispielsweise in ferner Zukunft noch als Relikte der Erdbewohner zu erblicken.

Ich lege mich ins Auto. Matthias und Arthus suchen sich einen Platz auf einer der überdachten Rampen, nahe bei mir. Ich fühle mich in diesen Stunden oft ein wenig egoistisch. Ich biete Matthias stets an, mit ins Wageninnere zu kommen. Doch er winkt dann ab, mit den Worten: »Besser draußen an der frischen Luft sein, als im engen, muffigen Auto.«

Am Nachmittag des übernächsten Tages schieben wir den Wartburg vom Rand des Asphalts, auf die Straße. Matthias schiebt an der Fahrertür, ich von hinten. Als das Auto etwas rollt, springt er hinters Lenkrad. Er versucht, im zweiten Gang zu starten. Der Wagen ruckelt. Ich stemme mich mit aller Kraft gegen den Kofferraum. Ich spüre wie meine, eigentlich ständig lädierten Beine schmerzen, brennen. Vergebens. Der Anlasser ist vermutlich hinüber.

Just in diesem Moment, vernehme ich hinter mir ein lautes Rufen. Als ich mich umdrehe, sehe ich einen hellgrünen VW-Polo. Ein vertrauter Anblick. Ein Gefühl des Glücks durchströmt mich!

Mein Freund und ehemaliger Reisepartner Markus und ein Kameramann, namens Achim Rieck aus Berlin, sitzen im Auto und heben die Hände durch die geöffneten Fenster. Ich bin voller Freude, habe den halb kaputten Wartburg kurz vergessen. Bei blinkenden Warnleuchten fallen wir uns in die Arme. Zwar wussten Matthias und ich, dass wir die beiden heute treffen würden, aber nicht genau wo und wann.

Abends sind wir alle gemütlich an den Autos beieinander und genießen ein paar Biere. Wie am vorgestrigen Abend finden Matthias und ich uns erneut an einer stillgelegten Station der Eisenbahn ein. Die Stimmung wird ausgelassener. Immer wieder prosten wir uns zu.

Mein Blick bleibt an Achim haften. Er ist schlank und fast so groß wie Markus. Er hat eine dunkle Mittelscheitelfrisur, mit kleinen Geheimratsecken. Der Berliner trägt eine silbrige Brille, ein hellblaues Hemd und weiße Turnschuhe. Ich schätze ihn um Ende vierzig.

Meine Blase drückt, muss mal kurz austreten. Ich verbinde das gleich mit einem kleinen Spaziergang, genieße kurz das Für-mich-Sein. Ich denke an gestern.

Matthias und ich haben uns am Morgen an einem nahe liegenden See erfrischt, putzten uns die Zähne. Arthus watete brusttief durchs klare Wasser. Zu unserer Überraschung sahen wir von Weitem einen kurzen Güterzug gemächlich an der Bahnstation vorbeirollen. Wir dachten, den Eisenbahnbetrieb wäre hier eingestellt worden. Am Vormittag hätte mich dann fast ein Lkw angefahren. Er kam mir entgegen. Mit einem Mal scherte er nach rechts aus. In letzter Sekunde konnte ich zu Seite springen. Auf das breite Fahrzeug rollte ein Gefährt des gleichen Kalibers, aus dem Gegenverkehr zu. Ein Schreck durchzuckte mich. Ich muss seit Istanbul nicht nur auf mich achten, sondern auch ständig den Verkehr im Auge behalten. Das ist oft gar nicht so einfach, wenn der Punkt der Erschöpfung nah ist.

Stunden danach übernachteten wir erstmalig auf einem Campingplatz. Der Chef des Geländes, ein großer, massiger Kerl, bot uns einen Spezialpreis an. Außerdem waren wir ihm noch durch unseren Wartburg zusätzlich sympathisch. Er selbst hatte auch einen Warburg-Kombi, genannt auch »Wartburg-Tourist«. Wir schliefen in unseren Schlafsäcken, auf einem kurzen, gepflegten Rasen. Ich dachte an den harten Betonboden in der unheimlichen Werkhalle, genoss nun das angenehme Liegen. Nach einer Weile musste ich Arthus, der angeleint neben uns lag, ins Auto sperren. Immer wieder fing er, in kurzen Abständen an, zu bellen. Warum blieb mir vorerst verschleiert, bis kurz darauf das Licht meiner Taschenlampe auf herumstreunende Katzen fiel. Wir wollten die anderen Camper und den Platzwart nicht durch Ruhestörung verärgern.

Als ich den Rückweg antrete, vernehme ich, obwohl noch etwas entfernt, die lauten Stimmen und Gelächter meiner Weggefährten. Markus und Achim wollen uns morgen den ganzen Tag begleiten, wobei uns der Kameramann professionell filmen möchte.

Dann wird es Zeit, sich zur Ruhe zu begeben. Markus fährt Achim zu einer Pension. Er selbst schläft im Polo. Matthias und ich schlummern, zusammen mit Arthus, draußen neben unserem Wagen.

Am Morgen darauf habe ich Hummeln im Bauch. Die deutsche Grenze ist greifbar nah.

Als ich loslaufe, zeigt das Thermometer 16 Grad an. Durch die Begleitung von Markus und Achim bin ich zudem noch enthusiastischer als die Wochen zuvor. Achim filmt wie wir morgens aufstehen, essen und uns für die kommende Etappe vorbereiten.

Ich laufe durch den Stadtverkehr von Liberec, auch das erste Mal durch einen langen Tunnel. Achim hält mein Tun aus allen möglichen Positionen fest. Zuweilen filmt er von einer Brücke aus, dann von einem Straßengraben oder aus dem fahrenden Auto. Markus assistiert ihm dabei. Manchmal gibt Achim etwas fahrige Anweisungen, obwohl

Markus schon das Richtige macht. Nach Liberec wird die bisher recht flache Gegend wieder bergig.

Plötzlich sehe ich ein Schild, auf dem Zittau steht! Mein Herz beginnt zu hüpfen. Bis nach Deutschland sind es nur noch 20 Kilometer! Danach mühe ich mich in einem großflächigen Waldstück, eine serpentinenartige Straße hoch. In meinem Kopf machen sich Bilder von der Tour de France breit. Ich sehe im Geiste Lance Armstrong vor mir, wie er den kurvigen Asphalt im kraftvollen, stehenden Staccato-Stil hinauf trampelte...

Deutschland

Nicht lange danach bekomme ich eine Gänsehaut. Die überdachte Grenzstation zu Deutschland ist in Sicht! Die Uhr zeigt auf halb drei. Es ist der schönste Moment der bisherigen Tour! Einige Fahrzeuge sind zu sehen. Nach einer kurzen Kontrolle bewege ich mich über die langersehnte Linie auf heimatlichem Boden. Ich fühle mich schon fast wie zu Hause. Apropos zu Hause.

Mit meinen Vorträgen seit 1995 hat sich mein Heimatgefühl stetig über die Grenzen Rostocks erweitert. Durch das eigenhändige ständige Plakatekleben habe ich gerade die ostdeutschen Städte und Ortschaften gut kennen und schätzen gelernt.

Zudem habe ich mit Markus – später auch mit Andy Winter, mit dem ich zweimal auf Reisen gewesen bin, – fast nur im Auto genächtigt. Seit 2010 war ich dann allein, aber wenigstens mit Hund, unterwegs. Die Vierbeiner beschützten mich so manches Mal, wenn ich spät abends, oder in den Nächten, Plakate anbrachte.

Es blieb nicht aus, dass mich zuweilen immer wieder Angetrunkene oder übermütige Teenager verbal attackierten. Aber das passierte nur dann, wenn sie meine vierbeinigen Beschützer nicht sahen, die mitunter hinter parkenden Autos oder unter Baugerüsten, die zur Sanierung von Häuserfassaden aufgestellt waren, verweilten. Waren die Hunde dann wachsam in das Blickfeld der Herangrölenden getreten, wurden diese wie auf Knopfdruck ruhiger, bis sogar freundlich.

Matthias Freundin Inga

Ich stehe an einer Gabelung und möchte wissen, ob ich links oder rechts nach Löbau abbiegen muss. Kurz darauf, der Wartburg und der Polo sind nicht zu sehen, frage ich eine Autofahrerin, die langsam heranfährt, nach dem Weg. Die reife Dame, mit lockigem Haar und großer, modischer Sonnenbrille im Skoda, guckt mich entgeistert an. Sie erklärt mir die Richtung und meint dann mit besorgter Stimme: »Junger Mann, das sind 33 Kilometer. Das können Sie doch nicht laufen!«

»Achso«, entgegne ich ihr. »Das geht ja noch, ich komme aus Istanbul …«

Die elegante Dame, die mir kein Wort zu glauben scheint, runzelt die Stirn und gibt Gas.

Mir ist, als gleite ob ich über den Asphalt dahin und bin unendlich stolz, es bis hier geschafft zu haben.

Am späten Nachmittag verabschieden sich Markus und Achim von uns. Der Berliner Kameramann hat sämtliches Wichtige, was meinen Laufalltag betrifft, im »Kasten«. Markus und ich wissen, wir sehen uns schon, wenn alles klappt, in den nächsten Tagen wieder.

Als wir den Morgen darauf neben unserem Auto erwachen, sind wir entspannt. Heute ist Ruhetag. Den habe ich mir schon vor einigen Tagen in Tschechien gewünscht.

Nahe unseres Schlafplatzes befindet sich ein eingezäuntes Fußballfeld. Wir lassen den Tag langsam angehen. Immer noch in der Schlaftüte liegend, kann ich kaum begreifen, heute nicht weiterlaufen zu müssen.

Erst gegen 11 Uhr stehen wir wirklich auf. Als wir mit Arthus ein wenig die Gegend erkunden, erblicken wir zwei verlassene Schaukeln, eine Rutsche und einen Sandkasten. Da niemand am Rande der Einfamilienhäuser zu sehen ist, setzen wir uns auf die stabilen Wippen und beginnen mit Schwung zu schaukeln. Das Kind kommt in uns durch. Wir juchzen uns die oft schwermütige Stimmung der Tour von der Seele. Arthus, der ein Stück entfernt liegt, beobachtet uns dabei.

Gegen 17 Uhr mieten wir uns in Löbau ein Zimmer in einer Pension, namens »Café am Rosengarten«. Eine schicke Rose, mit kleinen

Blättern ziert den Schriftzug. Wir bezahlen bei dem Inhaber, einem mittelgroßen Mann mit Brille und leicht ergrautem Haar, pro Nase 30 Euro inklusive Frühstück. Das Zimmer in Sofia erschien mir schon wertvoll, aber diese Bleibe übertrifft es gefühlsmäßig noch um einiges. Etwa 2.000 Kilometer stecken in meinen Beinen, in den Füßen. Im Grunde im ganzen Körper. Obendrein befinden wir uns in Deutschland, in Sachsen. Da, wo Markus und ich bei unseren Vorträgen mit das netteste Publikum haben.

Nachdem dem Duschen stehe ich im Bad vor dem Spiegel und rasiere mich wieder – *nach sechseinhalb Wochen.* Es ist der längste Struppelbart, den ich je hatte. Als ich mir danach frische Strümpfe anziehen möchte, betrachte ich meine, mit kleinen Blasen, übersäten Füße. Sie ähneln von der Farbe und vom Zustand her, den Pfoten von Hausschweinen. Sie sind rosig gedunsen, wirken künstlich, einfach leblos. In Knöchelhöhe geht die Färbung der Haut, abrupt ins Braune über.

Bevor wir uns genüsslich in die weichen Betten legen, holt Matthias noch Döner. Für mich das erste Mal seit sieben Monaten. Jeden Bissen genieße ich, als äße ich Hummer mit Kaviar.

Am nächsten Morgen, es ist der letzte Tag im Juni, stehen wir fürstlich auf, stolzieren die Treppe hinunter zum Frühstück.

Es ist 8 Uhr. Wir lassen uns die frischen Brötchen, mit Käse, Salami und Pute schmecken. Dazu gibt es ein Ei. Matthias trinkt Kaffee und probiert auch ein Stück Johannesbeerkuchen. Ich schlürfe Tee. Kaffee trinke ich grundsätzlich nicht.

Nur einmal habe ich ihn zu mir nehmen müssen, als ich während der Weltumradlung, des Nachts in Norddeutschland, vor Müdigkeit fast vom Rad gekippt wäre. Wir saßen zu dem Zeitpunkt etwa 215 Kilometern in den Sätteln. Markus kaufte damals in einer Tankstelle, kurz vor Cloppenburg, nicht nur für sich das koffeinhaltige Getränk, sondern auch für mich. Ich zog meine Oberlippe hoch, blickte apathisch drein. Mein Reisepartner duldete keine Widerrede. Danach war mir, als hätte ich ausgeschlafen. Wir haben auf dieser Etappe insgesamt 302 Kilometer erreicht! Das war Tour-Rekord gewesen.

Vormittags ist es kühl. Ich durchquere Bautzen. Schon von Weitem habe ich die Stadt der Türme gesehen, die über 1.000 Jahre alt sein soll. Obwohl die Stadt im sorbischen Siedlungsgebiet selbst nur eine sorbische Minderheit von 5 bis 10 % der Bevölkerung hat, ist sie das politische und kulturelle Zentrum der Sorben, die die einzige Minderheit in der ehemaligen DDR darstellte. Die Volksgruppe hat bis heute neben ihrer eigenen Sprache auch eine offiziell anerkannte Flagge und Hymne. Sorben haben in der Regel die deutsche Staatsangehörigkeit.

Früh nachmittags meldet sich mein linkes, oberes Knie mit Zwicken. Wenig später steigert sich das zu Schmerzen. Seit ein paar Tagen hatte ich zum Glück in der Form keine nennenswerten Probleme. Es war wie ein Wunder. Ich wechsele ins Walken. Das lädierte Knie beruhigt sich allmählich.

Matthias fährt dann, während ich mich weiter voran bewege, zum Bahnhof nach Hoyerswerda, um seine Freundin Inga vom Zug abzuholen. Sie möchte uns drei Tage lang begleiten.

Schon seit dem frühen Morgen hat mein Wegbegleiter noch bessere Laune als sonst. Ich kann ihn gut verstehen. Die Laufbedingungen sind heute fast optimal. Die Wetterlage ist trocken und windstill. Es ist angenehm, so um die 20 Grad. Ich laufe auf einem lang gezogenen Fahrradweg, der einige Meter entfernt von der Fernverkehrsstraße entlangführt.

Seit einiger Zeit warte ich auf ein Schild, das mir die Richtung nach Burghausen zeigen soll. Stattdessen steht die Ortschaft Riegel dran. Ich fluche leise vor mich hin. Ich habe mich verlaufen! Die Gegend wirkt verlassen. Es ist niemand da, den ich fragen kann.

Zu meiner Freude kommt mir nach einer Weile, eine ältere Frau auf ihrem Rad entgegen. Sie ist einheimisch und beschreibt mir den Weg durch ein Waldstück. Ich bin ihr unendlich dankbar. Es herrscht kaum Verkehr. Ich laufe ein Stück um einen Tagebausee herum.

Plötzlich hinter mir ein mehrfaches Hupen. Es ist unser Wartburg, Matthias' ›reisendes‹ Wohnzimmer.

Neben ihm sitzt Inga. Sie begrüßt mich aus dem fahrenden Wagen heraus. Es ist ja nicht mehr lange bis zur nächsten Pause.

Während ich später durch einige Dörfer jogge, höre ich mehrmals gleichzeitige Jubelschreie aus den Häusern. Ich weiß, das Deutschland gerade im Viertelfinale gegen Argentinien spielt und derzeit ein Elfmeterschießen stattfindet. Ganz deutlich vernehme ich »Lehmann, Lehmann«, Rufe. Der deutsche Nationaltorwart scheint die Massen zu begeistern. Obwohl ich Fußballfan bin, würde ich, selbst wenn jetzt das Weltmeisterschaftsfinale wäre, keinesfalls meinen Lauf unterbrechen. Ich glaube, nur aus dieser Besessenheit heraus, kann man eine ziemlich extreme Unternehmung schaffen.

Völlig erschöpft, aber überglücklich erreiche ich am Abend nach 78 Kilometern Burg. Ich habe meinen bisherigen Tagesrekord um drei km übertroffen! Erst jetzt komme ich mit Matthias Freundin intensiver ins Gespräch. In einer Gaststube lassen wir uns nieder. Deutschland hat das Elfmeterschießen dank eines überragenden Jens Lehmann für sich entschieden.

Als ich schwerfällig von der Toilette wiederkomme, sitzt an unserem Tisch ein Mann, vielleicht um die 60 Jahre, und unterhält sich rege mit meinen Begleitern. Nach einer Weile bringt die Kellnerin Sekt, Bier und Bratwürste zu uns. Der neue Bekannte, der einen grauen Bürstenhaarschnitt trägt und ein leicht zerfurchtes Gesicht hat, war von meinem Vorhaben so beeindruckt, dass er, wie er sagt, nicht anders konnte, als uns einzuladen. Ich weiß nicht, was ich sagen soll, nehme spontan seine rechte Hand, und umfasse sie mit meinen Händen.

Später lasse ich mich, zusammen mit Arthus, und zwei Alsterwassern, zufrieden im Auto nieder.

Matthias und Inga haben sich in Sichtweite eine Pension genommen. Ich freue mich für die beiden. Mein Gefährte hat sich das, nach eineinhalb Monaten, des guten, loyalen Daseins, mehr als verdient.

Drei Tage später muss ich nicht, wie sonst meist, erst langsam wach werden. Die Motivation auf heimatlichem Boden weiterzulaufen, ist größer als je zuvor. Ich hatte die letzten Tage das Gefühl, fast getragen zu werden. Natürlich ist hier im deutschen Gebiet alles viel vertrauter, und vor allem Rostock scheint mit einem Mal greifbar nahe.

Vorgestern hat mich Inga zwei Stunden lang walkend begleitet. Ich habe ihre Anwesenheit genossen, bin ja immer alleine gelaufen. In Spremberg hatte Matthias belegte Brötchen besorgt, nach denen mein Gaumen in den Pausen lechzte. Die Strecke führte mich durch lange Wälder und

Alleen. Mir war bewusst, dass ich mich im Wolfsgebiet befinde. Kurz vor der Jahrtausendwende wurden hier zum ersten Mal, seit über hundert Jahren, wieder Wölfe in Deutschland beobachtet. Vermutlich kamen sie aus Polen oder Tschechien. Liebend gerne würde ich mal einen Isegrim zu Gesicht kriegen. Alles, was exotisch oder selten ist, löst einen besonderen Reiz in mir aus.

Es war angenehm warm und trocken, einer der wenigen unbeschwerten Tage, an dem alles stimmte. Die Etappe wurde abends durch ein Stadtfest in Lübbenau abgerundet. Ich ließ Matthias und Inga, die beiden Turteltäubchen, alleine herumziehen. Ich schlenderte derweil, mit den Händen in den Hosentaschen, durch überschwänglich feiernde Leute, verbunden mit lebhafter Musik, umher. Einige (Fr)Essbuden, an denen Bratwürste, Kartoffelpuffer und Bier verkauft wurden, luden ein. Bunte Lampen waren quer über den Platz gespannt.

Ohne es zu wollen, denke ich, an nichts anderes, als an den bisherigen Verlauf der Tour. Stolz macht sich in mir breit. Ich erinnere mich, wie Franz Beckenbauer, nach dem Gewinn der Fußballweltmeisterschaft 1990, mit den Händen in den Hosentaschen, allein über den Fußballplatz des Olympiastadions von Rom spazierte, und seinen Triumph still genoss. Natürlich kann ich mich nicht mit ihm vergleichen, aber wenn man an seine absolute Grenze geht, ist das schon ein besonderes Gefühl.

Gestern war fast eine Wiederholung vom Vortrag. Inga lief wieder eine gewisse Zeit neben mir her. Die Gegend war von dichtem Nadel-Wald geprägt, darunter oft sandiger Boden. Vogelgezwitscher hallte durch die Bäume. Die Luft war mit dem Geruch von Harz gefüllt. Kurze Kiefer-Zapfen lagen überall herum.

Am späten Nachmittag spürte ich schon, es könnte wieder eine neue Bestmarke werden. Ich lief, als würde ich sanft gezogen. Wenn Matthias mich mit dem Auto zuweilen überholte, rief er mir stets die gelaufene Strecke zu. Das motivierte unheimlich. Stunden später gelangte ich nach Waltersdorf, eine südlich von Berlin gelegene Ortschaft. Hinter mir lagen 82 Kilometer!

In dieser Nacht schliefen wir alle neben dem Auto. Matthias hatte irgendwoher dicken Rollrasen besorgt. Das war unser neues, gemeinsames Nachtlager.

Im Verlauf des Vormittags, des darauffolgenden Tages, laufe ich in den südlichen Raum von Berlin ein. Es geht vorbei am Flughafen Schönefeld, von dem ich mit Markus vor vier Jahren zur Vulkanhalbinsel Kamtschatka abgeflogen war. Unser, fast 1.000 Kilometer langer Marsch durch das bärenreichste Gebiet der Erde kommt mir jetzt beinahe – obwohl wir uns dort auch ziemlich gequält hatten – wie ein Kinderspiel vor. Von Schönefeld aus starteten zwischen 1958 bis 1991 zumeist die Flugzeuge der DDR Luftfahrtgesellschaft »Interflug«. Der Flughafen war damals, mit Abstand, der größte des ostdeutschen Staates. Nachdem die DDR seit 1955 eine Fluggesellschaft unter dem Namen »*Deutsche Lufthansa*« betrieb, verklagte die BRD, die eine Fluggesellschaft unter dem gleichen Namen hatte, den deutschen Nachbarn. Die DDR hatte in diesem juristischen Streit den Kürzeren gezogen.

Etwas später laufe ich nach Berlin-Adlershof hinein, da wo sich der Hauptstandort des DDR-Fernsehens befand. Ich habe noch bildhaft *Heinz Florian Oertel* im Kopf, als er Samstag Abend, oft die Fußball-Oberliga mit Kompetenz und etwas Schalk moderierte. Aus einiger Entfernung sehe ich mit einem Mal den Berliner Fernsehturm, mit 368 Meter das höchste Bauwerk Deutschlands. Mein Herz hüpft vor Freude. Zwischen dem Turm und mir trennen uns noch etwa 20 Kilometer. Er wurde nach vierjähriger Bauzeit 1969 eröffnet.

Plötzlich drückt meine Blase. Nicht wie sonst in der Natur, sondern ganz zivilisiert, erleichtere ich mich in einer der Tankstellentoilette. Ein ungewohntes Gefühl. Ich komme mir wieder mehr wie ein Mensch vor. Voller Stolz jogge ich leichtfüßig weiter. Mir ist, als bekommt meine Tour in der Hauptstadt einen öffentlicheren Rahmen, was natürlich nur Einbildung ist.

Die Strecke führt immer geradeaus. Unzählige Bäume, nahe der mehrspurigen Hauptstraße, spenden mir Schatten. Berlin ist auch die grünste Hauptstadt Europas. Als ich den Alexanderplatz erreiche, übermannen mich die Emotionen. Ich kann in diesen Augenblicken nicht fassen, dass ich wirklich von Istanbul bis hierher jeden Meter gelaufen bin. Ein halbes Dutzend Kräne sind mit irgendeinem Bau beschäftigt. Ganz in der Nähe liegt die berühmte *Karl-Marx-Allee.* Dort wohnt mein Onkel, einer von meines Vaters älteren Brüdern. Überhaupt lebt meine halbe Verwandtschaft in oder bei Berlin. Als Kind war ich mit Eltern und Schwester oft hier. Deswegen ist mir die Hauptstadt auch nicht fremd.

Es ist mittags, als ich eine Pause an der Prenzlauer Promenade, nahe einer Aral-Tankstelle einlege.

Ich setze mich am Rande der Hauptstraße, die nach Norden aus Berlin hinausführt, in der warmen Sonne auf einem Bordstein. Neben mir befindet sich eine Bushaltestelle, quasi eine Bustasche.

Minuten vergehen. Matthias ist nicht in Sicht. Steht er irgendwo im Stau? Ich nehme ein Fläschen aus meinem Trinkgürtel und beobachte die vorbeifahrenden Autos. Die riesige Stadt ist fast durchquert. Sie misst immerhin 30 Kilometer von Nord nach Süd, genauso wie von West nach Ost.

Ein paar Meter weiter sitzt eine junge Frau, ebenfalls auf dem Bordstein. Nach einer Weile spricht sie mich an. Wir kommen ins Gespräch.

Sie heißt Katja und ist 25 Jahre jung. Als ich kurz von meinem Trip berichte, guckt sie mich mit ihren bräunlichen Augen groß an, schüttelt seicht den Kopf. Sie kann es nicht glauben, so ihr Kommentar. Sie hat brünette, schulterlange Haare und einen knallgelben Pulli an. Insgesamt ist sie eher ein blasser Typ. Katja wirkt auf mich etwas verwirrt. Stelle ich ihr eine Frage, blickt sie stoisch geradeaus und schweigt, oder sie antwortet erst später. Sie wäre gestern auf irgendeiner Party gewesen und will jetzt nach Hamburg trampen – oder so … Sie stamme aus Neubrandenburg und mache dort einen Lehrgang für endogene Psychologie, erzählt sie.

Auf meine Frage, wozu sie den Lehrgang gebrauchen kann, zuckt sie mit den Schultern und meint dann, es sei eben »geil«. Ich habe das Gefühl, dass Katja noch Restalkohol in sich hat.

Inzwischen ist schon eine halbe Stunde vergangen. Ich stehe auf und halte im Fahrzeuggewirr Ausschau nach Matthias. Dann sehe ich, dass Katja auf ihrem Handy tippt. Kurzentschlossen frage ich sie, ob ich mal kurz Matthias anrufen könne. Ohne zu zögern gibt sie mir ihr Handy. Hoffnungsvoll wähle ich die Nummer meines Gefährten. Obwohl ein Freizeichen ertönt, nimmt Matthias nicht ab. Allmählich mache ich mir Sorgen.

Hilfe, wir verhungern

Nach über zwei Stunden dann, der erlösende Anblick des herannahenden Wartburgs. Aber was ist das? Hinter ihm fährt ein weinroter Renault. Es ist der Wagen meiner Eltern! Ich bin total verdutzt! »Bin ich bei ›Verstehen Sie Spaß?‹ ...«

Kurz darauf stehen beide Autos etwas abseits unter dem schattigen Dach der Aral-Tankstelle.

Durch meine innige Freundschaft zu Ex-Reisepartner Markus, den meine Eltern, durch die fast wie ihren eigenen Sohn ansehen, wussten sie per Telefon, wo sich Matthias genau aufhielt. Die beiden befinden sich gerade auf der Rückreise, von Verwandten aus Dresden wieder zurück nach Rostock.

Meine Mutter fängt sofort an zu weinen, als sie mich, ihren *dünnen* Sohn, sieht. Wir haben uns siebeneinhalb Wochen nicht gesehen. Von den 74 Kilogramm Gewicht bei der Abfahrt in Rostock, bin ich jetzt vermutlich in den 60er Kilogramm-Bereich angelangt. Mein Vater begrüßt mich herzlich, aber wie ein Mann. Es ist nicht seine Art, sich Empfindungen anmerken zu lassen.

Mutter hat als Krippenerzieherin, und später als Altenpflegerin gearbeitet. Sie stammt aus Ostpreußen, der damaligen Stadt Königsberg, heute Kaliningrad. Vater führte jahrzehntelang einen Kran, der Baustoffe verlud. Wie schon erwähnt, ist er in der Gegend der mittleren Slowakei, in den Ausläufern der *Niederen Tatra,* geboren. Als mein Vater den Kofferraum seines Wagens öffnet, ist dieser voll von Esspaketen. Belegte Stullen, Brötchen, gebratene Koteletts, Fischstäbchen, Zitronenkuchen, Schokolade, Bananen, Äpfel und Mandarinen sind reichlich vorhanden. Dazu Vitaminsäfte und Wasser.

Katja steht wortlos und unbeteiligt am Rande des Treffens. Ich versuche sie in das Geschehen mit einzubringen. Meine Mutter dachte, sie wäre Matthias Freundin. Die Neubrandenburgerin sagt nicht viel, ihre Blicke schweifen in die Umgebung.

Nur etwa zehn Minuten später wird mein Vater unruhig. Er hat mich oder uns jetzt gesehen und weiß, wir sind gut versorgt. Spontan frage ich meine Eltern, ob sie Katja ein Stück nach Norden mitnehmen können.

Katja guckt mich entgeistert an. Sie würde gerne mit Matthias und mir mitfahren. Die junge Frau gibt sich plötzlich zurückhaltend. Sie hat mir vorhin erzählt, dass sie kein Geld hat, dafür aber ein Messer, um sich im Notfall beim Trampen verteidigen zu können.

Schließlich kann ich Katja doch überreden, mit meinen Eltern mitzufahren, die die A19, in Richtung Rostock nehmen, und den Abzweig der A24 nach Hamburg streifen. Matthias und ich wären auch viel zu langsam für unsere etwaige Begleiterin. Meine Mutter drückt mich zum Abschied so fest und schluchzend, als zöge ich in den Krieg. Mein Vater hingegen scheint erleichtert, endlich ins Auto einsteigen zu können.

Ich schaffe es bis zum Abend nach Oranienburg. Das ist einer der Orte rund um die Hauptstadt, bis wohin das Streckennetz der Berliner S-Bahn führt.

Am übernächsten Morgen muss ich erst einmal zum »Warmwerden« den Wartburg anschieben. Der Anlasser streikt wieder mal.

Gestern verwies mich die Polizei am Vormittag von der Bundesstraße. Sie waren gerade am Blitzen. Ich vermutete irrtümlich, Matthias würde mich aus größerer Entfernung filmen…

Anschließend bin ich über den angrenzenden Wildzaun gestiegen, und ein Stück durch den Wald gelaufen, bis ich aus der Sichtweite der Beamten war. Ein Gewitter zwang mich zu einer längeren Pause. Wie üblich im Wagen.

Früh abends dann ein Schild: *Mecklenburg-Vorpommern*! Ich hob ausgelassen ein paarmal meine Arme. Das sind die kleinen, großen Glücksmomente, die so eine Gewalttour ausmachen. Das durchquerte Gebiet war von viel Wald geprägt.

Am Abend erreichte ich Neustrelitz. Wir schauten uns in einer Gaststätte das Fußballspiel Deutschland gegen Italien an, das wir 0:2 verloren. Seltsamerweise hat mich die Niederlage kaum berührt, so sehr war ich mit meinen Gedanken beim Lauf, verbunden mit ein paar körperlichen Schmerzen.

Als der Motor unseres Autos wieder anspringt, und Matthias sich von mir entfernt hat, sehe ich, wie ein vorbeigehendes Mädchen mit Ranzen auf dem Rücken auf mich zeigt, und zu ihrer vermeintlichen Freundin laut sagt: »Guck mal, ein Straßenpenner …«

Ich fühle mich nicht ganz fit und marschiere langsam aus Neustrelitz hinaus, Richtung Penzlin.

Später verlasse ich die Fernverkehrsstraße und nehme, auf Anraten von Matthias, eine Abkürzung durch den Müritz Nationalpark. Natürlich nimmt mein Gefährte den gleichen Weg wie ich. Eigentlich ist es verboten, mit einem Fahrzeug, ohne Sonderrechte dort durchzufahren. Es ist heiß, 34 Grad im Schatten. Ich laufe über schmale, sandige Wege. Um mich herum Mischwald, bestehend vorwiegend aus Birken und hohen Kiefern. Aber auch Eichen und Buchen sind zu sehen.

Der *Müritz Nationalpark* wurde 1990 gegründet. Er ist mit 322 Quadratkilometern der größte terrestrische Nationalpark Deutschlands. Er besteht aus 72 Prozent Wäldern, 13 Prozent Seen und der restliche Teil sind Moore, Wiesen und Äcker. Wölfe, Baum-und Steinmarder, Rotfüchse und Waschbären haben als Raubtiere hier ihren Lebensraum. Das Schalenwild wird in diesem Areal durch Schwarz-, Reh-, Rot-, Dam- und Muffelwild vertreten. Auch für viele See- und Fischadler ist der Nationalpark ein Stück Heimat. Der Park erstreckt sich über die zwei räumlich getrennten Gebiete der *Mecklenburger Seenplatte* und eines Teiles der *Feldberger Seenlandschaft.* Der westliche größere Part ist das Teilgebiet *Müritz*, der kleinere östliche Part wird *Teilgebiet Serrahn* genannt. Zwischen den Teilgebieten liegt im Wesentlichen das Stadtgebiet von Neustrelitz.

Während der Zeit der DDR wurde das extrem dünn besiedelte Land für militärische Übungen, Staatsjagden sowie eine intensive Forst- und Landwirtschaft genutzt. So wurde durch die Sowjetarmee eine Fläche von circa 3500 Hektar, die zentral im heutigen Müritz-Teil des Nationalparks liegt, intensiv als *Panzerübungs- und Schießplatz* genutzt. Der Bevölkerung war das Betreten der unter Staatsjagdgebiet stehenden Wälder untersagt. Allerdings standen auch schon zu DDR-Zeiten zwölf Kilometer der Uferzone der Müritz unter strengerem Naturschutz.

Matthias ist vorausgefahren. Kein Haus, kein Fahrzeug und auch keine Menschen. Doch ich bin nicht ganz allein. Arthus läuft wie an einer imaginären Leine frei immer im Abstand von drei bis fünf Metern vor mir. Seit Istanbul hatte ich ihn, wenn er mich mal für ein paar Stunden begleitete, stets an der Leine geführt. Manchmal hat er mich auch gezogen. Im Verlaufe der Wochen habe ich ihm allmählich beigebracht, im kurzem Abstand gerade vor mir frei zu laufen.

Erstaunlich ist, das Arthus immer das Tempo vorgibt, das ich brauche. Mein Vierbeiner ist im Grunde nie zu schnell oder zu langsam unterwegs, als hätte er hinten Augen. Das wochenlange Training an der langen Leine hat ihn augenscheinlich geprägt.

Zuweilen durchqueren wir auch beschauliche Örtchen, in denen sich auf gepflegten Grundstücken, mit kurzen Rasen, Ferienhäuser oder Bungalows befinden. Die offenen Geländestücke muten zwischen dem großflächigen Wald, wie Oasen an. Manchmal sehe ich auch Gehöfte, an denen auf hügeligem Untergrund, Kühe und Pferde weiden. Der Anblick wirkt idyllisch. Mitunter begegne ich Radfahrern. Einige von ihnen grüßen mich. Es fühlt sich ein wenig wie Urlaubsstimmung an.

Erneut geht es in bewaldetes Gebiet hinein. Ein Pferdewagen, beladen mit Heu, holpert mir entgegen. Der rustikale Kutscher winkt mir freundlich zu. Arthus bewegt sich weiterhin wie ein Uhrwerk vor mir.

Kurz darauf wird mir übel. Der vorhin gegessene Zitronenkuchen und die Kirschschokolade rumoren im Magen. Mir ist, als müsste ich mich gleich übergeben. Ich werde schwerfällig. Taumle.

Dann halte ich an, stütze die Hände auf die Knie, den Oberkörper nach vorne gebeugt. Ich nehme einige kleine Schlucke aus der Flasche. Arthus steht wie versteinert vor mir, guckt mich ungläubig an. Hunde, überhaupt Tiere, merken oft schnell, dass etwas nicht stimmt. Irgendwie bekommen sie dann menschlichere Züge.

Nach einer Weile geht es wieder, und ich setze mich, noch immer etwas schwerfällig, in Gang.

Hinter dem Nationalpark schließt sich Waren an. Weiter geht es in Richtung Teterow. Diese Gegend ist freies Gelände. Nirgendwo ein schattiger Fleck.

Die Sonne brennt für mich höllisch heiß. Ich werde immer schwächer. Meine Beine scheinen wie aus Gummi. Die Hitze ist so drückend, dass ich alle zehn Minuten etwas trinken muss. Die Straße zieht sich schier endlos in die Länge. Es ist wirklich eine Qual. Kaum Autos sind zu sehen. Mir erscheinen das Umfeld, die Temperatur und die Trockenheit wie eine

Steppe. Ich beneide in diesen Augenblicken Matthias, der sich im schützenden Wagen nichts auszustehen hat. Ich lechze der nächsten Pause entgegen. Trotz der fast lähmenden Hitze kommt für mich ein Abbruch nicht in Frage. Das kenne ich nicht von der Weltumradlung, auch nicht von der Kajak- und Kamtschatka-Tour.

Endlich ist meine Laufzeit um. Aber wo ist Matthias? Ich verharre unter der heißen Sonne am Rand des Asphalts. Seit 20 Minuten habe ich nichts mehr zu trinken. Mein Gaumen und mein Hals sind so trocken, als hätte ich einen Löffel Sand geschluckt. Mein Speichel ist weißlich. Ich mag mich gar nicht auf den Boden setzen, mit dem Respekt im Nacken, mich anschließend wieder wie »eingerostet« hochquälen zu müssen.

Erst nach einer Viertelstunde kommt Matthias. Er hat Arthus in einem See erfrischen lassen und hat dabei die Zeit etwas aus dem Auge verloren. Ich bin nur froh, dass er da ist, und lasse mich auf dem Beifahrersitz, bei einem kühlen Drink nieder.

Kurz vor Teterow, in Burg Schlitz, beende ich die heutige Etappe. Ich bin so erleichtert, sie hinter mich gebracht zu haben. Trotz der hitzigen Strapazen schaffte ich 72 Kilometer!

Wir fahren zu meiner Schwester, die nicht weit entfernt, in Gorschendorf, bei Malchin, wohnt. Was für ein außergewöhnlich schönes Abendziel, so denke ich, den Kopf entspannt nach hinten gelehnt.

Im Verlaufe der Strecke gehe ich in die Senkrechte. Wo geht es entlang? Wenn ich meine Schwester Katrin, meistens mit meinen Eltern, besucht habe, dann kamen wir aus einer anderen Richtung.

Nach über einer halben Stunde Fahrt sind wir da. Kurz nachdem wir eingeparkt haben, kommt uns schon meine Schwester, eine eher zierliche Person, lächelnd entgegen. Sie hat kurze blonde Haare und blaue Augen. Katrin ist fast sechs Jahre älter als ich. Sie scheint irgendwie immer gut gelaunt, man kann sich mit ihr eigentlich nicht streiten. Als sie noch bei meinen Eltern in Rostock wohnte, hatte sie Zootechnikerin gelernt, so nannte sich der Beruf, indem sie Rinder versorgte und maschinell molk.

Mit 18 Jahren ist sie zu unseren Großeltern nach Kleverhof, aufs Dorf gezogen, 20 Kilometer von hier entfernt. Dann lernte sie ihren heutigen Mann Andreas kennen. Nicht lange danach, bauten sie 1996 ihr Einfamilienhaus, aus roten Klinkersteinen.

Etwas später sitzen wir in der großen rustikalen Küche beim Abendbrot. Andreas, der einen Mittelscheitel trägt und markante Grübchen hat, ermuntert Matthias und mich immer wieder, zuzugreifen. Die älteste der beiden Töchter, Mandy, sitzt auch am Tisch. Ich habe meine Nichte lange nicht gesehen. Sie ist jetzt 17 Jahre jung, hat blonde, schulterlange Haare und natürlich auch blaue Augen. Ich muss Mandy immer wieder angucken. Sie hat sich plötzlich zu einer richtig hübschen jungen Frau entwickelt. Das sage ich ihr auch. Verlegen lächelt sie mir zu und guckt wieder auf ihren Teller. Sämtliche Wurst- und Käsesorten, Kürbiskernbrötchen, Schwarzbrot stehen vor unseren Nasen. Zudem hat Andreas, der Tischler gelernt hat, noch Fischsalat, Rührei und saure Gurken hinzugestellt. Letztere hat er selbst eingelegt. Überhaupt ist er, der auf dem Lande großgeworden ist, ein richtiger Naturbursche. Er sammelt Pilze, Lindenblüten, aus denen er Tee macht. Und vor allem ist Angeln seine große Passion. Ich freue mich schon auf die Dusche. Eine Woche lang gab es unterwegs nur Katzenwäsche. Als mich meine Schwester vorhin zur Begrüßung drückte, meinte sie schmunzelnd, dass ich »streng« rieche ...

Zur Feier des Tages trinken wir Männer Bier. Die Stimmung steigt. Andreas und Katrin wollen so viel über die Reise erfahren. Auf dem Tisch liegt die regionale Tageszeitung »Nordkurier«. In dem Blatt ist ein großer Bericht von Matthias und mir abgedruckt. Markus versorgt die Medien von Rostock aus stets mit neuen Infos der Tour.

Gegen 23 Uhr erhebe ich mich widerwillig, weil ich weiß, was mich morgen wieder erwartet. Matthias und ich übernachten oben in der separaten Gästewohnung, mit eigenem Eingang. Die kleine Ferienwohnung, mit Wohnzimmer, Bad und Balkon wird an Urlauber oder Montagearbeiter vermietet. Frisch geduscht liege ich alsbald wie ein König im frisch bezogenen Bett. Ich bin unendlich dankbar, dass ich mit Matthias hier sein darf Rostock ist nun wirklich schon nahe.

Irgendwann in der Nacht stampft Matthias die Treppe hoch. Obwohl das Bett breit genug ist, legt er sich mit dem Schlafsack auf den Balkon. Er genießt es, draußen zu schlafen.

Zwei Tage später, es ist Freitag der 7. Juli, erwache ich mit einem unbeschreiblichen euphorischen Gefühl, wie noch nie auf der bisherigen Tour.

Nur noch 15 Kilometer bis Rostock! Ich liege mit Arthus neben unserem Wagen. Wo Matthias ist, weiß ich jetzt nicht. Sorgen mache ich mir nicht. Er zog sich so manches Mal in der Nacht, an einen einsamen Fleck zurück. Im Schlafsack liegend, genieße ich verträumt den wolkenlosen Himmel. Ich kann es kaum fassen, in den nächsten Stunden vorm Rathaus meiner Heimatstadt zu stehen.

Plötzlich bellt Arthus. Ich drehe mich um. Ein Polizeiwagen nähert sich. Ich muss meinen Hund, den die Reise selbstbewusst gemacht hat, bändigen. Die Beamten erkundigen sich im respektvollen Abstand, was ich hier mache. Sie haben den Wartburg, der auf einem breiten Betonplattenweg, zwischen zwei Feldern liegend, parkt, von der Hauptstraße aus gesehen.

Ich berichte kurz von unserem Tun, kann ihnen aber leider nicht sagen, wo sich Matthias derzeit befindet. Die Uniformierten gucken mich und sich untereinander, skeptisch an. Ich muss mich ausweisen. Als einer der Männer ein paar Schritte auf mich zukommt, bellt Arthus, den ich an der Anhängerkupplung festgebunden habe, erneut. Diesmal aber bestimmter. Ich wundere mich über ihn. So habe ich ihn noch nie erlebt! Dann rufe ich laut mehrmals nach Matthias. Nichts. Obwohl ich mir keiner Schuld bewusst bin, wird mir flau im Magen. Ich komme mir schon selbst verdächtig vor.

Kurz darauf telefoniert einer der Polizisten vom Funkstreifenwagen aus, vermutlich mit der Zentrale. Wahrscheinlich lässt er Matthias und meine Angaben überprüfen. Seit der Ankunft der Ordnungshüter, sind mittlerweile schon circa eine Viertelstunde vergangen.

Mit einem Mal sehe ich ganz weit im hohen, hellgelben Feld entfernt, eine Gestalt. Es ist Matthias.

Ich schwenke meinen Arm, schätze die Entfernung auf 150 Meter. Es ist nicht das erste Mal, das sich Matthias so deutlich zurückgezogen hat. Womöglich braucht er diesen Abstand, um sich in seine Privatsphäre flüchten zu können. Da die Beamten nun Klarheit haben, wünschen sie uns noch einen schönen Tag, jetzt mit freundlicher Miene.

Nachdem sich die Lage entspannt hat, denke ich an gestern. Nur 41 Kilometer konnte ich meinem Konto hinzufügen.

Schon halb drei am Nachmittag war die Etappe beendet. Ebenso wie auf der Weltumradlung, als Markus und ich auch kurz vor Rostock noch einmal irgendwo draußen kampiert hatten, weil wir somit unsere Ankunft noch mehr genießen konnten, ist die jetzige Situation ähnlich. Die Glücksgefühle, beim so kurz vor den Toren der heimatlichen Stadt Innehaltens, sind so intensiv, als wollten sie nie enden.

Am Abend kamen Cora, Markus und Dirk genau zu dieser Stelle, auf der Matthias und ich uns nun aufhalten. Es war eine herzliche Atmosphäre. Besonders als ich Cora im Arm hatte, merkte ich, wie mich die Emotionen überkamen und ich meine Augen ganz groß halten musste …

Als ich alleine etwas Holz aus der Umgebung holen wollte, um ein kleines Lagerfeuer zu entzünden, vernahm ich die vertraute Stimme meiner Freundin hinter mir.

»Ich komme mit«, sagte sie im warmen Ton. Wie zwei aufgeregte Teenager gingen wir unsicher nebeneinander her, als müssten wir uns erst wieder neu kennenlernen.

Wenig später kauerten wir bei Gerstensaft um die beruhigenden Flammen herum. Bratwürste, auf dünne Stöcken gespießt, hielten wir übers Feuer. Die Gespräche wollten nicht enden. Wir lachten über dies und jenes. Erinnerungen an Ferienlagern oder Klassenfahrten kamen in diesen Augenblicken des Zusammenseins in mir hoch. Erst nach Mitternacht verabschiedeten wir uns. Aber die Trennung fiel diesmal nicht sonderlich schwer.

Halbzeit in Rostock

Gegen 10 Uhr kommt Markus angefahren. Wir haben uns verabredet. Als mein Freund, und ehemaliger Reisepartner, wollte er mich auf dem letzten Stück zum Rathaus begleiten.

Als ich die ersten Schritte mache, spüre ich kaum, dass ich wirklich laufe. Es ist so unbeschwert, als zöge mich jemand. Ich mache eine Pause bei einer Brücke, nahe dem Ort Dummerstorf. Leicht und locker geht es danach durch Kessin, dem letzten Ort vor Rostock. Meine Beine tragen mich, die sich wie Federn anfühlen, über die Bahnschienen des *»Weißen Kreuzes«*. Alles ist so vertraut. Meine Sinne schweifen kurz nach Istanbul zurück. Die Gedanken scheinen plötzlich absurd. Noch zwei, drei Kilometer …

Ich laufe an bekannten Häuserzeilen vorbei. Autos und Menschen füllen das Alltagsbild. Ich habe das Gefühl, nie weggewesen zu sein, als kenne ich jeden Fahrzeugführer, jeden Passanten.

Dann ist es so weit. Ich sehe das orangefarbene Rathaus der Stadt. Es wird allmählich größer. Mir ist, als schwebe ich dahin. Es ist kurz nach 13 Uhr. Plötzlich bin ich da! ›Ich bin 2.462 Kilometer vom Bosporus bis Rostock gelaufen …‹, wird mir bewusst!

Etwa. An die 25 Leute stehen dort. Es ist keine öffentliche Ankunft. Das wollte ich so. Schließlich ist hier erst Halbzeit! Ich sehe meinen drahtigen Vater. Er trägt heute eine Brille und ein dunkelblaues, kurzärmliges Hemd. Meine Kumpeline Antje, mit der ich zehn Jahre in eine Klasse gegangen bin, ihre Freundin, der Geschäftsführer der Rostocker Stadtwerke, die mich gesponsert haben, ein Mitarbeiter von TV Rostock, Bekannte und fremde Menschen sind gekommen.

Plötzlich tritt Cora, die sich hinter einer Säule des Rathauses versteckte, hervor. Ein Freudenschreck durchzuckt mich. Ihre Überraschung ist gelungen. Danach verabschieden Matthias und ich uns mit einer Umarmung. Er fährt vom Hauptbahnhof mit dem Zug nach Hause.

Vier Tage später treffen wir uns wieder. Es ist spät am Nachmittag, als die Fähre, die uns nach Dänemark bringen soll, vom Überseehafen Rostocks, ablegt. Ein letztes Mal winken wir noch meinem Vater, Markus und dessen Freundin zu, die an der Pier immer zwergenhafter erscheinen.

Die kurze Zeit der Erholung tat Matthias und mir richtig gut. Ich habe mit Cora einiges unternommen, hatte aber auch das Bedürfnis etwas Ruhe zu haben. Wir sahen uns mit Freunden das Fußballweltmeisterschaftsfinale zwischen Frankreich und Italien an, was die »Azzurris« knapp für sich entschieden.

Natürlich war ich auch bei meinen Eltern zu Hause. Das heißt, bei meinem Vater. Meine Mutter arbeitet gerade bei Hamburg als Altenpflegerin. Sie verdient sich noch etwas Geld zu ihrer Rente dazu. Mein Vater, der im Grunde der größte Kritiker und Skeptiker meiner Reisen ist, wirbelte in der Küche herum, als säße bei ihm der Oberbürgermeister. Es gab leckere Ochsenschwanzsuppe, mit breiten Nudeln, Möhren, Sellerie und Petersilie. Mir ist, als hätte ich noch den würzigen Geschmack davon im

Mund. Beim Abschied steckte mir mein Papa sogar noch 50 Euro zu und meinte: »Mach dich unterwegs nicht kaputt!« Dann führte er seine beiden Hände zusammen und hob die Arme über den Kopf. Als ich ihm darauf zuwinkte, bekam ich eine Gänsehaut.

Halbzeit vorm Rostocker Rathaus

Unser Sponsor des Wartburgs, namens »Autoschnäppchen«, dessen gute Seele Peter Töllner ist, lieh uns einen anderen Wagen für den zweiten Teil der Tour. Es ist ein Ford Escort mit Steilheck. Auf dem Auto ist sogar ein Dachgepäckträger befestigt. Die Eltern einer guten Bekannten, haben uns das gute Stück, für das restliche Stück bis zum Nordkap, bereitgestellt. Der Wartburg, der fast 5.000 Kilometer gefahren ist, wäre für den weiteren Verlauf des Vorhabens eine Zumutung. Das Getriebe scheint hinüber. Ich kann nicht mehr zählen, wie oft ich das lädierte Fahrzeug anschieben musste.

Als ich vorhin die 13 Kilometer vom Rathaus zum Überseehafen zurücklegte, empfand ich die Strecke zum »Einlaufen« für das nächste Land, Dänemark.

Matthias und ich schlendern mit Arthus über das breite Seitendeck, atmen die wohltuende Seeluft und lassen noch mal ein paar letzte

Blicke auf die Häuser der Rostocker Stadtteile »Schmarl« und »Groß-Klein« schweifen.

Dänemark

Zwei Stunden später legt der Schiffsriese von »Scandlines«, im kleinen Hafen von Gedser an.

Die dänisch-deutsche Reederei, die 1998 gegründet wurde, hatte zwei meiner Touren gesponsert. Die Kamtschatka-Durchquerung 2002 und die Fahrt mit dem W50 im Jahre 2004, nach Oimjakon. Irgendwann später, hat sich der dänische Chef von »Scandlines«, von einer hohen Brücke gestürzt. Danach war das Sponsoring, was meine Reisebegleiter und mich betraf, Geschichte.

Kurz darauf hat mich die Straße wieder, jetzt auf dem heimatlichen Boden der Olsenbande. Ich laufe ganz locker durch die ruhige Gegend. Felder und zuweilen einige Häuser prägen die Umgebung. Es herrscht nur wenig Betrieb auf dem glatten Asphalt, der fast nur geradeaus führt.

Nach 23 Kilometern mache ich Schluss, zufrieden mit dem Einstand im neuen Land. Seit Langem ist dieser Abend, irgendwo auf einem Feld nahe der Hauptstraße wieder ein einsamer, ohne Gaststube, Häuser und Menschen.

Am Morgen darauf starte ich 6 Uhr 30. Es ist frisch. Von Westen weht leichter Wind. Ich fühle mich ausgeruht, jogge locker in den Tag.

Erst nach drei Stunden mache ich meine erste Pause. Eigentlich ein Verhalten, was nicht zu mir und meiner Vergangenheit passt. Aber in mir steckt gerade eine seltene unbeschwerte Leichtigkeit. Die Tage in Rostock haben meine Akkus vollgeladen. Zudem wiege ich jetzt 66 Kilogramm, ideal für die nächsten Wochen. Ich habe zum Glück auch keine Blessuren.

Das Gebiet Süddänemarks ist zumeist von weiten Feldern, weniger von Wäldern geprägt. Manchmal sehe ich Rehe, die um sich herum meistens freies Gelände haben. Obwohl wir erst seit gestern in Dänemark sind, merke ich einen Hauch von Skandinavien. Alles geschieht ohne Hektik. Auf der Straße, den Bürgersteigen, an den Tankstellen, allgemein in Ortschaften. In den zurückliegenden Jahren war ich so manches Mal im Norden Europas unterwegs, wie in Norwegen, Schweden, Finnland und Dänemark.

Auffällig ist, das die Fahrzeuge in Skandinavien generell einen größeren Abstand zu dem Vorausfahrendem haben, als zum Beispiel in Mitteleuropa. Mir kommt in den Sinn, dass die Fahrweise der Autofahrer, je südlicher man auf unserem Kontinent unterwegs ist, immer schneller, rasanter und teilweise auch rücksichtsloser wird. Ich kann mich kaum erinnern, in Skandinavien mal Rasern begegnet zu sein. Nirgendwo habe ich so häufig Autos mit Wohnwagen gesehen, wie in diesen nordischen Staaten.

Hier, im Süden des Landes, habe ich, zusammen mit meinem Freund Dirk und dessen Jeep, 1998 meinen Karelischen Bärenhund gekauft. Von seiner Rasse gab es zu der Zeit in Deutschland nur etwa 15 Hunde. In Mecklenburg-Vorpommern war Kodi, so der Name des schwarz-weißen Vierbeiners, sogar vermutlich der einzige Hund seiner Rasse.

Ich hatte damals einmal etwas von *Karelischen Bärenhunden* in einem Hundebuch gelesen. Die extrem mutigen Tiere haben mir sofort imponiert. Ein einziger Hund reicht aus, um einen ausgewachsenen Bären zu stellen, bis der Jäger kommt. Wie ihr Name schon sagt, stammen sie aus Karelien, eine Gegend, die im Grenzgebiet Finnland-Russland liegt. Die Rasse ähnelt Huskys. Ihr dichtes Fell schützt sie vor eisiger Kälte. Die Ohren sind spitz, der Blick eher sachlich. Die Hunde bewegen sich extrem geschickt und leichtfüßig, gerade in der Natur. Von den fünf Vierbeinern, die ich bisher hatte, war Kodi im Sprint der Schnellste.

Ein Bekannter von mir, der an der Ziellinie eines Sportplatzes stand, während Kodi und ich am Start standen, und ich auf Kommando einen faustgroßen Gummiball mit Wucht geradeaus warf, stoppte bei meinem Hund auf 100 Meter eine Zeit von 6,8 Sekunden.

Voller Euphorie und Begeisterung kamen Dirk und ich vor acht Jahren zu einem abgelegenen Gehöft. Die Besitzerin des Hofes, eine ältere, scheinbar eigenbrötlerische Frau, mit Kopftuch, hatte auf ihrem eingezäunten Gelände etwa 20 Hunde. Die erwachsenen Tiere befanden sich in Zwingern, die kleinen und mittleren Hunde rannten in einem wilden Haufen quer durch die Gegend. Da die Haustür offen stand, wahrscheinlich nicht nur während unserer Anwesenheit, pesten die quirligen »Plüschtiere« auch in den Flur, in die Küche und in das Wohnzimmer des Einfamilienhauses. Die Hundezüchterin meinte zu uns, wir könnten uns irgendeinen aussuchen.

Das war leicht gesagt. Ich hatte die Qual der Wahl. Schließlich nahm ich einen drei Monate alten Rüden an mich. Ich bezahlte 1.000 Euro für meine neue »Errungenschaft«, der mich noch das Fürchten lehren sollte …

Anders als bei meinen Schäferhunden, gelang es mir nie wirklich, eine echte Bindung zu Kodi aufzubauen. Man kann das vielleicht vergleichen, als hätte man einen Wolfswelpen aufgezogen, der trotz aller Hingabe und Wärme, immer einen Teil seiner ursprünglichen Wildheit behalten würde. Und so ähnlich wurde die Rasse des Karelischen Bärenhundes gezüchtet. Da seine Hauptaufgabe darin bestand, allein einen Bären zu stellen, musste er selbst ein gewisses Maß an Naturbelassenheit und Selbstständigkeit in sich haben. Ich konnte Kodi nie wirklich in meiner Wohnung alleine lassen. Kam ich dann ein paar Stunden, oder auch nach deutlich weniger Zeit wieder zurück, sah es aus, wie nach einer Saalschlacht. Sämtliche benutzte Teller, Tassen und das Besteck hat der »aktive« Vierbeiner von der Küchenplatte gefegt. Große Pflanzentöpfe lagen verstreut auf dem Boden herum, die Erde halb ausgeschüttet. Die Betten und die Couch wurden zerfleddert. Selbst vorm Mobiliar machte der rastlose Vierbeiner nicht halt. Einmal musste die kleine Flur-Kommode bei meinen Eltern dran glauben. Als wir die Wohnungstür aufschlossen, lag sie umgestürzt, und an den Ecken abgenagt, auf dem Laminat. Als wenn der »Karelier« seine ganze Wut ausgelassen hatte, weil er eine Zeit lang alleine war.

Als Kodi fünf Monate alt war, nahm ich ihn und meine Hündin Gina, mit in die Hohe Tatra, dem flächenmäßig kleinsten Hochgebirge der Welt. Mit einigen Freunden und Bekannten habe ich dort den Jahreswechsel verbracht. Als ich mit mehreren Leuten einmal einen Berg hoch wanderte, blieb ich mit den Hunden in etwa 1.500 Meter Höhe zurück. Ich hatte meinen Schlafsack mitgenommen, wollte die Nacht dort oben, im Schnee verbringen. Die Temperatur sank in den Abendstunden auf -8 Grad. Stunden später noch tiefer. Hündin Gina begann bald zu frieren. Sie wollte immer zu mir in den Schlafsack kriechen. Mit der Schnauze wühlte die Hündin wie ein Wildschwein am Eingang meiner Minikoje. Kodi lag währenddessen regungslos eingerollt im knöcheltiefen Schnee, als schliefe er in einem beheizten Wohnraum. Er hat sich weder um mich, noch um seine neue »Hundemutter« geschert.

Die Nacht schien damals endlos. Zuweilen vernahm ich von Weitem ein Krachen. Es war Eis, das in unregelmäßigen Abständen von einem hohen Wasserfall abbrach.

Gina und ich waren letztlich froh, als der Morgen graute und wir durch den Wald talwärts hinunterschritten. Während der ganzen Zeit, in der ich Kodi hatte, war stets mein Eindruck, als wäre der finnische Vierbeiner immer nur Gast bei mir gewesen. Er hat oft so getan, als ginge ihn das Tagesgeschehen nichts an. Die Schäferhunde sind da völlig anders. Zu hundert Prozent auf das Herrchen und die alltäglichen Situationen bezogen.

Nach den drei Stunden Lauf folgen zwei Stunden hintereinander. Ich funktioniere wie ein Uhrwerk.

Ich habe die Kleinstadt Nykøbing Falster hinter mich gelassen.

Am späten Vormittag erscheint vor mir eine größere Brücke. Sie führt über den Masnedsund. Die zweispurige Klappbrücke dient auch dem Eisenbahnverkehr. Sie ist überschaubare 200 Meter lang. Für mich sind solche Bauwerke oder andere Besonderheiten, sei es von Menschenhand geschaffen, oder aus der Natur heraus, stets Höhepunkte, die mich positiv inspirieren, und die Strapazen für eine Weile vergessen lassen.

Dann ist es mit einem Mal Abend. Ich habe, ohne es wirklich zu merken, den Tag abgespult wie eine Maschine. Immer wieder ruft mir Matthias meine zurückgelegte Kilometerzahl aus dem fahrenden Wagen zu. Wenn er dann kurzweilig neben mir fährt, denke ich oft, es wäre ein fremdes Fahrzeug. Zu sehr ist das vertraute Geräusch des Wartburgs noch im Kopf verankert, festgezurrt.

»Du hast jetzt 95 Kilometer geschafft«, dringt die Stimme von Matthias abermals an mein Ohr.

Meine Antwort ist ein leichtes Nicken. Wir können beide die bisher erreichte Tagesstrecke nicht begreifen.

Beinahe ohne große Anstrengung bewegen sich meine Beine im gleichmäßigen Takt wie von selbst. Wenn man das Geschehen auf ein Fahrrad ummünzen würde, dann wäre es, als säße ich heute auf einem E-Bike.

Gegen halb zehn wird es allmählich dämmrig. Etwas später reicht mir Matthias eine Taschenlampe aus dem Auto. Ich bin wie elektrisiert, habe eben 100 Kilometer erreicht! Ich denke nur noch von Meter zu Meter. Alles, was jetzt noch kommt, ist das Dessert.

Dann ist es fast dunkel. Ich laufe wie im Rausch. Ich spüre, dass sich so eine Etappe vermutlich nicht wiederholen wird. Die erholsamen Tage von Rostock haben mir einen enormen Schub an Kraft und Ausdauer verliehen. Die letzte Stunde bis kurz vor Mitternacht wird schließlich doch noch hart. Die Beine werden schwer wie Eisen. Aber das geschieht erst jetzt und nicht früher. Genau um 23 Uhr 50 höre ich auf. Es werden insgesamt 111 Kilometer!

Ausgelaugt, aber endlos stolz falle ich auf meinen Sitz. Erst jetzt merke ich, wie schlapp ich bin.

Irgendwo in der Nähe eines Strandes parkt Matthias den Ford. Zur Feier des Tages öffnet mein Gefährte eine Flasche Kräuterlikör. Meine Füße auf das Armaturenbrett gelegt, die Lehne etwas nach hinten gekurbelt, mache ich es mir bequem. Wir trinken jeder von uns zwei kleine Gläser des Hochprozentigen. Matthias hat diese gleich zum Kräuterlikör gratis dazubekommen. Vielleicht war es eine Werbeaktion.

Tags darauf starte ich erst im Verlaufe des Vormittags. Ich habe das Gefühl, Gewichte an den Beinen zu tragen. Mir ist, als bekomme ich heute die Quittung für den Gewaltakt von gestern.

Die Landschaft hat sich seit Gedser kaum verändert. Ich erreiche am Nachmittag die dänische Hauptstadt Kopenhagen. Sie wurde schon 1167 gegründet. Kopenhagen gehört zu den bedeutendsten Städten Nordeuropas. Sie ist ein beliebtes Reiseziel und Hafenstadt. Die Stadt gilt weltweit als eine der Städte mit der höchsten Lebensqualität! In der Städteplatzierung des Beratungsunternehmens Mercer belegte sie 2018, unter 231 Großstädten, rund um den Erdball, den achten Platz in dieser Rubrik.

Kopenhagen erlebte in seiner Geschichte immer wieder Katastrophen, Seuchen und Kriege. Von 1658 bis 1659 hielt die Stadt einer Belagerung stand, während das übrige Dänemark von den Schweden vollständig besetzt war. Im 18. Jahrhundert starb nach der Pest und anderen Seuchen ein Drittel der Stadtbewohner. Im Jahre 1728 sowie 1795 wüteten zwei Großbrände. Der Wiederaufbau führte zur heutigen Ansicht, der vom Baustil des 18. Jahrhunderts geprägten Altstadt. Bei den Seeschlachten von Kopenhagen 1801 und 1807 beschossen die Engländer die Hauptstadt, da es sich nicht auf die Seite Englands in dessen Krieg gegen Frankreich stellen wollte. Dänemark verlor im Krieg von 1864 Schleswig-Holstein.

Im Jahre 1940 wurde Kopenhagen von den deutschen Truppen kampflos eingenommen. Zu Hitlers Zeiten haben circa 6.000 Dänen bei der Waffen-SS gedient. Die Hauptstadt blieb weitestgehend von den Zerstörungen des Zweiten Weltkrieges verschont.

Die Metro Kopenhagens wurde 2002 eröffnet. Die kleine Metropole ist eher eine flach gebaute Stadt. Es existieren hier, genau wie in Berlin, keine Wolkenkratzer, die man so bezeichnet, wenn sie mindestens eine Höhe von 150 Meter messen.

Mitten im pulsierenden Verkehr überfällt mich plötzlich bleierne Müdigkeit. Das erste Mal überhaupt auf der Tour. Ich trinke etwas, schleppe mich dahin. Ich werde immer schwächer. Meine Augen fallen mir während des Laufens immer wieder zu. Ich kann es nicht glauben, will es nicht wahrhaben. Zum Glück ist gleich Pause.

Wir stehen auf einem Parkplatz. Ich ruhe eine halbe Stunde auf meinem Sitz. An richtigen Schlaf ist nicht zu denken. Hauptsache den Augenlidern etwas Ruhe gönnen. Ich würde gern noch länger liegen bleiben, aber der Wille treibt mich hoch. Ich quäle mich die ersten Minuten weiter. Danach geht es bisschen besser. Die Ruhephase tat mir anscheinend gut.

Kurz darauf verlaufe ich mich. Die Küstenstadt Helsingør, von wo aus die Fähre nach Schweden hinüberschifft, steht nicht mehr auf den Wegweisern. Ich drehe um. Wenig später bin ich wieder auf der richtigen Route. Ich habe vielleicht eine Viertelstunde verloren. Es gibt Schlimmeres. Mein Weg führt mich am Stadtausgang an einer Kaimauer entlang. Wieder sehe ich viele Radler, auch auf Rennrädern. Jogger sind deutlich in der Minderzahl. Seit meinem Aufbruch in Istanbul, gibt es hierzulande, mit Abstand die bisher meisten Freizeitsportler (oder auch mehr als das), die ich bemerkt habe.

In der Abendsonne sehe ich, nahe dem Meeresufer, auffallend viele Villen.

Gegen halb zehn ist endlich Schluss. Für mich waren die letzten beiden Stunden des heutigen Tages wie ein Endspurt. Immerhin kann ich mir 62 Kilometer ins Tagebuch eintragen. Nach der gestrigen Gewaltetappe wäre ich auch mit 50 Kilometern zufrieden gewesen. Wir haben uns irgendwo auf einer Wiese, nicht weit von der Ostsee entfernt, niedergelassen. Seit wir in Dänemark angekommen waren, ist es die dritte einsame Nacht ohne Gaststube und Häuser. Ich vermisse das etwas. Ich bin schon den ganzen Tag, abgesehen von den kurzen Pausen, quasi allein. Ich wäre am Abend gerne ein wenig in Gesellschaft, auch wenn ich dann meistens nur in die Luft gucke. Hauptsache Stimmen und Leute um mich herum.

Matthias und ich nagen an den Hähnchenkeulen, die mein Vater mir mitgegeben hatte. Wir genießen das magere Fleisch in vollen Zügen. Natürlich bekommt Arthus auch seinen Anteil. In der Ferne sehen wir die Lichter von Helsingør. ›Morgen könnten wir in Schweden sein‹, denke ich beim Einschlafen im Auto. Obwohl im Kombi Platz für zwei wäre, übernachtet Matthias erneut lieber draußen. Wenigstens ist Arthus bei ihm.

Am nächsten Morgen geht es natürlich hoch motiviert weiter. Es sind nur noch etwa 20 Kilometer bis zur Fähre. Wiederholt reihen sich in Strandnähe Villen in vielen Farben aneinander. Zumeist sind es weiße, gelbe und orangefarbene Häuser. Überhaupt macht Dänemark auf mich, in allen Bereichen, einen gepflegten Eindruck. Der Staat, den man schon 980 n. Chr. gründete, hat als Zahlungsmittel seine Kronen behalten. Nur Finnland hat in Skandinavien den Euro eingeführt. Obwohl in Dänemark nur über fünf Millionen Einwohner leben, sind die Dänen im Handball und Fußball Olympiasieger, Weltmeister und Europameister. Es ist eines der kleinsten Länder Europas und würde etwa achtmal in Deutschland passen. Die Menschen scheinen diszipliniert und sehr sportbegeistert zu sein.

Ankunft in Schweden

Spät am Vormittag befinden wir uns nun auf schwedischem Boden, genauer gesagt in Helsingborg.

Ab jetzt kann ich nur über Land laufend zum Nordkap gelangen. Die Überfahrt mit einer mittelgroßen Fähre hat knapp eine halbe Stunde gedauert. Wir hätten die Öresund Meerenge auch via der »Storebelt-Brücke« queren können, entschieden uns aber für die Fähre. Die längste Brücke Dänemarks ist fast sieben Kilometer lang und wurde 1998 für den Auto- und Zugverkehr freigegeben.

Erstmalig auf der Reise streife ich mir eine lange, dünne Laufhose über. Auch wechsele ich wieder mal meine Laufschuhe. Das geschah bisher immer etwa alle 300 bis 500 Kilometer. Ich habe diesbezüglich keine feste Vorgabe. Es ist eine Sache des Gespürs. Das Wetter ist leicht regnerisch, um die 20 Grad. Es weht ein mäßiger Wind. Es ist ein schönes, zugleich auch beruhigendes Gefühl, jetzt direkt zum offiziell nördlichsten Festlands-Punkt Europas laufen zu können.

Wenig später, während der Pause, stelle ich entsetzt fest, das ich mein Handy auf der Fähre liegenlassen habe. Ich bin geknickt! Die einzige private Verbindung zu meiner Freundin. Wir schrieben uns bisher jeden Tag. Cora immer morgens, ich ihr stets in den Abendstunden. Es waren immer nur einige Zeilen, aber die haben mich hochgehalten und motiviert. Obwohl ich für Cora weiterhin der »Abhauer« bin …

Das ließ sie mich ab und zu durch die »Blume« spüren.

Die Umgebung ist ähnlich wie die in Dänemark. Viele Felder, zuweilen mal eine Ortschaft, der Verkehr überschaubar. Die Straße führt nach Göteborg, etwa 200 Kilometer von hier entfernt. Ich werde jedoch nach über 60 Kilometern bei Halmstad in nordöstlicher Richtung abbiegen, weiter zur nächstgrößeren Stadt Jönköping.

Begegnung mit Heidi

Mit einem Mal fährt eine Radfahrerin neben mir. Sie spricht mich auf Deutsch an. Die hübsche Frau, vielleicht um die Mitte 40, fuhr auch mit derselben Fähre wie wir. Während wir uns unterhalten, laufe ich weiter. Die Fernradlerin heißt Heidi. Sie hat blondes schulterlanges Haar und eine große, modische Sonnenbrille aufgesetzt. Ihr Fahrrad ist hinten mit zwei großen Taschen beladen, vorne eine kleine Lenkertasche. Heidi wohnt in einem kleinen Ort bei Kiel. Sie hat sich von ihrem Lebensgefährten getrennt und musste *einfach mal raus*, meinte sie. Ihr Ziel ist Spanien.

»Aber dann radelst Du doch in die falsche Richtung?«, meine ich schmunzelnd.

Heidi möchte erst einige beschauliche Tage in Schweden verbringen, dann vielleicht mit dem Zug zurück. Anschließend würde sie entscheiden, wie es weitergeht. Die Unterstufenlehrerin für Deutsch und Mathematik hat keinen festen Plan.

»Etwa so, wie der Wind weht«, so ihr verschmitzter Kommentar.

Spitzbübisch lächelt sie drein. Bevor sie weiterfährt, möchte sie noch die Adresse meiner Internetseite wissen.

Kurz darauf bin ich wieder allein. Es war das erste Mal, das mich eine abenteuerlich angehauchte Frau auf dieser Reise ansprach. Ich sehe Heidi noch lange Zeit vor mir her fahrend. Die Straße ist langgezogen, wie an einem Lineal. Genau wie in Dänemark, habe ich bisher kaum tote Tiere am Rand des glatten Asphalts gesehen. Jetzt in Schweden, habe ich wirklich das Gefühl, in Skandinavien angekommen zu sein. Dänemark war für mich das Tor dahin.

Fast den ganzen Tag lang umgeben mich zumeist Felder. Am Abend dann schier nur Wald. Die Gegend ist etwas hügelig geworden. Tankstellen waren auf der Strecke kaum zu sehen.

Ich habe heute die bisher meisten blonden Menschen auf der Reise gesehen. Ähnlich wie in Dänemark, verläuft der Alltag auch hier ohne Hektik. Das Straßenbild hat sich, seit ich 1992 das letzte Mal hier war, nicht geändert.

In jenem Jahr waren Markus und unser engster Kumpel Dirk, mit dem mein ehemaliger Reisepartner gemeinsam in eine Abiturklasse ging, nach Oslo gefahren. Einige Tage zuvor hatten wir den Wochenendtrip spontan beschlossen. Mit meinem *Volvo* (mit dem wir ein Jahr später auch in der Sahara waren) rollten wir an einem Freitagabend, nach einem Discobesuch, Richtung Norden. Einen Tag später aßen wir in der norwegischen Hauptstadt bei McDonalds einige Burger mit Pommes frites. Anschließend machten wir uns wieder auf den Rückweg. Dirk musste Montag früh bei seiner Arbeitsstelle sein, und ich hatte Dienst als Bundeswehrsoldat auf dem Zerstörer »Lütjens«, in Kiel. Wir hatten zwar fast nur im Auto gesessen, aber wir kamen kurz einmal raus, hinein in eine andere Welt.

Am Abend parkt Matthias den Ford in einem kleinen, beschaulichen Ort, in der Nähe von zumeist roten Häusern. Aber auch blaue und gelbe sind darunter. Letztere sind deutlich weniger zu sehen. Die Einfamilienhäuser sind aus Holz errichtet und lackiert. Die Dächer sind klassisch spitz, die Fensterrahmen weiß. Die Behausungen sind ein Synonym für Skandinavien. Nach dem Zweiten Weltkrieg gehörte Schweden mit den USA und England zu den führenden Nationen, dieses rustikalen Baustils. Bereits in der frühen Nachkriegszeit wurden in Deutschland Fertighäuser aus Holz gebaut, die aus Schweden importiert worden waren. Anfang der 60er-Jahre war ein großer Teil der etwa 18.000 in Deutschland errichteten Fertighäuser schwedischer Herkunft. Sie haben auch über Jahre hinweg kaum an ihrem gewissen Charme verloren.

Nach dem gestrigen, kleinen Einbruch habe ich auf der heutigen Etappe 75 Kilometer in den Beinen. Unseren Schlafplatz finde ich heute genial. Nicht so einsam wie der in den drei vergangenen Nächten. Zudem verweilen wir auf kurz gemähtem Rasen. Alles wirkt um uns herum gut gepflegt.

Kommen ein paar Leute an unserem Auto vorbei, sei es zu Fuß oder mit dem Fahrrad, gucken sie fast unaufhörlich in unsere Richtung. Vereinzelt beobachtet uns auch jemand von seinem Heim aus. Doch niemand tritt in unsere Nähe, oder spricht uns gar an. Typisch für die nordische Mentalität.

In Russland, und gerade in Sibirien, wären wir nach nur kurzer Zeit der Ankunft, von Dorfbewohnern oder LKW-Fahrern angesprochen worden. Nach einer Weile hätte man uns womöglich zum Essen und Trinken eingeladen, egal ob nun im Haus, in einem Fahrzeug oder einfach auf der Straße. Die Russen können nicht anders …

Gastfreundschaft und Hilfsbereitschaft sind im größten Land der Erde mehr als selbstverständlich. Ich habe diesbezüglich weltweit kein vergleichbares Beispiel.

Aus eigener Erfahrung, und durch Hören und Lesen, weiß ich, dass die Finnen, die unnahbarsten und rede-scheusten Skandinavier sind. Nur wenn sie Alkohol, wozu bei ihnen auch der Wodka gehört, intus haben, tauen sie auf. Dann aber richtig. Natürlich gilt das nicht für alle Bewohner des Landes der tausend Seen.

Nach der ersten Nacht in Schweden wachen wir morgens entspannt, auf dem Rasen liegend, auf.

Wir fühlen uns, als hätten wir wohlbehütet in einem dieser Häuser geschlafen. Man denkt, in Schweden kann einem nichts passieren. Die Kriminalität ist recht gering. Die Leute vertrauen sich einfach. Autos werden zum Teil unverschlossen zurückgelassen, wenn man beispielsweise einkaufen geht. Zum Frühstück essen wir Leberwurst auf Schwarzbrot, Äpfel und Apfelsinen und Mais, den Matthias von einem Feld gepflückt hat. Natürlich muss ich am Morgen immer moderat essen, um kein Völlegefühl zu haben, das womöglich Seitenstiche bewirken könnte.

Erneut laufe ich zu Anfang drei Stunden, ohne zu pausieren. Am Straßenrand liegt ein toter Dachs! Ein höchst seltener Fund.

Gegen Mittag erreiche ich die große Ortschaft Halmstad, mit 60.000 Einwohnern. Bei McDonalds mache ich halt, muss dringend auf die Toilette. Als ich das Schnellrestaurant betrete, traue ich meinen Augen nicht. Am WC stehen die Leute Schlange.

›Arschbacken zusammenkneifen‹, denke ich. Endlich! Nach etwa 20 Minuten die Erlösung! Ich kann mich nicht auf Anhieb erinnern, wann ich Ähnliches schon einmal erlebt habe.

Wieder auf der Straße, merke ich, wie mein Nacken schmerzhaft brennt. Das habe ich nun davon, nur ein Basecap auf dem Kopf zu tragen. Ich habe morgens die schwedische Sonne unterschätzt. Ich dachte, »Jetzt laufe ich direkt zum Nordkap, es kann nicht mehr so heiß werden.« Doch das Thermometer zeigt immerhin auf 25 Grad. Ich binde mir mein T-Shirt um den Kopf, fühle mich wieder geschützt.

Kurz darauf das nächste Problemchen. Gleich drei Blasen muss ich an beiden Füßen verarzten. Jetzt rächt es sich, dass ich am vorherigen Abend mich nicht meiner Strümpfe entledigt habe.

Seit längerer Zeit war es für mich die erste Nacht im Freien. Mir fällt auf, dass mein großer, rechter Zehennagel dunkelblau und gelblich verfärbt ist. Er tut zum Glück aber nicht weh.

Nachdem das Gebiet lange eben war, wird es hinter Halmstad erneut hügelig. Meine Route führt durch viel Wald, in dem vorwiegend Birken und Nadelbäume wachsen. Die Straße ist, wie auch schon in Dänemark, in einem Top-Zustand. Fast überall sind Wildzäune aufgestellt. Etliche Leitplanken sichern die Fahrbahn. Abermals erblicke ich eine ausladende amerikanische Limousine. Diesmal ist es ein weißer Cadillac. Die Schweden haben einen besonderen Draht zu den Automarken aus Nordamerika.

Meine Beine werden schwer. Ich sehne mich dem Abend entgegen! Durch die dünn besiedelte Gegend, dem lang gestreckten Wald und der schnurgeraden Straße, habe ich das vertraute Gefühl, irgendwo in Sibirien zu sein. Zugleich erlebe ich eine Verlassenheit wie bisher noch nie auf der Reise. Manchmal laufe ich dahin, als wäre die Zeit stehen geblieben, und nur ich bewege mich. Diese Gedanken habe ich zum ersten Mal auf der Tour.

Ich bin froh, als ich bei Kilometer 60 mein persönliches Ziel erreicht habe. Wir kampieren irgendwo an einem Fluss. Matthias entzündet ein kleines Lagerfeuer. Wir halten an langen Stöcken ein paar aufgespießte Schwarzbrotscheiben darüber. Uns fällt auf, dass wir kaum Mücken um uns haben, seit wir schwedischen Boden betraten. Obwohl wir mit Autanspray gut gerüstet sind, ist es trotzdem eine Wohltat. Vermutlich halten die kühlergewordenen Abende die Plagegeister von uns ab.

Ich schaue auf Matthias Handy. Seit ich mein Gerät auf der Fähre vergessen hatte, erhält mein Gefährte jetzt auch all meine Nachrichten. Es ist mir nicht angenehm, doch was bleibt mir anderes übrig. Erstaunt stelle ich fest, das Markus mir eine Nachricht aus Sibirien gesendet hat. Er ist für zwei, drei Wochen in unserer gefühlt zweiten Heimat.

Dort recherchiert Markus für ein neues Vortragsprojekt. Es handelt über eine unglaubliche Flucht aus einer Gefangenschaft heraus, von Sibirien nach Deutschland. Ich schmunzele in mich hinein. Der heutige Tag war für mich auch ziemlich *sibirisch.*

Drei weitere Tage sind ins Land gezogen. Wir erwachen morgens an einer urigen Mauer aus Felsgestein, hinter der schwarzweiß gescheckte

Kühe weiden. Schon vor Jahrhunderten haben die Menschen Steine aller Größen aus dem Boden geholt, um die Erde urbar zu machen. Man stapelte die Steine, so gut, wie es passte, übereinander, und so entstanden Begrenzungen, wo sie Sinn ergaben. Mörtel hat man hierbei nicht benutzt.

Mit einem beruhigenden Gefühl blicke ich auf die Kühe. Ich muss an meine Schwester denken, die, als sie bei meinen Großeltern auf dem Dorf wohnte, fast jeden Tag um 2 Uhr 15 aufstehen musste, um die Tiere zu melken. Gegen 7 Uhr war Katrin meist wieder zu Hause. Dann musste sie noch einmal für drei, vier Stunden am Nachmittag in den Stall. Bis heute bewundere ich die schwere Arbeit meiner Schwester, die von der Größe und Statur, mit 1,64 m und 53 Kilogramm, eher ein »Persönchen« ist. Überhaupt haben Tiere, wenn sie nicht gerade gefährlich wurden, während der Reisen auf mich immer wie Freunde gewirkt. Genau wie wir, waren und sind sie ein Teil der Natur. Das verbindet.

Als ich 1996, während meiner zweiten, großen Tour, kurz im Gefängnis in der Mongolei eingesperrt gewesen bin, beobachtete ich in der Zelle Kakerlaken. Durch die Gitterstäbe waren außerdem Vogelstimmen zu hören. Ich fühlte mich, obwohl noch andere Männer aus dem Land von Dschingis Khan mit mir gefangengehalten wurden, nicht mehr so isoliert. Die kleinen Wesen hatten mir in der ungewissen Zeit irgendwie neuen Auftrieb gegeben. Gerade in der Einsamkeit können Tiere einen aufheitern, egal welche Art oder Größe sie sind.

Ungewohnte Monotonie

Die vergangenen Tage waren von Monotonie geprägt, wie ich sie auf der gesamten Tour noch nicht erlebte. Birken, Kiefern und Fichten säumten wie ein grüner Vorhang meinen Weg. Letztere ragen bis zu 15 Meter kerzengerade in die Höhe.

Unverändert rollten im kontrollierten Abstand, Autos, zum Teil mit geräumigen Wohnwagen sowie Wohnmobile, an mir vorbei. Anders als in Südost- und Mitteleuropa, laufe ich in diesen Breiten stets geradeaus, scheinbar ohne wirkliches Ziel. Ich muss mich zusammenreißen, denn nicht nur das Körperliche, sondern auch das Mentale fordert mich jetzt zunehmend. In den hiesigen Weiten verschwimmen die Ortschaften gefühlt mit der Natur.

Zwischendurch, und das war für mich ein Alltags-Rausriss, telefonierte ich eines Abends mit meiner Mutter. Ihr einziges Thema drehte sich ums Essen. Ob wir auch nicht hungern würden, meinte sie besorgt. Ich würde womöglich als Strich zurückkommen, wetterte sie herum. Der Gewaltlauf tue meinem Körper nicht gut. Ihre letzte Äußerung kann ich nur teilen. Der Europalauf ist wirklich eine ›Tortour‹. Oft bis zu zwei ›Marathons‹ pro Tag muss mein Körper ertragen, ohne eine echte Chance, sich regenerieren zu können.

Der heutige fünfte Tag in Schweden, ist ein Abklatsch der zurückliegenden Tage. Wald, Wald und nochmals Wald. Selten eine Ortschaft oder zumindest ein paar Häuser.

Am Vormittag vernehme ich weit vor mir plötzlich einen Knall. Ein Wohnmobil schert nach rechts aus. Als ich das Fahrzeug erreiche, sehe ich, dass der hintere Reifen des Gefährts platt ist. Automatisch stoppe ich meinen Lauf, möchte helfen. Der korpulente Fahrer, der sich gerade die Misere betrachtet, blickt aus der Hocke zu mir auf, bedankt sich lächelnd und winkt mich weiter. Zögernd setzte ich den Lauf fort. Wie viele Menschen in Skandinavien, hat auch er sich nicht nach meinem Tun erkundigt. Im südlicheren Teil Europas war das anders. Wie schon oftmals auf vergangenen Reisen erlebt, je zivilisierter ein Gebiet, umso weniger interessieren sich die Menschen für ihr Umfeld.

Inzwischen ist es Mittagszeit. Ich bin jeweils zwei Stunden am Stück gelaufen. Je nördlicher ich mich durch den Kontinent bewegte, umso mehr gelang mir das.

Nach einer längeren Zeit werden meine Beine schwerfällig. Die Kraft scheint entschwunden. Ich hole Arthus aus dem Auto. Eigentlich mache ich das wegen der Wärme erst ab 17 Uhr. Doch heute sind die Temperaturen für meinen Hund erträglich.

Bevor wir beide starten, wieselt Arthus instinktiv zum Straßengraben und schlabbert gierig aus einem Wasserloch. Mit dem Vierbeiner fühle ich mich gleich etwas stärker. Es ist unglaublich, wie viel neue Motivation mir Arthus schon gegeben hat. Dabei kann er ja nicht sprechen. Wie schon im Müritz-Nationalpark, sowie auf den zahlreichen Radwegen und Straßen Dänemarks – dem fahrradfreundlichsten Land Europas – läuft Arthus am linken Rand des Asphalts, mit einer stoischen Gelassenheit im Abstand von zwei, drei Metern vor mir.

Wieder eine Zwangspause

Am späten Nachmittag schmerzt zunehmend mit jedem Kilometer der rechte Fuß.

In der Pause ziehe ich den Schuh aus, streife den Socken ab. Die sonst sichtbaren Adern des, eigentlich sehnigen Fußes sind verschwunden. Er ist dick geschwollen.

»Das sieht nicht gut aus«, meint Matthias sachlich. Ich habe ihn selten staunend, verwundert oder beeindruckt erlebt. Matthias hat sich im Grunde stets unter Kontrolle.

Nach einer Pause von 20 Minuten schleppe ich mich weiter, obwohl ich dabei kein gutes Gefühl habe. ›Wenigstens 50 Kilometer erreichen‹, setze ich mir innerlich zum Ziel. Arthus habe ich im Auto gelassen. Weiß nicht, ob ich gleichmäßig laufen kann.

Nach einer Weile beginne ich leicht zu humpeln. Der Schmerz zieht bis sich ins Schienbein. Sofort bin ich gedanklich in Serbien. Erinnerungen werden wach. Ich werde innerlich leicht panisch! Mein Fuß zuckt vom steinigen Boden zurück, als wäre dieser glühend.

Nach einer Weile geht es nicht mehr. Die. Ein Gefühl der Angst jagt plötzlich durch meinen Körper. Muss ich die nächsten Tage, ähnlich wie in Niš, pausieren? Oder ist die Tour nun endgültig zu Ende? In Serbien war es der linke Fuß, jetzt der andere. Aber anders als in der bergigen Gegend von Serbien, habe ich mich auf relativ ebenem Terrain bewegt.

Auf dem Beifahrersitz kauernd, betrachte ich meinen geschwollenen Fuß. Der Nagel des großen Zehs ist entzündet und dunkelgelb gefärbt. Ist das die eigentliche Ursache der Verletzung? Seit Istanbul ist das jetzt das vierte Mal, das ich den Lauf unterbrechen muss.

Am Abend sitzen wir draußen an einem der Holztische einer Gaststätte. Wir befinden uns am Rande der Ortschaft Hjo. Matthias hat ein Bier vor sich stehen – und ich auch. Ich muss mich etwas ablenken, zu sehr sind die Gedanken bei dem lädierten Bein. Immer wieder umfasse ich mein

Schienbein, greife nach dem nackten Fuß, als könne ich dadurch etwas bewirken. Das Geschehen erlebe ich gerade wie ein Déjà-vu.

Das sonderbare Trio

Einen Tag danach wachen wir am westlichen Ufer des Vättersees, der direkt an Hjo grenzt, auf.

Das Gewässer ist der zweitgrößte See Schwedens und wird vom Motala-Ström in die Ostsee entwässert. Mit fast 1.900 Quadratkilometern ist er etwa dreieinhalb Mal so groß wie der Bodensee, oder mehr als doppelt so groß wie Berlin. Jedes Jahr im Juni findet eine Radrundfahrt um den Vättern für jedermann statt, das nennt sich *Vätternrundan*. Die Rundfahrt beginnt und endet in Motala, einer größeren Kleinstadt am östlichen Ufer des Sees, und führt über eine Strecke von über 300 Kilometern. Dabei gibt es zwar eine offizielle Zeitmessung, jedoch wird daraus keine Platzierung abgeleitet.

Neben uns steht ein dunkelgrünes Zelt. Ein Schnarchen dringt da heraus. Die Stoffbehausung gleicht von der Form einem Einfamilienhaus mit Spitzdach. Im Zelt liegen Jochen, ein Deutscher, den wir gestern kennengelernt haben, und sein schwedischer Kumpel Björn. Von Jochen haben wir am Vorabend viel Wissenswertes über den Vättersee erfahren.

Es ist 7 Uhr. Matthias und ich liegen in unseren Schlafsäcken neben dem Ford. Schwerfällig mühe ich mich hoch, mache einige Schritte zur Probe. Wie durch ein Wunder scheint der gestrige Schmerz verschwunden zu sein. Euphorisch schreite ich weiter. Plötzlich durchzuckt es den angeschlagenen Fuß und das Schienbein wie ein Blitz. Zu früh gefreut …! Ich schlüpfe noch einmal in die Schlaftüte. Ich bin gezwungen, heute zu pausieren.

Im Laufe des Vormittags – Matthias und ich sind schon längst aufgestanden – kriecht Jochen verschlafen aus dem Zelt. Seine schwarze Brille, mit den lütten Gläsern, sitzt etwas schief auf der Nase, die braune Bubifrisur steht stachelförmig ab. Sein hellblaues Jeanshemd ist leicht zerknautscht. Der 48-Jährige setzt sich auf einem kleinen, wackligen Campinghocker, zu uns ans Auto.

»War gestern doch bisschen ›zu viel‹ gewesen?«, meint Jochen grinsend. Sein Dreitagebart verleiht ihm ein abenteuerliches Antlitz. Ich erkundige mich nach seinem Gefährten Björn.

»Ach der«, unser Gegenüber hält seinen Daumen nach unten, wobei er den Kopf schüttelt.

»Der kommt erst einmal nicht hoch …!« Während des anschließenden Schweigens ist das Schnarchen wieder deutlich zu hören. Wir erfahren von unserem Landsmann, das Björn schwerer Alkoholiker ist. Inzwischen 65 Jahre alt, hat er schon zwei Herzinfarkte erlitten. Den letzten hatte er gerade vor zwei Wochen. Sonst trank der betagte Schwede, der bisschen aussieht wie Lothar de Maiziere, über 20 Flaschen Bier am Tag. Seitdem-sind es nur noch die Hälfte. Wegen seines Alkoholkonsums ging auch seine Ehe zu Bruch.

Als die beiden sich gestern Abend zu uns an den Tisch gesellten, und wir auf das Thema seiner kaputten Beziehung unwillkürlich zu sprechen kamen, warf Björn voller Wut seinen Ehering auf den Tisch und verschwand im nahestehenden Zelt. Etwas später folgten wir ihm zu dritt.

Jochen kochte noch mitten in der Nacht, unter funkelndem, romantisch anmutendem Himmel, einige Kartoffeln über einem Feuer.

Gegen Mittag sind Matthias und ich allein im Lager. Jochen und Björn sind ins 50 Kilometer entfernte Jönköping, der größten Stadt am Vättersee, gefahren. Dort wollen sie Björns 86-jährige Mutter besuchen. Die beiden haben uns erzählt, dass das Zelt ihre dauerhafte Bleibe ist, und sie keinen festen Wohnsitz haben.

Ich nutze die Zeit, um ein Buch zu lesen. Es heißt »Abgefahren« und berichtet über ein Pärchen, das 1981 mit Motorrädern in Deutschland zu einer Weltreise aufgebrochen war, und erst 16 Jahre später gemeinsam wieder nach Hause zurückkehrten. Die Frau war währenddessen ein paar Male in der Heimat, aber der Mann blieb Deutschland die ganze Zeit lang fern.

Zwischendurch wate ich bis zu den Knien ins kühle, klare Wasser, um die Wäsche zu waschen. Ich habe die lange Laufhose bis zu den Oberschenkeln hochgekrempelt und trage ein langärmliges blau-weißes Matrosenshirt, das ich von einer meiner Reisen aus Russland mitgebracht hatte. Solche blau-weißen Oberteile, in aus dünnem und dickerem Stoff, tragen viele Fernfahrer, gerade in Sibirien. Es ist wie ein Markenzeichen. Für mein jetziges Tun ist es auch sehr passend, finde ich.

Auf der Weltumradlung hatten wir eine umweltfreundliche Waschpaste von »Big Back« mit im Gepäck. Hier machen wir es ganz natürlich. Arthus ist mir ins erfrischende Nass gefolgt. Neugierig schnuppert er an der Kleidung, die ich durchs Wasser ziehe. Dann klatsche ich Arthus den Stoff aus Spaß vor die Nase. Die Spritzer fliegen ihm ins Gesicht. Angst zeigt er nicht, vielmehr ist es für ihn wie eine Aufforderung zum Spielen. Arthus beginnt nach der Hose zu schnappen. Schnell ziehe ich sie vor ihm weg. Der Vierbeiner stürzt hinterher, so das sich Wogen bilden. Ich halte das Wäschestück über meinen Kopf, schaue ihn triumphierend an. Keck wirft er mir einen Blick zurück. Ich harre kurz aus. Kaum kann ich mich erinnern, wann ich mit meinem Hund zu vergnügt herumgetollt bin. In den letzten Wochen war ich fast nur mit mir selbst beschäftigt. Matthias wurde im Verlaufe der Tour zunehmend zur Bezugsperson von Arthus.

Am Abend sitzen wir wieder in der gastronomischen Einrichtung von gestern draußen. Erneut befühle ich meinen Fuß. Wiederholt habe ich ihn sowie das Schienbein, heute im See gekühlt. Beim Lesen des Abenteuerbuches hatte ich das kränkliche Bein zudem stets hochgelegt. Jochen, Björn, Matthias und ich trinken Bier.

Nach einer Weile ist ein tief klingendes Motorengeräusch zu vernehmen. Ein weißer Van amerikanischer Bauart parkt nahe an unserem Tisch. Ein großer, massiger Kerl entsteigt dem Wagen. Jochen, der vorhin telefoniert hat, hebt den Arm zum Gruß. Der Fahrer des Chevrolets kommt geradewegs auf uns zu. Er geht etwas wackelig. Dann begrüßt der Neuankömmling jeden mit Handschlag. Es ist Karl, ein guter Bekannter von Björn und Jochen. Er stammt aus Norwegen. Man merkt sogleich, dass der schwergewichtige Typ schon einen intus hat. Ohne zu lächeln schaut er prüfend in die Runde. Als sein Blick an mir haften bleibt, meint er mit rauer Stimme, ich habe Ähnlichkeit mit *Arnold Schwarzenegger*. Wenn ich von Leuten manchmal auf die Art verglichen wurde, dann nur im Ausland. In Deutschland wurde mir mitunter eine kleine Affinität mit *Dolph Lundgren* nachgesagt, durch dessen Heimatland ich gerade laufe.

Durch Karl gewinnt die Runde gleich mehr an Lebendigkeit. Der rothaarige Norweger hat eine kurze Frisur, die Haare vorne licht. Seine schmalen, dunklen Augen können einen durchbohren. Selten habe ich einen runderen Kopf gesehen als seinen. Durch Jochen wissen wir, dass Karl 42 Jahre alt ist. Er wirkt durch sein speckiges, verlebtes Äußeres deutlich älter. Der Norweger wog einmal 176 Kilogramm. Vielleicht, so schätze ich, hat er nun 40 Kilogramm weniger.

Jochen erwähnt auch, dass Karl in der Vergangenheit einmal zwei Jahre im Bett gelegen habe, ohne bedeutend aufgestanden zu sein. Warum das so war, wüsste der Deutsche nicht. Nun bezieht sein klobiger Kumpel eine Rente auf Lebenszeit.

Der Mann aus dem Land der Trolle erzählt uns, dass er aus Tromsø stammt. Dort wohnt auch sein 18-jähriger Sohn. Von seiner Frau ist er schon lange geschieden. Karl, der über 1,90 Meter groß ist, lebt jetzt in Schweden, weil das Leben hier im Vergleich zu Norwegen recht preiswert ist.

Doch was Jochen in Schweden treibt, bleibt offen. Als wir diesbezüglich einmal vorsichtig angefragten, meinte der schlanke Typ, der etwa so groß ist wie wir, dass er hier einige Wochen Urlaub macht. Er bräuchte mal etwas Abstand zur Heimat.

Es geht weiter

Am nächsten Morgen wache ich übermüdet auf. Das Biertrinken vom gestrigen Abend macht sich bemerkbar. Jetzt könnte ich es verfluchen. Trotzdem schäle ich mich viertel acht aus dem Schlafsack. Ich möchte heute unbedingt weiterkommen. Wichtig ist, überhaupt wieder ›Strecke zu machen‹.

Ich walke ein paar Proberunden. Dann eine kurze Pause. Es scheint besser zu funktionieren als gestern. Ich probiere einen kraftschonenden Laufstil. Über die Fersen abrollend, dabei Bodenhaftung behaltend, ähnlich wie die professionellen Geher (die schneller vorankommen, als mancher *Normalläufer*) komme ich vorwärts. Ich gebe Matthias grünes Licht, der sich ebenfalls erhoben hat und etwas irritiert in die Umgebung blickt. Auch ihm merkt man die »gemütliche« Runde des Vorabends an.

Als Matthias und ich aufbrechen, begleitet uns Jochen mit seinem Renault zu der Stelle, an der ich meinen Lauf vorgestern stoppen musste. Karl hat sich in der Nacht von uns verabschiedet und liegt nun betrunken in seinem geräumigen Wagen. Björn schlummert ebenfalls noch.

Gleich nach dem ersten Kilometer spüre ich: Es könnte heute klappen! ›Einfach nur weiterkommen, immer weiter‹, geistert es durch mein Gehirn. Jochen bleibt noch eine Weile bei uns. Er ist sehr interessiert daran, wie sich der Laufalltag bei uns gestaltet. Zu meinem Erstaunen bewege ich mich, zumeist im sportlichen Walken, wie im Takt. Ich traue mich nicht, nur auf den Fußballen zu laufen. Die Fersen sind mein Halt. Seit Stunden bin ich fast nur von Wald umgeben. Laub-und Nadelbäume vermischen sich in dem weiten Terrain.

Obwohl es noch nicht einmal 17 Uhr ist, beende ich die Etappe nach 50 Kilometern. Schon am frühen Morgen habe ich das so beschlossen. Ich wollte mich nicht so früh wieder bis aufs Äußerste belasten. Wir haben heute beide Zeit, einen geeigneten Übernachtungsplatz zu sichten.

Matthias, die gute Seele der Reise. Wichtige Kalorien für den nächsten Tag

Nach einigem Suchen haben wir einen traumhaft schönen Platz gefunden. Wir lassen uns auf felsigem, teils mit Moos bewachsenem Untergrund nieder, etwa sechs, sieben Meter hoch gelegen, am Rande eines glasklaren Sees. Wir befinden uns mitten im Wald. Matthias kocht in einem Topf, der auf einem metallenen Fußabtreter aus Lamellen steht, Nudeln und Tomatensoße. Das Abendgericht wird verfeinert mit Paprikaschoten und Mais, den mein Gefährte von irgendeinem Feld geerntet hat. Anders als sonst, kann ich diesmal kaum abwarten, endlich mit dem Schmausen zu beginnen. Auch das Lagerfeuer, das durch einige Steine rundherum geschützt ist, genieße ich in diesen Augenblicken sehr. Vermutlich weil ich heute schon beizeiten die Etappe beendet habe und die besondere, idyllische Stelle, die mich die Strapazen kurz vergessen lässt. Während wir genüsslich essen, hören wir ein dröhnendes Geräusch, das uns sehr bekannt vorkommt.

»Das sind sie«, nuschelt Matthias mit halb vollem Mund. Er steht beim Essen, weil er ohnehin schon am Tag viel sitzt. Ich bin überrascht.

»Woher wissen die, dass wir hier sind?«

Ich spüre, wie Unbehagen in mir aufsteigt, weil wir hier in einer abgeschiedenen Gegend sind, und vor allem, weil wir unsere Bekanntschaften kaum kennen.

Der Sound des Chevrolet wird lauter. Matthias erwähnt, das Jochen ihn vorhin zum wiederholten Male angerufen hat, um zu erfahren, wo wir heute nächtigen werden.

Kurz darauf nähern sich Karl und Jochen zwischen Bäumen hindurch, unserem kleinen Lager. Schon von Weitem grölt der Norweger. In der einen Hand hält er Wodka, in der anderen ein Bier. Während des Gehens trinkt er abwechselnd an beiden Flaschen. Jochen sieht verändert aus. Sein Bart ist abrasiert. Er trägt eine silbrige Brille und ein helles, auffallendes T-Shirt.

Sogleich erkundigt sich Karl bei uns, ob alles in Ordnung ist. Wir fragen im Gegenzug nach Björn.

Der Schwede liegt wieder halb im Koma im Van, der etwa 100 Meter von hier entfernt steht, teilt man uns mit.

Karl wankt mit glasigen Augen vor uns und bietet uns schwankend etwas von seinem Trinkgelage an. Matthias und ich ermuntern die Neuankömmlinge, sich zu uns ans Lagerfeuer zu begeben. Die beiden kommen ein paar Schritte näher.

Dann entdeckt Karl meine Blase an der rechten Ferse.

»Die musst du aufstechen«, sagt er mit einem Nachdruck, der keinen Widerspruch duldet.

»Nachher!«,will ich ihn beschwichtigen. Doch der massige Typ lässt nicht locker.

»Gib mir eine Nadel!«, befiehlt er. Scheinbar will er das unbedingt jetzt selbst tun.

Der Norweger hat sich die Hände mit Seife, unter unserem Wasserkanister gewaschen. Ich reiche ihm eine desinfizierte Nadel, halte ihm meinen lädierten Hacken hin. Mit mehreren kleinen Stichen lässt er das Wundwasser aus der Blase heraus ablaufen.

»Woher kannst du das?«, will ich wissen, aber auch gleichzeitig um ihn bisschen zu hofieren.

»Ich habe es bei der Armee gelernt«, antwortet Karl nicht ohne Stolz. Die beiden bleiben nicht lange. Nach nur einer Viertelstunde verabschieden sie sich. Lässig hebt Karl seinen Arm aus dem geöffneten Fenster, als der Van kraftvoll anruckt.

Trauer um meine Uhr

Drei Tage sind vergangen.

Die Straße war anfänglich sehr hügelig und kurvig – und natürlich wieder von Wald umgeben. Noch waren Laubbäume zu sehen, doch nicht mehr so häufig wie in Mitteleuropa. Ich genoss es, einmal nicht immer nur geradeaus laufen zu müssen.

Wenn schon keine Ortschaften, oder Menschen präsent sind, dann zumindest einige Kurven, die etwas Abwechslung in den sonst so tristen Laufalltag bringen.

Als ich eines Abends meine Waden beguckte, stellte ich fest, dass sie noch nie so sehnig und Adern durchtränkt waren. Obwohl ich mich so manches Mal in den Straßengraben schmeißen wollte, bin ich zuweilen zwei Stunden am Stück gelaufen.

Vorgestern früh, wir schliefen draußen neben einem Fußballfeld, begann es plötzlich zu gewittern. Anschließend fing es an, in Strömen zu regnen. Schnell flüchteten wir ins Auto, nahmen da noch im Sitzen eine Mütze voll Schlaf. Als wir mit dem Ford unseren Übernachtungsplatz verließen, um zu der Stelle zu gelangen, an der ich den Tag zuvor das Ziel erreichte, fuhr Matthias über meine Uhr. Ich sah sie – aber leider zu spät. Ich hatte das über 700 Euro teure Stück vor dem Einschlafen abgenommen, und es an einen Reifen gelegt. Zuerst war ich darüber sehr verärgert, später dann traurig. Noch am gleichen Tag besorgte mir Matthias eine Ersatzuhr, eher für Kinder gedacht. Sie hat umgerechnet nur 9 Euro gekostet.

Auch während des Tages tröpfelte und goss es immer wieder. Eine Situation, die mir seit Serbien fremd war. Ich bin sogar zeitweise mit Regenschirm gelaufen. Den Ellenbogen eng an den Körper gepresst, den Schirm dicht über den Kopf gehalten. Ein *skurriler Anblick,* wie Matthias meinte. Er hat seine Witze aus dem fahrenden Auto gemacht, kam aus dem Grinsen kaum heraus. Mit dem Regenschutz bewaffnet, ging es durch die Ortschaft Örebro. Die Fernverkehrsstraße wurde breiter. Ich sah so gut wie keine Polizeiwagen.

Im Laufe des Tages mischten sich in die weite Gegend zuweilen auch Felder. Ich erfreute mich, meine Blicke wieder in die Ferne schweifen zu können. Was man nicht haben kann, vermisst man oft umso stärker. Zudem sah ich auch Pferde und Rinder auf verschiedenen Weiden. Für mich stets Balsam fürs Gemüt.

Heute ist der 23. Juli. Wir nähern uns allmählich dem August, dem Monat, in dem ich, wenn alles klappt, am Nordkap sein könnte. Die Demut war und ist immer mein ständiger Begleiter auf Tour. Die Natur und der Körper fordern sie jederzeit von Neuem ein – und das wird auch so bleiben.

Seit gestern Abend piesackten uns die Mücken wieder. In Dänemark hatten wir vor den lästigen Blutsaugern fast Ruhe. In Deutschland bemerkte meinereiner die Stechinsekten kaum, weil ich zumeist im Auto schlief.

Es ist ziemlich frisch, auf der einseitig bewaldeten Straße. Jetzt, am Vormittag sind es nur 18 Grad. So kühl war es das letzte Mal im Zittauer Gebirge. Mein rechter Fuß und das Schienbein haben sich vermutlich endgültig beruhigt. Ich laufe fast maschinell. Es herrscht kaum Verkehr. Man merkt: Es ist Sonntag. Arthus ist bei mir. Matthias lotst uns auf eine steinige Piste durch waldiges, teils feldbehaftetes Terrain. Das soll eine Abkürzung sein. Auf diesem Abschnitt sind wir total allein. Ich bin froh, dass mein treuer Vierbeiner bei mir ist. In mich hinein lächelnd, muss ich an heute Morgen denken. Matthias fragte aus dem Schlafsack heraus provokativ nach der Uhrzeit.

»Es ist viertel sieben«, sagte ich nebenbei, mit den Gedanken schon wieder auf der Piste.

»Was ist das noch mal?«, hakte mein Kumpan nach. »Viertel vor sieben, oder viertel nach sieben?« Die Fragen hat er mir seit Beginn der Reise immer wieder gestellt. – Dabei ist es doch so einfach! *Halb sieben* jedoch verstehen komischerweise alle!

Obendrein erinnere ich mich noch an meine Bundeswehrzeit in Kiel, Eckernförde und Bayern. Damals wurde ich das auch öfter gefragt. Aber nur von Leuten, die aus Westdeutschland stammten, so wie Matthias. In der ehemaligen DDR war »*Viertel*« und »*Dreiviertel*« im normalen Alltag eine allgemein, verständliche Zeitansage, und ist es ebenso in Österreich.

Plötzlich spüre ich einen zwiebelnden Schmerz im Gesicht. Ein mir entgegenfahrender Volvo schleuderte mir einen Stein an den Mundwinkel. Ich fasse während des Laufes an die halbtaube Stelle. Scheint nichts weiter passiert zu sein. Kurz danach ist der Schmerz verschwunden, ein gefühlloses Empfinden bleibt aber vorerst.

Am Nachmittag habe ich ein Kräfteeinbruch. Mein rechtes Fußgelenk brennt, der kleine linke Zeh ebenso. Ich quäle mich bis zur nächsten Pause, mache außer der Reihe eine halbe Stunde Pause.

Im Wagen herrscht Schweigen. Matthias kann sich natürlich schlecht in mich hineinversetzen, aber er passt sich, so gut es geht, an. Ich bin total erschöpft. Und immer liegen noch etwa 2.000 Kilometer vor mir. Noch in Rostock, dachte ich blauäugig, der schwerste Teil der Tour sei bereits geschafft. Doch der Gedanke hat sich in den vergangenen Tagen relativiert. Abgesehen von der Zwangspause in Hjo, nagen die Monotonie, die Einsamkeit und die schier endlosen Straßen, die fast immer nur geradeaus führen, an meiner Psyche. Als ich den Kombi verlasse, nehme ich Arthus mit. Nie hätte ich gedacht, dass er mir mit seinem Vorauslaufen und seiner puren Anwesenheit, so sehr helfen würde. Es ist fast so, als ob er meine schwach gewordenen Akkus wieder neu aufladen würde. Ich bin so stolz auf ihn, zumal ich es weiterhin unbegreiflich finde, dass Arthus, stets im gleichen Tempo immer ein paar Meter geradeaus, vor mir läuft.

Später laufen wir durch eine, durch rotweiße Schilder, begrenzte Baustelle. Sie erstreckt sich über viele Kilometer hinweg. Selbst Veränderungen im Straßenbild, wie diese, können Arthus auch nicht verunsichern.

Man könnte denken, er hat die Reise ›mitgeplant‹, stets in dem Wissen, was auf ihn zukommt.

Abends erreiche ich die erste Ortschaft des Tages, Fagersta. ›Kleinsibirien‹ lässt grüßen. Ich kann nach den zurückliegenden 60 Kilometern kaum auftreten, habe Angst, erneut pausieren zu müssen. Der Lauf ist für mich langsam keine Frage der Kräfte mehr, sondern ein Aspekt der bedrohlichen Verletzungen. Sie können ständig plötzlich auftauchen, wo jeder, noch so starker Wille machtlos ist. Man wird ein Gefangener in sich selbst, dann auf die Zeit hoffend, die vielleicht baldige Genesung bringt. Trotz der enormen Anstrengung schaffte ich gestern sowie am Tag zuvor, jeweils 70 Kilometer.

Vorboten des Herbstes

Heute ist der 35. Tag seit dem Laufbeginn in Istanbul. Aus Respekt vor meinem rechten Fuß marschiere ich den Vormittag hindurch. Arthus ist erneut bei mir. Der fast endlose Wald ist zu beiden Seiten mit Wildzäunen begrenzt.

In einer meiner Pausen habe ich das erste Mal auf der Tour einen kleinen Disput mit Matthias. Rückten nämlich manchmal Läufer in unser Blickfeld, so zeigte mein Begleiter oft auf sie und meinte: »Guck mal Ronald, der oder die laufen doch auch.« Meistens verfolgte ich stillen Blickes die Sportler der Straße.

»Die sind nach ihrem Lauf bestimmt ebenfalls aus der Puste«, legte Matthias dann oftmals nach.

Es klang für mich, als hätte das Gesagte einen ironischen Unterton. So in etwa: ›Stell' dich doch nicht so an, andere laufen doch auch …‹. Ein kleiner Diskurs entfachte sich.

Matthias hat das jedoch nur spaßig gemeint, um etwas Leben in unseren tristen Alltag zu bringen. Es war eher ein Missverständnis, was sich da hochgeschaukelt hatte. Nach einer Laufstunde hat sich das Klima zwischen uns wieder normalisiert.

Kurz darauf kreuzt ein Reh nur einige Meter vor mir die Fahrbahn. Wie durch einen Spuk hat der Wald es im nächsten Moment wieder verschluckt. Das war das erste Mal auf der Reise. Genauso wie ich spätnachmittags erstmalig gelbe Blätter an den Birken entdecke. Dabei ist es noch eine Woche hin, ehe der August beginnt. In Sibirien war es zeitlich ähnlich. Die Verfärbung der Bäume gibt mir frischen Aufwind! Mir wird erneut bewusst: ›Es ist wieder Zeit vergangenen, und das nördliche Gebiet wird präsenter.‹ Als hätte in mir jemand einen Schalter umgelegt, laufe ich mit einem Mal motivierter weiter.

Als ich meine Etappe am Abend nach 60 Kilometer beende, bin ich glücklich. Trotz der, manchmal, höllischen Fuß-, Schienbein- und Fersen-Schmerzen der zurückliegenden Tage, gelang es mir, immer mit dem Gedanken an die nächste Pause, kontinuierlich Strecke zu machen. Ich dachte auch nie an etwaige 80 Kilometer – hatte nur eines im Sinn, mich nicht zu verletzen. Ich wollte einfach irgendwie vorankommen. Und wenn am Tagesende nur 50 Kilometer im Tagebuch gestanden hätte …

Skandinavien flößt mir sehr viel mehr Respekt ein, als ich es im Vorfeld annahm.

Beziehungsende

Während wir im Auto, am Rande der Kleinstadt Horndal stehen, und Thunfisch auf Kürbiskernbrot essen, beginnt Matthias neben mir herumzudrucksen. Ich merke, dass etwas nicht stimmt und stelle ihn zur Rede. Kleinlaut meint mein Gefährte, das Cora ihm heute geschrieben habe, dass sie die Beziehung mit mir beenden wolle!

Ich vernehme Matthias Worte wie durch Watte, als wären sie ein schlechter Traum.

Cora habe Schwierigkeiten mit dem, was ich mache. Ich solle doch lieber jeden Tag normal zur Arbeit gehen. Dabei wäre es ihr egal, welche Tätigkeit das sei.

Ich bin geschockt! Sicher hat sie das schon vorher öfter verlauten lassen, aber ich wusste auch stets um ihre Gefühle zu mir.

Ich weiß: Wenn ich weg bin, ist es bei ihr nicht die Angst um mich, die sie sorgt. Vielleicht auch nicht die Zeit. Cora sieht einfach keinen Sinn darin, indem *was* ich mache. Sie kann damit nicht umgehen.

Ich drehe die Rückenlehne nach hinten, muss die überraschende Kunde erst einmal begreifen. Es reicht nicht, dass der Lauf schon quälend genug ist, es lässt sich noch steigern.

Kurz darauf öffne ich mir eine Dose schwedisches Alster. Der Alkohol hierzulande ist deutlich teurer als in der Heimat. Deswegen kaufen auch viele Schweden in Deutschland Spirituosen auf Vorrat ein. In Norwegen jedoch, muss man von allen skandinavischen Staaten, für Bier und hochprozentige alkoholische Getränke am meisten löhnen. Deswegen wurde Karl vielleicht auch in Schweden heimisch …

Tags darauf stehe ich mit einem traurigen Gefühl auf. Je länger ich aber auf den Beinen bin, umso motivierter, fast trotziger geht es in mir zu. Jetzt möchte ich erst recht Strecke machen, auch um Coras willen.

Wieder zieht sich eine Baustelle gleich morgens enorm in die Länge. Arthus ist bei mir. Etwas verschlafen trottet er vor mir hin. Ich hingegen bin hellwach! Meine Gedanken kreisen um meine verlorene Freundin. Ob ich es will oder nicht. Ist es wirklich mein Projekt, das sie stört? – Oder hat sie jemanden kennengelernt? Da ich mich mit maschineller Gleichmäßigkeit voran bewege, habe ich automatisch Raum zum Grübeln. So richtig ablenken kann ich mich nicht. Ich würde jetzt am liebsten etwas Handwerkliches tun. Holzhacken zum Beispiel!

Die gut asphaltierte Fahrbahn wird von Feldern und Häusergruppen gesäumt. Ich bin froh, mal nicht durch ewigen Wald laufen zu müssen. Wiederum wäre ich in der Hitze der Türkei oder Serbiens erleichtert gewesen, wenn die grüne, schattenspendende Natur, mich dort zumindest für eine Weile, vor den Sonnenstrahlen geschützt hätte. Meine kleinen Zehen an beiden Füßen melden sich schmerzvoll.

Am Nachmittag muss ich zwei Blasen aufstechen. Ich kann wirklich die Stunden zählen, an denen ich mal keine Blessuren habe. Es ist beinahe ständig was. Doch ich bin freiwillig hier. Es hat mich zu diesem Wagnis niemand gezwungen. Das muss ich mir immer wieder ins Gedächtnis rufen. Zumindest sind die Temperaturen, seit der Ankunft in Dänemark, nicht mehr so drückend. Das letzte Mal 30 Grad waren es bei meiner Ankunft in Rostock.

Der rettende See

Die kleinen Zehen und ein Teil des linken Fußes schmerzen so heftig, dass ich sie später spontan in einem naheliegenden See eintauche. Arthus, den ich wieder nach einigen Stunden Pause mit mir habe, stürmt durchs Wasser, das sich jetzt wellt. Ich stolziere mit hochgekrempelten Hosenbeinen, wie ein futtersuchender Storch, in dem erfrischenden Nass. Ich habe eine seichte Wasserstelle erwischt. Das sonst so dichte Schilf neigt sich im auflandigen Wind. Ein paar Blesshühner und ein Haubentaucher gleiten etwas weiter draußen dahin. Ein friedlicher Anblick.

Hoch oben kreist ein Raubvogel auf der Suche nach Beute. Die Greifvögel mit ihren sprichwörtlichen »Adleraugen« können kleine Beutetiere, etwa eine Maus, aus Höhen von bis zu dreitausend Metern erkennen! Das Auflösungsvermögen ihrer Netzhaut ist etwa drei bis vier Mal größer als beim Menschen. Führend in der Kategorie ist der Wanderfalke, der zudem auch der schnellste aller Raubvögel ist. Wissenschaftler haben herausgefunden, dass der Wanderfalke im Sturzflug fast 400 Stundenkilometer erreichen kann.

Ein Stück Wald grenzt an das Gewässer, das sonst von einer Wiesenlandschaft umgeben ist. Mir fällt auf, dass die Laubbäume zunehmend den Nadelgewächsen weichen. Das Wasser ist Balsam für meine Füße und die Schienbeine. In diesen Momenten habe ich das Gefühl, irgendwo im Urlaub zu sein.

Es tut so gut, dass ich geistig kurz das Weiterlaufen verdränge. Ich werfe einige Male einen Stock, aber nur eine kurze Distanz. Ehrgeizig schwimmt Arthus hinterher. Er soll sich nicht so verausgaben, schließlich hat er noch ein Stück zu laufen. Nach einer Viertelstunde muss ich mich zwingen, den idyllischen Platz zu verlassen. Arthus war währenddessen nicht ein einziges Mal am Ufer.

Kurz darauf hat uns die Straße wieder. Seit wir mit der Fähre in Dänemark angelegt haben, sah ich nicht einmal eine Fahrbahn, die mit großen Rissen, oder gar Löchern gezeichnet war. Das soll nicht heißen, dass die deutschen Straßen schlecht sind. In der Türkei allerdings und Südosteuropa war der Asphalt mitunter nicht im besten Zustand – sicherlich auch der länger anhaltenden Hitze und geringerer Bewaldung geschuldet. Seit

Ungarn, Österreich hat sich die Qualität der Fahrbahnen, auf die Strecken gemünzt, etwas verbessert. Plötzlich fährt Matthias neben mir. Es herrscht kaum Verkehr.

»Du hast jetzt 3.200 Kilometer hinter dir«, ruft er aus dem Wagen zu.

Mich durchströmt ein stolzes Gefühl. Meine Sinne schweifen zurück zum Start in Istanbul. Seitdem sind mehr als zwei Monate vergangen. Eine Zeit der immer wieder aufkommenden Zuversicht, der unterschiedlichsten Erlebnissen, aber auch Wochen schier endloser Schmerzen und Ängsten, vor einem zwangsläufig endgültigen Abbruch der Tour. Doch in diesem Augenblick bin ich überaus froh, überhaupt bis hierher gelangt zu sein. Diese zurückgelegte Distanz kann mir keiner mehr nehmen!

Der angetrunkene Willy

Etwas später, wir sitzen gerade im Auto und pausieren in einem Waldstück, bremst vor uns abrupt eine schwarze Limousine. Der Wagen, Marke Alfa Romeo, hält. Hastig steigt der Fahrer aus und eilt zu uns. In einem Mix aus Englisch und Schwedisch fragt er uns, ob wir eine Panne haben und Hilfe brauchen. Dann erkundigt sich der schlanke, etwa 50-jährige Mann nach unserem ›Woher‹ und ›Wohin‹. Sein Gesicht ist auffällig rotbraun gefärbt. Seine entblößten Arme aus der rosablau karierten Weste heraus, wirken dagegen recht blass. Der Schwede trägt einen Mittelscheitel und Schnauzbart. Er reicht uns seine Hand und stellt sich als Willy vor. Es entgeht uns nicht, dass der Einheimische eine Bierfahne hat. Angeblich weiß Willy noch einen besseren Weg für uns, Richtung Nordkap. Spontan geht er zu seinem Auto, holt eine detaillierte Landkarte und drei Dosen Bier. Er möchte mit uns anstoßen. Dankend lehnen wir ab. Willy hebt fragend die Augenbrauen, seine Stirn legt sich in Falten. Er versteht kurzzeitig die Welt nicht mehr, belässt es aber bei einem Versuch.

Ich muss in diesem Augenblick an Sibirien denken. Die gleiche Szenerie dort hätte vermutlich anders geendet. Die Russen hätten uns *nicht nur* einmal gefragt, ob wir mit ihnen einen ›heben‹ wollen. Jeder zumindest eine Dose Bier, wäre Pflicht gewesen. Dann die Frage: ›hätten die Sibirier uns dann weiterziehen lassen?‹

Einmal mit den Russen angestoßen, und die Party ist so gut wie eröffnet. … und dann sollte man zusehen, irgendwie bald wegzukommen!

Meine Hunde, die mich meistens in das Taiga-Gebiet begleiteten, haben mich vor übermäßigem Alkoholgenuss gerettet. Ich führte sie dann einfach Gassi, dagegen konnte keiner der Einheimischen etwas sagen. Ich gucke mir die dunkelblaue Bierdose mit der gelben Schrift, die so verschnörkelt ist, dass ich sie nicht entziffern kann, näher an: Es ist stärkerer Gerstensaft mit einem Alkoholgehalt von 7,2 Prozent. Willy scheint es nicht zu stören. Oder er genießt es gerade deshalb umso mehr. Auf unsere Frage, ob er keine Angst hat, von der Polizei angehalten zu werden, entgegnet uns Willy abwinkend, dass man in dieser Gegend diesbezüglich nichts zu befürchten habe.

Angestrengt will uns der Vater von sechs Kindern, wie er sagte, seine Strecke auf der Karte, die auf unserer Motorhaube liegt, erklären. Obwohl Matthias und ich angespannt unsere Ohren spitzen, verstehen wir nur lückenhaft, was uns Willy halb lallend erzählt. Zwischendurch nimmt er immer wieder einen Schluck Bier, wodurch seine Worte nicht gerade deutlicher werden.

Während unsere neue Bekanntschaft noch weiter Matthias die nordische Landkarte erklärt, mache ich mich schon mal auf den Weg.

Am Abend, nach 66 Kilometer, bade ich meine Füße in einer Salzlösung aus dem Toten Meer. Matthias hat sie, als er einige Nahrungsmittel beschafft hat, spontan mitgenommen. Dieses besondere Salz soll heilende Wirkung haben. Ich habe ein gutes Gefühl dabei.

Am übernächsten Morgen habe ich Angst, mich zu erheben. In den Nachmittagsstunden des gestrigen Tages musste ich meinen Lauf mittlerweile zum fünften Mal unterbrechen. Diesmal war es der linke Fuß, der wie elektrisch geladen war. Die linke Hälfte des Fußes schmerzte, sodass ich abermals das Problem mit dem Auftreten hatte. Trat das Dilemma damals in Serbien im Gebirge auf, so ereilt mich die Verletzung nun auch im recht flachen Gebiet.

›Hoffentlich wird eines der Schienbeine nicht so lädiert, das sich eine Entzündung bis zum Knochen ausbreiten kann‹, so mein sorgenvoller Gedanke. Ich habe noch genau die Worte des Arztes aus dem Krankenhaus in Niš im Ohr. Wenn der Knochen von einer Entzündung betroffen ist, kann eine Genesung wochenlang dauern. Etwas lustlos löffle ich einige Löffel

Reis mit Thunfisch in mich hinein. Matthias hat ihn gestern auf dem Feuer gegart. Jetzt, im kalten Zustand, muss ich mich zwingen, die nahrhaften Körner in den Magen zu bringen.

Mich erinnert diese Situation an die Weltumradlung. Auf der Reise hatten Markus und ich uns auch anfänglich die asiatische Gerichte oder Nudeln mit einem Benzinkocher erwärmt. Am nächsten Morgen hatten wir uns ebenso, die fast ekligen Reste vom Vorabend, hinuntergewürgt. Wir brauchten natürlich Energie. Aber schon vor Moskau ist der Minikocher irgendwie kaputtgegangen. Wir ernährten uns von da ab zum Frühstück, sowie zum Abendbrot, zumeist von Weißbrot, was auch nicht immer zu bekommen war. Von anderen Brotsorten ganz zu schweigen, zumindest in ländlichen Gebieten. Dazu haben wir Schweinefleisch, manchmal auch Rindfleisch oder Thunfisch aus der Konserve gegessen. Vitamine in Form von Zwiebeln hatten wir zudem immer dabei gehabt.

Ich habe die zweite Laufstunde unbeschadet überstanden. Meine Zuversicht steigt ein wenig. Dann folgt wieder eine anscheinend endlose Baustelle. Ich marschiere über eine helle Piste aus faustgroßen Steinen. Die kleinen, losen Brocken als Untergrund rauben mir einen Großteil der Kraft. An Laufen ist gar nicht zu denken. Dann und wann muss ich einigen breiten Lkws ausweichen.

Nach der Pause zieht sich die bröcklige Strecke weiter scheinbar endlos dahin. Obwohl ich jetzt Gesellschaft, in Form von Arthus, sehr bräuchte, lasse ich ihn natürlich im Wagen, seine Pfoten verschont.

Nach unendlich erscheinenden 13 Kilometern endet der Horrorweg. Er war bestimmt nicht gerade heilend für meinen linken angeknacksten Fuß …

An einer Straßengabelung irrt sich später Matthias auf der Karte. Ich bin in die falsche Richtung gelaufen. Doch zum Glück holt mich mein Begleiter nach 200 Metern ein.

Kurz darauf nähern wir uns einem einsamen Gehöft am Straßenrand. Zwei Elchhunde, grauweiß gefärbt, stürmen einen kleinen, begrünten Abhang herunter, hin zum hölzernen Zaun. Die Vierbeiner, etwa zehn Kilogramm leichter als Arthus, fixieren meinen Hund, ohne einen Laut zu geben, der weiterhin vor mir läuft. Er schaut ein paar Male nach rechts, setzt aber seine Richtung unbeeindruckt fort. Ich bin stolz auf ihn! Arthus, so schätze ich, wird inzwischen 1.500 Kilometer in den Pfoten haben. Trotz vieler erschwerter Bedingungen hat mein treuer Vierbeiner stets seinen vorgegebenen Weg verfolgt.

Gewitter

Gegen 19 Uhr fängt ein Gewitter an zu toben. Die Etappe ist heute für mich zu Ende. Matthias fährt zu einem alleinstehenden Wochenendhaus aus Holz, das traditionell mit dunkelroter Farbe gestrichen ist. Es befindet sich direkt an einem See. Wir harren im Auto aus. Das Unwetter zieht sich in die Länge. Zu unserem Erstaunen mischen sich zwischen die weißen, auch gelbliche und sogar leicht violettfarbene Blitze.

Während der Weltumradlung hatten Markus und ich in Sibirien auch rötliche Blitze gesehen. Damals waren wir den Gewittern in Sibirien zumeist schutzlos ausgeliefert. Wir hockten auf den schlammigen Pisten eine wasserdichte Alufolie unter uns. In sicherem Abstand zu unseren Fahrrädern stießen wir so manches Gebet himmelwärts.

Durch das Kontinentalklima gehören die Gewitter im Osten Russlands zu den schwersten und gefährlichsten der Welt. Die heißen und kalten Luftmassen prallen dort noch extremer aufeinander, als anderswo. Wir hatten damals große Angst um unser Leben gehabt!

Das jetzige Gewitter ist inzwischen schon das dritte oder vierte hier in Schweden, nur dass die vorherigen Unwetter nicht ganz so stark waren.

Partystimmung mit Einheimischen

Am übernächsten Abend befinden wir uns zwischen dem kleinen Ort Njurunda und der Kleinstadt Sunsdsvall, an einer Bucht der Ostsee.

Zwei Paare haben sich auf einem Landvorsprung niedergelassen. Wir bleiben etwas abseits in ihrer Nähe. Als ich Arthus ein paar Mal ins Wasser schicke, nähert sich ein Mann von den anderen Besuchern. Er hat eine Flasche Bier in der Hand, und fragt uns aus einigen Metern Entfernung auf Englisch zu, woher wir kämen. Etwas später sitzen Matthias und ich bei den vier Einheimischen. Es ist Samstag Abend.

Wir haben auf einer Behelfsbank platzgenommen. Sie besteht aus einem dicken, abgewetzten Brett, das auf übereinandergestapelten Türmchen aus alten Ziegelsteinen gelegt ist. Die beiden Paare sitzen auch auf so einer Bank beziehungsweise auf Campinghockern.

Wir müssen viele Fragen beantworten. Ich habe ein bisschen das Gefühl, in einer kleinen Talkshow zu sitzen. Da die Gastgeber schon einen »gezwitschert« haben, bewegen sich die Zungen auch etwas lockerer. Sie bieten uns orangefarbene Krabben an, die sie zuvor über dem Lagerfeuer gekocht haben. Wir essen die Meerestiere, ähnlich wie Schrimps, aus einer weißen Plastikschale. Wir brechen die Beine ab und saugen das eiweißreiche Fleisch heraus. Die nahrhaften Krabben schmecken, geben uns vielleicht auch neue Kraft. Ebenso werden uns ungefragt zwei Dosen Bier gereicht. Ich halte mich etwas zurück, trinke nur einen kleinen Becher. Kurz darauf geht das eine Pärchen ins Wasser, um zu baden. Wir kommen mit den anderen beiden jetzt intensiver ins Gespräch.

Eine blonde Frau mit dem weißen Schirm im Gesicht, der vermutlich als Sonnenschutz dienen soll, heißt Anke und ist 46 Jahre jung. Sie trägt ein schwarzes, eng anliegendes kurzes Trägerkleid. Ihre hübschen blauen Augen wirken lebendig, und das offene Lachen steckt fast an. Sie scheint die Stimmungskanone zu sein. Zusammen mit ihrem Mann, der seinen Arm um sie gelegt hat, nennt sie drei Kinder ihr eigen. Gunnar, so heißt ihr Lebenspartner, hat ein ruhigeres Gemüt. Er hat ein dunkles Basecap verkehrt herum auf dem Kopf und ist mit einem grünschwarzen karierten Hemd bekleidet. Wir erfahren, das Anke Inhaberin einer kleinen Gaststätte ist, die sich »A*nkes Kitchen*«, nennt. Ihr Mann, der Fernfahrer ist, hilft ihr in ihrer gastronomischen Einrichtung, sofern er Zeit hat. Er ist am Überlegen, ob er seinen Trucker-Job an den Nagel hängen soll, um sich ganz seiner Frau zu widmen. Gunnar würde dann vorwiegend kellnern, während Anke die Gerichte zubereiten würde. Zurzeit hat sie eine Angestellte, die ihr zur Seite steht. Allmählich wird die Unterhaltung lauter und ausgelassener. Während sich Matthias zunehmend Anke zuwendet, verlagert sich mein Wortwechsel zu Gunnar. Wir reden über den berühmten schwedischen Skilangläufer *Gunde Svan* und über die Eishockeymannschaft des Landes.

Als ich über meine abenteuerliche Vergangenheit berichte, erzählt mir Gunnar über einen einheimischen Abenteurer, namens *Göran Kropp*.

Dieser Mann war 1996 mit einem Fahrrad und einem schwer bepackten Einspuranhänger, in dem er 73 Kilogramm Gepäck transportierte, allein von Stockholm nach Nepal geradelt. Dort hatte er in Solomanier, und ohne Zuhilfenahme von Sauerstoff, den Mount Everest bestiegen. Er ließ seine Ausrüstung von keinen Trägern, den sogenannten Sherpas, schleppen.

Er befand sich zu jener Zeit am höchstem Berg der Welt, als sich das schwerste Bergunglück in der Geschichte des Mount Everest ereignete. Bei der Katastrophe kamen zwölf Bergsteiger ums Leben.

Nach seiner Everest-Besteigung setzte sich Kropp das Ziel, ohne fremde Hilfe mit einem Segelboot in die Antarktis zu segeln, und dann weiter zum Südpol zu marschieren. Leider erlag der kreative Abenteurer im Jahre 2002 seinen tödlichen Kopfverletzungen, nach einem 20 Meter Sturz, bei dem Aufstieg über die »Air Guitar«-Kletterroute Vantage, im Bundesstaat Washington. Göran Kropp ist nur 35 Jahre alt geworden.

Als es später dämmert, gehe ich gedankenversunken mit Arthus ins Wasser. Die Geschichte um den »verrückten« Schweden spukt in meinem Kopf. Ich muss mir ehrlich eingestehen, dass ich mir seine Projekte, im Sologang, nicht zugetraut hätte. Vor Abenteurern, die ihr extremes Vorhaben allein durchziehen, habe ich höchsten Respekt, ist etwas anderes, wenn ein Einzelner »nur« durch die Welt tingelt, was aber ebenso spannend und aufregend sein kann.

Das Ufer der Bucht ist teils mit großen Gesteinsbrocken bestückt, so, als dienen sie zur Befestigung. Ich möchte meine Füße und Waden kühlen. Plötzlich rutsche ich auf einem glitschigen Stein aus. Ich klatsche in voller Montur ins kalte Nass. Überrascht stoße ich einen kurzen Schrei aus und tauche ganz und gar unter. Nachdem ich wieder stehe, ist Gelächter vom Feuerplatz zu hören. Auch ich muss nun lachen. Während ich mich nun vorsichtig Schritt für Schritt aus dem Wasser taste, überlege ich, ob mir das auch im normalen Zustand passiert wäre. Ich bin, gerade abends, immer ziemlich unsicher auf den Beinen. Jedes Aufstehen, jeder Meter ist mir dann oft zu viel. Besorgt erkundigt sich Anke bei mir, ob alles in Ordnung sei. Überhaupt hat sie, in den vergangenen Stunden, oft nach meinem Wohlergehen gefragt. Als ich dann ihre Zweifel ausräumte, schaute sie mich nachdenklich an und fragt: »Wirklich?«

Die Atmosphäre ist entspannt und gemütlich. Obwohl Matthias und Arthus in all den Nächten stets bei mir waren, fühle ich mich mit der Anwesenheit der vier Schweden behütet.

Gegen halb zwölf verabschiede ich mich aus der Runde. Es ist noch fast taghell. In diesen Breiten (etwa 300 Kilometer nördlich von Stockholm) wird es erst gegen Mitternacht dunkel. Gegen 2 Uhr 30 schon wieder hell.

Kurz darauf liege ich zufrieden im Auto. Ich hätte mich auch draußen niederlassen können, habe aber Bedenken, aufgrund der Musik, nicht zur Ruhe zu kommen.

Meine Erinnerung kehrt noch einmal zum gestrigen Tag zurück. Matthias musste gestern früh – was bis jetzt noch nie vorgekommen ist – minutenlang meinen Startplatz, suchen. Leider hab ich mir den Ort auch nicht gemerkt. Die Erschöpfung ist jedes Mal ungeheuer groß. Viel mehr ist dann oft auch nicht drin. Meist schließe ich dann, wie eine Marionette hängend, auf meinem Sitz für kurze Zeit die Augen.

Im Laufe des Vormittages hatte Cora geschrieben. Als Matthias das wieder einmal erwähnte, schlug mein Herz bis zum Hals. Ich merkte, wie sehr ich an ihr hänge. Es sind Gefühle, die in Serbien wie aus dem Nichts entstanden. Matthias las mir ihre Zeilen vor. Sie versucht, unsere Beziehung zu erhalten. Ich war fürs Erste erleichtert, aber nicht zu euphorisch. Zweifellos gab mir die Nachricht neuen Auftrieb!

Am Abend fiel mir plötzlich ein, meine Laufschuhe zu wechseln. Seit Ungarn steckten meine Füße schon in ihnen. Und das bei einer Strecke von mehr als 1.000 Kilometern. Ich hatte mir in der Vorbereitung geplant, spätestens nach dieser Distanz die Schuhe zu wechseln, sonst wäre der Übergang zu den neuen vielleicht zu ungewohnt.

Kurzes Intermezzo mit Anke

Mit einem Mal wird meine Reflexion unterbrochen. Es klopft an der Scheibe. Draußen steht im diffusen Licht Anke. Sie hat ihren Schutzschirm abgenommen, ihre blonden schulterlangen Haare sind chic gekämmt. Ich schiebe den Schlafsack zur Seite, öffne die Beifahrertür. Die gutaussehende Schwedin wirkt frisch im Gesicht. Es scheint, als hätte sie sich eingecremt. Anke hält mir eine kleine Flasche hin und meint, das sei reines Naturwasser aus ihrer Heimat. Wenn ich wieder einmal eine Wunde habe, soll ich etwas auf die Blessur rauftröpfeln.

Verlegen streiche ich durch meine Haare. Mir ist es ein wenig peinlich, dass sie mich so ungeordnet und leicht verschlafen sieht. Ich freue mich wirklich über die schöne Geste, bedanke mich bei ihr. Schließlich stehe ich spontan auf und umarme die blonde Schwedin. Nicht dass ich etwas von ihr will. Nur ein »Dankeschön« im Wortlaut wäre jetzt zu wenig. Außerdem tut es mir gut, mal wieder eine weibliche Person drücken zu können. Als ich mich lösen will, hält mich Anke weiter fest, schaut mich lächelnd an, und sagt, dass sie mich mag. Ihre Augen wirken verträumt. Ich weiß nicht, was ich sagen soll. Dann erwidere ich das Gleiche. Ein kleines Knistern liegt in der Luft. Die hübsche Schwedin legt ihre Hände um meinen Hals, zieht mich ein kleines Stück zu sich heran und küsst mich kurz auf den Mund. Vermutlich über sich selbst erschrocken, federt die hübsche Blondine zurück, wünscht mir mehrmals eine Gute Nacht und flüstert:

»Bye, bye«. Entgeistert und stoisch winke ich Anke hinterher.

Als ich kurz darauf wieder im Auto liege und hellwach bin, überlege ich kurz, mich wieder mit ans Feuer zu setzen. Doch was soll das letztlich bringen? Die Vernunft, auch was die morgige Etappe betrifft, siegt. Um mich etwas abzulenken, und zurück in die Realität zu finden, denke ich noch einmal an den heutigen Tag:

Wir haben morgens in einem flachen See gebadet. Seit Langem dachte ich wieder verstärkt an das Nordkap: ›Vielleicht bin ich schon in drei Wochen dort‹, so meine kühnen Sinne, während ich für eine kurze Zeit mal schmerzfrei laufen konnte.

Womöglich keimten in mir auch diese Gedanken auf, weil ich heute, seit Beginn der Tour, die meisten Autos mit deutschen Kennzeichen sah.

Die Ankunft am Nordkaps, wenn es denn sein soll, ist für mich, das Tor nach Rostock. Nachdem mein rechter Fuß vorhin streikte, war nach 55 Kilometer Schluss. Gemeinsam mit Arthus, wartete ich an einer Leitplanke, bis Matthias nahte. Mit einem Gedankenmix aus Anke und Cora sinke ich langsam in den Schlaf.

Inzwischen ist es mittags des nächsten Tages. Mein rechter Fuß hat sich seit gestern nicht beruhigt. Er schmerzt, was das Zeug hält! Ich schlüpfe in das Paar Schuhe, dessen rechten ich in Ungarn vorne aufgeschnitten hatte. Es geht jetzt deutlich besser voran. Arthus, der mich am Vormittag begleitete, war während des Laufens spontan zu einer Bushaltestelle ausgeschert, und legte sich anschließend in den Schatten des Häuschens. Besorgt verweilte ich bei ihm, streichelte seinen Kopf, um ihn zu beruhigen. Obwohl es mit knapp über 20 Grad nicht heiß ist, und Arthus auch genügend getrunken hat, war es scheinbar doch zu viel für ihn. Wäre ich heute früh nicht imstande gewesen weiterzulaufen, hätte ich mir selbst ein bis zwei Ruhetage verordnet. Mir kommt es in Skandinavien nicht mehr auf ein paar Tage an, die mich später ans Nordkap bringen. Überhaupt das magische *Ziel* zu erreichen: Das ist mein Traum!

Am Abend bin ich so erschöpft, dass ich nicht klar denken kann. Matthias höre ich nur noch wie in weiter Ferne.

Da es am Tage nicht so warm wie sonst war, bin ich gelaufen, ohne meinen Kopf zu bedecken. Ich wollte mir nach dem morgendlichen Start nur etwas kühlen Wind um die Ohren wehen lassen, und habe es versäumt, mich später vor der Sonne zu schützen.

Ich liege auf einer gemähten Wiese, auf meinem Schlafsack, nahe eines Feldweges. Die Trinkflasche neben mir. Alles um mich herum dreht sich. Mein Gesicht ist glühend heiß. Matthias hockt neben mir. Mit ernster Miene fragt er, ob ich etwas essen möchte. Schon wenn ich daran denke, kommt mir das Würgen. Ich will jetzt nichts weiter als ausruhen, nicht sprechen und versuchen, an irgendwie etwas Positives denken.

»Du scheinst einen Sonnenstich bekommen zu haben«, meint Matthias. Kurz darauf legt er mir ein kaltes Handtuch auf die Stirn und reicht mir Wasser. Allein, dass ich weiß, dass mein loyaler Kumpan da ist, beruhigt mich. Auch Arthus ist bei mir. Ungläubig schaut er mich an, dann stupst er mir seine Schnauze aufs Gesicht. Das Tier ahnt meine Erschöpfung. Ich kann mir in diesem Augenblick nicht vorstellen, wie ich den nächsten Tag überstehen soll. Nach einer Weile – es geht mir ein paar Nuancen besser – schleppe ich mich in den Ford, rein in die Sicherheit.

In der Nacht zuckt es immer wieder in meinen Beinen, so als hielte mir jemand ein Stromkabel an die Waden und die Unterschenkel. Die Schmerzen treten plötzlich auf, bei völliger Ruhe des Körpers. So etwas habe ich auf der gesamten Tour noch nicht erlebt. Nur aus der Bewegung heraus, wie zum Beispiel in Serbien und hierzulande.

Endlich August

Am übernächsten Morgen erwache ich wie ein kleiner König. Heute ist der 1. August, jener Monat, in dem vielleicht meine körperlich, schwerste Reise ein hoffentlich gutes Ende finden könnte.

Schon um 6 Uhr 35 krabble ich aus dem Schlafsack. Ich kann nicht mehr liegen, habe das Gefühl wertvolle Zeit zu vergeuden.

Gestern war ich schon eine halbe Stunde früher hoch.

Die »Stromstöße« in meinen Beinen quälten mich, in Form von kurzen Attacken, in unregelmäßigen Abständen, die ganze Nacht. Echt belastend! Ich hatte mir Magnesium, als Brausetabletten in Wasser gelöst. Magnesium ist eigentlich das elementare Mittel, um Krämpfe zu stillen. Nie hätte ich gedacht, dass ich an diesem Tag glatte 70 Kilometer schaffen könnte. Durch mein zeitiges ›Zu-Bett-Gehen‹ hatte mein geschwächter Organismus etwas mehr Zeit zur Erholung.

Am Abend war ich dann erstaunt, wie locker ich die Strecke hinter mich brachte. Ich hatte plötzlich fast so eine Leichtigkeit in den Beinen wie in Deutschland oder an dem Rekord-Tag auf dänischem Boden. Der Europalauf ist für meinen Körper eine wahre Gratwanderung. Kein Vergleich zur Weltumradlung und der Kajak-Tour auf der Lena, wo wir jeweils Hilfsmittel zur Fortbewegung nutzten. Sie waren beinahe wie ein Schutzschild gegen arge Verletzungen.

So wie ich den Vortag beendet habe, so entspannt bewege ich mich jetzt auch weiter. Und die Demut ist trotzdem immer dabei. Ich trage über dem

T-Shirt ein Sweatshirt und weiterhin die dünne, eng anliegende Laufhose. In ihr fühle ich mich hier in Schweden am wohlsten. Ich laufe zweieinhalb Stunden hintereinander, dann zwei und anschließend drei Stunden.

Nachmittags bewege ich mich erneut zwei Stunden in einem Ritt voran. Es »läuft«, im wahrsten Sinne des Wortes. Am Straßenrand finde ich den dritten toten Dachs auf der Tour.

Am frühen Abend muss ich einen Gang zurückschalten. Ich habe das Gefühl, mein rechtes Fußgelenk fängt an zu glühen. Durch das Marschieren verzieht sich der Schmerz allmählich.

Die zunehmend gelben Blätter an den Birken schwingen zuweilen im Wind. Zum wiederholten Mal führt mich die Strecke auf den Seitenstreifen einer normal befahrenden Autobahn entlang. Die Schweden scheinen tolerant. Nicht einer hupt genervt, oder zeigt mir gar die Faust. Allgemein gelten die Bewohner Skandinaviens als bedacht und gelassen. Kaum etwas scheint sie aus der Ruhe zu bringen.

Die Erholungspausen an der Autobahn machen wir auf dem Standstreifen, mit eingeschalteter Warnblinkanlage. Manchmal sind es auch Tankstellen sowie Rastplätze. Matthias und ich besprechen den Zeitplan der nächsten Pause vorher im Auto. Ist es dann so weit, muss ich mich kurz konzentrieren, um auf die andere Seite zu gelangen, da, wo unser Ford steht. Da der hiesige Verkehr ziemlich licht ist, kann ich das machen.

Auf der Autobahn zu laufen dauert nie lange. Es sind Abschnitte von ein bis drei Stunden. Da sich Schweden von Süden nach Norden, auf einer Länge von fast 1.600 Kilometer ausdehnt, habe ich vorhin Matthias gebeten, mir erst zwei Lauftage vor Finnland Bescheid zu geben, dass ich demnächst die Grenze zum Land des Weihnachtsmannes erreichen werde. Dann ist Finnland für mich greifbar. Ich möchte die wahre, mir noch bevorstehende Zeit, durch Schweden gar nicht wissen. Es könnte mich zusätzlich zum ohnehin schon monotonen Alltag schwächen. Der Europalauf ist meine bisher einsamste Tour. Obwohl mich Matthias begleitet, bin ich die meiste Zeit allein.

Nach 73 Kilometern komme ich am Abend in Banafjäl an. Wir kampieren am Rande der Ortschaft, dicht an einem großen, beinahe leer stehenden Parkplatz. Nur ein paar Lastwagen mit Aufliegern sind zu sehen.

Ein Fahrer hat es sich neben seiner Führerkabine auf einem Stuhl bequem gemacht. Genau wie wir warten sie vermutlich die Zeit, bis zum kommenden Morgen ab. Über einer kleinen Feuerstelle, die Matthias etwas versteckt, hinter unserem Wagen entzündete, kochen im Topf breite Nudeln, Erbsen und Thunfisch aus der Dose. Eine Zwiebel, die mein Mitstreiter zerteilt, kommt hinzu. Ich schäle mir noch eine Zweite, die ich zur Suppe roh dazu esse. Das habe ich während der Weltumradlung in Russland gelernt, beziehungsweise mir abgeschaut. Seitdem ist so etwas für mich bis heute ein Genuss. Auch Speck, der oft durch viel Salz haltbar gemacht wird, haben wir zu schätzen gelernt. Etwa drei, vier Happen von der kalorienreichen Nahrung, etwas Brot dazu, haben schon gesättigt. Gerade im Herbst und im Winter, haben die Russen lange, rechteckige Schwarten von Speck als Vorrat in den Speisekammern zu hängen.

Am Morgen danach bin ich froh, die vergangene Nacht hinter mir gebracht zu haben. Bevor wir nach Schweden kamen, konnten die Nächte nicht lang genug sein. Ich freute mich oftmals, wenn ich im Dunkeln aufwachte, und ich noch für einige Stunden entspannen konnte. An richtigen Schlaf war und ist nicht zu denken. Zu sehr sitzt die Anspannung der Etappen im Körper.

Doch seit ein paar Tagen ist es anders. Wiederholt zuckten meine unteren Glieder in den letzten Stunden wie unter Drogenentzug herum. Dann griff ich zu meiner Magnesiumflasche. Ich hatte Angst, die Augen zu schließen – stets mit dem Gedanken an eine neue Attacke. Immer wieder geschah dies an den Unterschenkeln, besonders den Waden. Zuweilen spürte ich auch derbe Stiche in den Knien und Füßen, als bohre mir jemand mit einem spitzen Gegenstand da hinein. Die Zuversicht sank dann in den Keller. Das Nordkap erschien mir mit einem Mal wieder unendlich weit weg. Mein Körper ist nicht nur immens beansprucht, sondern völlig überbelastet, muss ich mir eingestehen. Und es liegen noch ungefähr 1400 Kilometer vor mir!

Nach dem Aufstehen, und den ersten Schritten, beschließe ich, spontan einen Ruhetag einzulegen. Mein rechter Fuß ist geschwollen. Er fühlt sich an, als wäre er halb versteift. Skandinavien lehrt mich, Geduld zu üben. Matthias macht ein langes Gesicht, als er meine Entscheidung vernimmt. Er möchte am liebsten, dass ich wie eine Maschine laufe. Natürlich denkt er auch an seine Freundin Inga, die er zwar noch nicht lange kennt, aber schon tiefere Gefühle für sie entwickelt hat. Die beiden kommunizieren, genau wie Cora und ich, jeden Tag miteinander. Durch die vergangene unruhige Nacht bin ich auch sehr gerädert. Ich schlüpfe noch einmal in den Schlafsack.

Erst gegen 11 Uhr erhebe ich mich endgültig. Inzwischen war Matthias mit Arthus schon in der Umgebung unterwegs gewesen.

In Banafjäl gehen wir in einen Supermarkt. Ich fühle mich darin fremd. Seit Rostock habe ich so ein Kaufobjekt nicht mehr betreten.

Später sitze ich auf dem Marktplatz des Ortes auf einer Bank, während Matthias durch die Straßen streift. Arthus liegt zu meinen Füßen. Die Sonnenstrahlen scheinen angenehm warm vom blauen, klaren Himmel. Vögel zwitschern im Grünen hinter mir. Ich beobachte die Passanten. Ein kleiner Junge mit blauer Latzhose, der etwas unbeholfen einen großen Ball vor sich herschießt, stolpert und fällt hin. Lautes Wehgeschrei dringt herüber. Seine junge Mutti, die sich gerade mit einer anderen Frau unterhielt, eilt zu ihrem blonden Zögling. Auf dem Arm seiner Mama verklingt allmählich das Weinen. Ich genieße gerade jede Minute, jede Situation um mich herum. Mir ist, als wäre ich ein zielloser Rentner. In diesen Momenten erscheint mir mein Lauf unerwartet weit entfernt.

Im Laufe des Nachmittags grillen wir Bratwürste und Schweinesteaks am Ufer eines nahe liegenden Sees. Ich sitze im Schatten auf einer Decke. Um uns herum stehen zumeist Nadelbäume. Ein paar Flecken sind auch mit Birken bewachsen. Sie sind inzwischen die einzigen Laubbäume in den hiesigen Breiten. Mit 70 Prozent Waldfläche war Schweden einst das waldreichste Land Europas, bis 2018 verheerende Brände, die Fläche der Wälder auf 57 Prozent schrumpfen ließ.

Plötzlich beginne ich auf meinem Platz zu frösteln, dabei ist es mit 21 Grad normal warm. Ich ziehe mit der Decke in die Sonne, die ich seit dem Start in Istanbul, schon morgens so oft verfluchte. Sah ich den Feuerball nach dem Aufwachen am Himmel, bekam ich gleich schlechte Laune. Mir war bewusst, welche Qualen mich am Tag ereilen würden.

Als Matthias zurückkommt, kann er sich ein Lachen nicht verkneifen.

»Mensch Ronald, was willst Du in der Sonne? Da ist es doch viel zu heiß für dich?!«

Ich muss jetzt auch schmunzeln. Zum Glück brennt die Sonne, die im Grunde nur ein durchschnittlich großer Stern im Weltall ist, in Skandinavien nicht mehr ganz so heiß, wie noch Wochen zuvor.

Später, als das lecker gegrillte Fleisch schon in unseren Mägen etwas verdaut ist, gehe ich, ein bisschen wacklig, ins Wasser. Nach dem Eintauchen wirkt es sogleich befreiend auf mich, so, als wenn eine Last von mir gefallen wäre. Ich lege mich auf den Rücken, kraule entspannt hinaus. Das Wasser spritzt. Über mir der blaue, beruhigende Himmel. Ich fühle mich von allen Bedenken oder gar Sorgen entbunden. Was bin ich? Ein Schwan, ein Hecht ...? Wirre, aber dennoch glückselige Gedanken, schweben mir durch den Kopf. Mein Blick verirrt sich kurz zur Sonne. Schnell schließen sich meine Lider.

Tags darauf fühle ich mich fit, als käme ich von einer Kur. Gleich drei Stunden laufe ich in Richtung Umeå vom Start weg ohne Unterbrechung. Wir haben die Nacht am See verbracht. Auch am Morgen watete ich noch einmal durchs kühle Nass, aber diesmal nur knietief. Arthus, den wir ein paar Tage schonten, lief eine Stunde zur Probe mit mir. Sein leichtes Hinken ist verschwunden. Dennoch möchte ich den Vierbeiner nicht gleich zu sehr fordern.

Angst vor einer Allergie-Attacke

Etwa 15 Kilometer hinter Banafjäl erblicke ich einen tristen, sandfarbenen Streifen in der Natur. Baufahrzeuge, wie kettenbetriebene Bagger und große Kipper sind im Betrieb. Sie haben einen Korridor durch die lichte Waldlandschaft gezogen. Auf ihm wird gerade eine Eisenbahnlinie gebaut.

Eine weitere halbe Stunde ist vergangen.

Unerwartet bekomme ich während des Laufens Sodbrennen. Unbeirrt bewege ich mich voran. Dann merke ich, wie sich meine Lippen verdicken. Ich befühle sie.

Mit einem Mal kriecht Angst in mir hoch. Ich halte an, trinke hastig an meinen kleinen Fläschchen. Ich hocke mich hin. Mir kommt die Milch in den Sinn, von der ich vorhin im Auto ein wenig getrunken habe. Sie war angesäuert. Mein Notfallbesteck, in Form von zwei kleinen Fläschchen, für solch eine spezielle Situation wie jetzt, befindet sich bei Matthias im Auto. ›Dort liegt es gut‹, stelle ich sarkastisch für mich fest. Ich bin allein am Straßenrand. Kein Fahrzeug ist in dieser Einöde zu sehen. Meine Angst will nicht weichen.

Ich erinnere mich an den Juni vergangenen Jahres. Meine Mutter hatte mich besucht und mir Erdbeerfruchtschnitten mitgebracht.

Später ging sie. Genüsslich aß ich kurz darauf eine dieser rosa Fruchtschnitten. Etwa 40 Minuten später bekam ich Atemprobleme. Ein leises, pfeifendes Geräusch war beim Luftholen zu vernehmen. Ich eilte ins Bad, betrachtete mich im Spiegel. Meine Lippen waren geschwollen. Ich erschrak. Das war nicht *ich*! Die ganze Situation total irreal. War ich in einem Horrorfilm. Sofort rief ich den Notarzt an. Dann sperrte ich meine beiden Schäferhunde ins Schlafzimmer, öffnete eilig die Haustür und meine Wohnungstür. Ich hatte Bedenken, vielleicht kurze Zeit danach nicht mehr in der Lage dazu zu sein.

Ich weiß noch genau, wie schon sieben Minuten später die Sirene des Einsatzfahrzeuges zu hören war . Daraufhin war ich erst einmal erleichtert. Dann sah ich durch mein Parterre-Fenster die eingeschalteten Blaulichter eines Rettungswagens. Ich hatte mal gehört oder gelesen, das nach einem Notruf die »Engel in weißen Kitteln«, im Durchschnitt nach acht Minuten am Kranken- oder Unfallort zugegen sind. Dieser Geistesblitz jagte mir plötzlich durch den Kopf.

Als dann zwei junge Sanitäter in meiner Tür standen, konnten die beiden sich ein Schmunzeln nicht verkneifen, als sie mich ansahen. Mir war alles andere, als zum Lachen zumute. Einen Moment danach war der Notarzt zur Stelle. Bei seinem Anblick fiel ich in Ohnmacht.

Als ich nur Sekunden später wieder erwachte, gab der Arzt mir eine Spritze, die mich stabilisierte. Meine Arme waren voller Pusteln. Ich musste kurz meine Trainingshose herunterlassen. Auch meine Beine waren von roten, Kirschkern großen Flecken übersät, als wäre eine Armee von Mücken über mich hergefallen. Nachdem ich einige persönliche Sachen notdürftig in eine Tasche gepackt hatte, hat man mich in die Klinik mitgenommen. Dort wurde ich zwei, drei Tage medizinisch versorgt und beobachtet. Um meine beiden Vierbeiner hatte sich derweil meine Mutter gekümmert, die in der Zeit auch in meiner Wohnung geblieben war.

Ich erhebe mich aus der Hocke und marschiere weiter. Ich achte genau auf meine Atmung. Zum Glück kann ich nichts Pfeifendes hören. Ich befühle meine Lippen. Sie sind noch genauso geschwollen? Ich gebe mir einen Ruck! Ich darf mich nicht zu sehr in meinen Zustand hineinsteigern. Verschlimmert sich mein Befinden, dann halte ich einfach ein Auto an, mache ich mir gedanklich Mut.

Eine Viertelstunde danach holt mich unsere blauer Ford ein. In diesem Moment meine Rettung. Genau wie damals, als die grinsenden Sanitäter in meiner Wohnungstür standen, kann sich Matthias ein Feixen ebenso nicht verkneifen. Da ich jetzt ein wenig entspannter bin, huscht mir auch ein Lächeln übers Gesicht. Matthias macht ein paar Fotos von mir. Ich verstehe bis heute nicht, warum die angesäuerte Milch plötzlich der Auslöser für eine allergische Reaktion war.

Nachdem eine Allergologin damals einige Tests auf meinem linken Unterarm machte, stellte sie neben künstlich getrockneten Erdbeeren, auch eine überempfindliche Reizung gegen Rosinen fest. Doch das mir zudem auch saure Milch gefährlich werden könnte, davon war nie die Rede gewesen. Ich weiß, dass neue Allergien, ohne Vorwarnung unerwartet auftreten, sowie sie auch in gleicher Art und Weise verschwinden können.

Als ich mich wieder auf der Fahrbahn befinde, bleibt Matthias vorerst in meiner Nähe. Das Notset führe ich jetzt, in einer kleinen Bauchtasche liegend, zur Sicherheit mit mir. Allmählich wird mein Hals freier, nur die Lippen bleiben noch bei ihrem extremen Volumen. Erst nach knapp zwei Stunden hat mein Mund wieder Normalform. Das unverhoffte bedrohliche Szenario ist vorbei. Vorerst!

Am Nachmittag fällt mir das Vorwärtskommen sehr schwer. Dabei tut mir nichts weh. Ich fühle mich einfach geschwächt und ausgelaugt. Greifen die wochenlangen Strapazen meinem dünnen Körper jetzt an der Substanz an? Es ist immer irgendwie etwas, das mir den Kopf zermartert. Jeder Tag, jeder Kilometer ist für mich in Nordeuropa ein Gewinn. Es gibt kaum eine Ausnahme. Wenn ich dagegen an die Strecken in Deutschland denke, die ich fast ohne Blessuren hinter mich brachte, ist der Kontrast schon beträchtlich. Auch die Schmerzen haben sich auf heimatlichem Boden in Grenzen gehalten.

Arthus läuft wieder vor mir. Er scheint genesen zu sein. Weit vor uns sehe ich unseren Wagen. Überraschend wird Arthus schneller. Schließlich rennt er los. Ich rufe nach ihm. Keine Reaktion. Meine Stimme wird lauter. Vergebens. Mein Vierbeiner ist zu sehr auf sein fahrendes Zuhause fixiert. Das hat er auf der Tour noch nie gemacht. Vor allem ist der Ford wenigstens 200 Meter entfernt. Mich wundert, dass Arthus ihn auf dieser Distanz erkannt hat. Angekommen am Auto, packe ich den Rebellen im Nacken. Es muss sein, sonst wiederholt sich das.

Die »Tortour« steht mir sichtbar ins Gesicht geschrieben

Später macht mir die Sonne abermals zu schaffen. Wo sind nur die schattenspendenden Wolken? Ich denke an das entspannte Schwimmen von gestern, als ich den Feuerball nicht feindselig betrachtete. Aber die alltägliche Realität hat mich flugs wieder in ihren Bann geholt. Auf dieser Reise wird die Sonne nicht mehr mein bester Freund werden, das weiß ich schon jetzt.

Abends gegen halb sieben traue ich meinen Augen kaum. Nur etwa 20 Meter vom Wildzaun entfernt, entdecke ich einen Elch. Aufgeregt stoppe ich. Damit nicht genug. Kurz darauf tritt das Kalb des Muttertiers, hinter einem nahe liegenden Gebüsch hervor. Die beiden Tiere bummeln über eine breite, kniehohe Wiese, die sich zwischen zwei Waldstücken befindet. Wie angewurzelt verharre ich auf der Stelle. Ich bin fasziniert, kann meine Beobachtung kaum fassen. Ich habe in der Vorbereitung gelesen, das allein in Schweden 300.000 bis 400.000 der kolossalen Huftiere leben. Besonders viele haben ihren Lebensraum im mittleren Teil des Landes.

Dieser Elch lässt sich anfassen ...

Große Elche haben eine Kopf-Rumpf-Länge von bis zu drei Metern und eine Schulterhöhe von über zwei Metern. Extrem große Exemplare erreichen ein Gewicht bis zu 800 Kilogramm, aber nur in Sibirien und Nordamerika. In Europa wiegt die größte Hirschart der Tierwelt etwa 200 kg weniger. Trotz ihrer gewaltigen Erscheinung haben sie auch natürliche Feinde, wie Bären und Wölfe. Doch auch Pumas, Luchse und sogar Vielfraße können ihnen gefährlich werden. Letztere drei Raubtiere wagen sich aber nur an junge Paarhufer oder Kälber heran.

Das zweite Mal überhaupt erst sehe ich Elche in der Natur. Und das, obwohl ich schon so oft und lange in der Taiga Russlands unterwegs gewesen bin. Doch wie gesagt, das größte zusammenhängende Waldgebiet der Erde, ist nicht die Serengeti, in der man die unterschiedlichen Tierarten fast wie auf dem Präsentierteller geliefert bekommt.

...weil er nicht weglaufen kann

Leider habe ich keinen Fotoapparat bei mir. Natürlich bedeutet so eine Kamera, auch wenn sie leicht ist, wieder mehr Gewicht am Körper. Trotzdem hätten wir, für solche Fälle, ein Minifotogerät mitnehmen sollen. Ich kann nur hoffen, das Matthias die Elche auch entdeckt.

Mittlerweile sind weitere drei Nächte vergangen. Es ist Sonntag morgen. Ich starte meine neue Etappe um halb acht, vom Ort Burträsk aus. Auf der Straße herrscht fast gespenstische Ruhe. Ich freue mich, wenn mal ein Fahrzeug naht.

Kurz darauf ist meine entspannte Laune dahin. Eine lange Steinpiste liegt vor mir. Ringsherum fast nur Wald. Ich versuche, am Rand des holprigen Weges zu laufen, aber da steht das Wasser in kleinen Senken. Obendrein ist der Boden sehr wellig. Ich hätte jetzt gerne Arthus bei mir, doch ich möchte ihm das nicht zumuten. Er hat schon mehr als genug geleistet. Zudem war sein lädiertes Bein, trotz seiner vier Pfoten und der guten Kondition, ein Fingerzeig dafür, das auch er verletzbar ist.

Die Musik meines MP3-Players setzt zuweilen aus. Später dann häufiger. Ohne die gewohnten Takte zu laufen, wäre, gerade jetzt, in dieser Einsamkeit, fatal. Ich habe mich in den letzten Wochen so daran gewöhnt. Seit der Türkei sind es immer noch dieselben, wenigen Titel. Für Matthias, und vielleicht auch für viele andere, nicht zu glauben, aber sie werden mir nicht über. Seit ich mir, als ich 14 Jahre jung war, vom geschenkten Geld zur Jugendweihe, einen Kassettenrekorder gekauft hatte, habe ich gemerkt, dass es mich nicht stört, stundenlang die gleichen Lieder zu hören, vorausgesetzt sie gefallen mir.

In der Pause suche ich fieberhaft nach neuen Batterien. Matthias meint nur gelangweilt, wir hätten keine mehr. Doch damit kann ich mich nicht abfinden. Dann ein Schrei der Erleichterung! In einer Seitentasche meines Gepäcks finde ich noch eine! Eifrig stecke ich sie in das Minifach des MP3-Players. Er funktioniert! Mein Tag, zumindest diesbezüglich, ist gerettet! Es ist wirklich deprimierend, sich an einem Sonntagvormittag über eine steinige Piste zu mühen. Zudem noch durch ein einsames Waldgebiet.

Respekt vor Arthus, meinem trainierten »Zugpferd«

Meine Sinne schweifen zu den vergangenen Tagen zurück. Erneut machte ich Strecke auf der Autobahn, diesmal sogar mit Arthus. Voller Stolz denke ich daran, wie mein Hund konsequent seine Richtung auf dem Seitenstreifen verfolgte. Trotz der Enge von nur zwei Metern, zwischen den Leitplanken und den, mit Getöse, entgegen fahrenden Brummilastern. Nicht ein einziges Mal machte mein gehorsamer Gefährte einen unsicheren Schritt zur Seite oder geriet gar in Panik. Man merkt ihm die Erfahrungen und die Ausdauer der zurückliegenden Zeit an.

Dann musste ich durch Umeå, da, wo etwa 80.000 Einwohner wohnen. Gleich nach dem Eintreffen wurden meine Schritte schwerer. Ich konnte es mir nicht erklären, zumal gerade die Monotonie der Einöde mein Gemüt meist erschwerte. Vielleicht war es nach geraumer Zeit eine Art kleiner Kulturschock, der mich ereilte.

Umeå, die auch Stadt der Birken genannt wird, liegt am *Bottnischen Meerbusen*. Im Jahre 1888 haben verheerende Feuer dem Ort sehr geschadet, sodass man seitdem, fast 3.000 Birken gepflanzt hat.

Hinter Umeå umgaben mich zahlreiche Felder, immer wieder gespickt mit einigen Häusern, in den traditionellen Farben weinrot, blau und gelb. Gelangte ich dann erneut in ein Waldstück, stellte ich fest, dass die Bäume, egal welche Sorte, deutlich niedriger geworden sind als im südlichen Schweden. Sie sind jetzt nicht höher als sechs bis acht Meter.

Ich wusste an diesem Tag oft nicht, wie ich meine Füße aufsetzen sollte. Die Fußballen sowie die Hacken brannten mitunter fürchterlich. Ich versuchte es x- oder o-beinig. Nichts davon konnte ich erträglich umsetzen.

Zwei Männer auf einer Art *Rollerblades*, nur etwas länger, kamen mir mit Stöcken, mit denen sie sich vom Asphalt abstießen, entgegen. Solche Sportler habe ich hierzulande schon öfter gesehen. Sie trainieren wahrscheinlich für den Skilanglauf im Winter.

Am Nachmittag gab es fast ein Déjà-vu zum Vortag. Erneut sah ich einen Elch, diesmal mit großem Geweih. Diese können bis zu 20 Kilogramm wiegen. Das imposante Tier stand hinter einer Koppel. Die Pferde, die darauf weideten, beobachteten den Fremdling argwöhnisch. Der Elch war ein männliches Geschöpf. Sie wiegen im europäischen Raum zwischen 400 und 600 Kilogramm, fast das Doppelte als der weibliche Part, die Elchkuh. Solange man sie in Ruhe lässt, sind sie auch friedlich. Aber wehe so ein Riese wird rasend, dann sollte man in Deckung gehen, oder das Weite suchen. Obgleich ich am Abend nur 52 Kilometer für mich verbuchen konnte, war ich glücklich über die geschaffte Distanz. Die Frage stellt sich immer: Unter welchen Umständen hat man das Tagesziel erreicht?

Dann bin ich wieder in der Realität zurück. Erst gegen 10 Uhr sehe ich die ersten Leute an ihren Häusern. Einige unterhalten sich, andere sind mit Gartenarbeiten beschäftigt. Manche führen ihre Hunde aus. Auch wenn man es manchmal nicht wahrhaben will, Menschen sind im Allgemeinen wichtig für das Gemüt. Schon ein netter, kurzer Gruß auf der Straße, oder ein Telefonat kann mir Auftrieb geben. Der Mensch ist im Grunde ein Gesellschaftstier. Gleichwohl gibt es auch Ausnahmen.

In Lebensgefahr

Inzwischen ist es früh am Abend. Seit längerer Zeit belaufe ich schon eine belebte Schnellstraße, die trotz ihrer vier Fahrbahnen, keine Autobahn darstellt. Ich bewege mich mal ohne Schmerzen stetig voran, den Blick meist auf den Asphalt gerichtet.

Wie immer laufe ich auf der linken Straßenseite, den Fahrzeugen entgegen. Plötzlich geht alles ganz schnell. Ich höre ein röhrendes Geräusch. Ich hebe meinen Kopf. Ein dunkler BMW rast auf mich zu. Hastig springe ich nach links von der Fahrbahn. Taumle. Werde vom Seitenspiegel des Wagens gestreift. Die Limousine schlingert zum Teil in den mitteltiefen Straßengraben. Steine und lose Erde fliegen durch die Luft. Ich kann mich gerade so auf den Beinen halten, gucke dem Szenario verwirrt hinterher. Der »Geisterwagen« schafft es wieder zurück auf die Fahrbahn. In sicherem Abstand von einigen Metern zur Straße verharre ich beinahe wie eine Statue, bin zu aufgewühlt, um mich auf den spärlich bewachsenen Untergrund zu setzen.

Erst langsam begreife ich, was soeben passiert ist. Es müssen einige Schutzengel ausgerechnet über mich gewacht haben.

Nach einer Weile möchte ich diesen ominösen Platz schnellstmöglich verlassen. Ich muss auf andere Gedanken kommen …

Als ich später neben Matthias noch etwas apathisch im Auto sitze und er von meinem Erlebnis erfährt, meint er fast ungerührt:

»Ronald, Schwamm drüber, du lebst doch noch …«

Etwa 15 Kilometer hinter der Ortschaft Piteå, starte ich am übernächsten Morgen. Seit gestern folge ich der Europastraße 4, auch kurz E4 genannt. In den vergangenen drei Tagen hatte ich verstärkt mit Blasen zu kämpfen. Ich habe meine Füße in letzter Zeit zum Tagesbeginn, sowie Ausklang, in Salzwasser getaucht, das wir in der Kühltasche anrührten. Der Vorteil der Anwendung, die Flüssigkeit hat meine Füße weicher und geschmeidiger gemacht. Der Nachteil, dass es auch anscheinend neuen Nährboden für Blasen bedeutet. Ab sofort nehme ich Abstand von der Behandlung. Ich habe mir auf die wunden Stellen Blasenpflaster geklebt, und das gleich dreifach übereinander. Dadurch ist das Ganze recht gut gedämpft. Es verleiht mir ein Stück Sicherheit.

Bald habe ich Luleå, eine Kleinstadt halb so groß wie Umeå, hinter mir. Nach der Mittagszeit nähert sich von vorne, im langsamen Tempo, ein mittelgroßes Fahrzeug. Nach einer Weile erkenne ich vor einem hellgrauen Kleinbus, einen Rollstuhlfahrer. Als wir aufeinandertreffen, hält der Van, Marke Toyota, mit deutschem Kennzeichen, auf dem Seitenstreifen. Matthias ist ebenso hier.

Der südkoreanische Rollstuhlfahrer. Immer wieder schön, Begegnungen mit besonderen Menschen.

Der Fahrer, der erfreut aus dem Wagen springt, schüttelt uns, ohne viel Gerede, als wären wir alte Bekannte, herzlich die Hände. Die beiden Männer stammen aus Südkorea. Der schmächtige Rollstuhlfahrer, namens Yong, ist vom Hals ab gelähmt. Mit dem Mund steuert er sein Gefährt. Seit Jahren war es schon sein Traum, einmal mir dem Rollstuhl durch ganz Europa zu fahren. An einer Stange, befestigt an seinem elektrisch betriebenen Gefährt, weht über Yong die schwedische Flagge. Das Team hat alle Flaggen der Staaten im Auto, die sie durchqueren. Dementsprechend wo sie sind, wird die jeweilige Fahne des Landes gehisst. Die Augen des 29-jährigen Yong blitzen, wenn er im fließenden Englisch erzählt. Ein Autounfall riss ihn abrupt aus dem Alltag. Das ist nun schon sechs Jahre her. Der ältere, etwas stämmige Fahrer, der sich uns mit Minho vorgestellt hat, fügt hinzu, dass Yong froh sein kann, noch am Leben zu sein.

Ihre Tour wird noch schließlich einige Monate dauern. Meist schlafen sie im Auto, manchmal auch in Hotels oder Pensionen. Als wir an der Rückseite des Wagens ein Foto machen, sieht man einen weißen Pfeil auf blauem Untergrund an der Heckscheibe. Er zeigt nach links. Daneben klebt ein Warndreieck. Yong scheint bisschen wehmütig, als wir uns langsam verabschieden. Zum Trost tauschen wir unsere Visitenkarten aus. Dann setzen sich beide Teams wieder in Bewegung. Solche Begegnungen sind meist kurz, aber intensiv. Man hat sich noch nie gesehen, aber der Draht ist sofort da, denn die grobe Zielrichtung ist die Gleiche.

Tags darauf, es geht wie gehabt auf der vierspurigen E4 weiter, erblicke ich zum ersten Mal auf der Reise hinter dem Wildzaun Rentiere. Arthus ist auch dabei, sieht die nordische Hirschart aber nicht.

Rentiere habe ich überhaupt erstmalig 1992 gesehen. Damals lag der Zerstörer der Bundeswehr, auf dem ich monatelang diente, in Stavanger, im Süden Norwegens, im Hafen. Wie bei den Elchen bleibe ich ebenso stehen. Ich zähle fünf Tiere. Es gibt sie in vielen Farben, in sämtlichen Brauntönen, schwarz, grau, zwei oder dreifarbig, selten auch mal in Weiß. Die niedrigen Renen, so heißen die Tiere im Plural, erreichen eine Schulterhöhe von 80 bis 120 Zentimeter.

Als ich die kleine Hirschart damals nur aus dem Fernseher kannte, dachte ich, sie wäre größer. Genau wie die männlichen Rentiere tragen auch die weiblichen ein Geweih. Renhirsche erreichen ein Gewicht bis zu 180 Kilogramm. Renkühe bis zu 120 Kilogramm.

Später setze ich meine Strecke auf der E10 fort. Hier gibt es keine Schutzzäune für die Tierwelt. Das Wetter ist seit Tagen unverändert, zumeist Sonnenschein, bei knapp über 20 Grad. Nennenswerten heftigen Wind hatte ich auf der gesamten Reise nicht zu beklagen. Meine rechte Gesichtshälfte brennt, als wäre heißes Wasser drüber gelaufen. Auch beide Füße tun weh, was denn sonst …

Als ich in die Umgebung schaue, bemerke ich, dass die Bäume wieder um einige Meter höher sind. Für mich mental ein kleiner Rückschlag, bin gleich etwas demotiviert. Dann kommt mir der Gedanke, dass es sein kann, dass ich mich vor ein paar Tagen, als die Fichten, Kiefern und Birken noch niedriger waren, in höheren Lagen über dem Meeresspiegel befand.

Bald fügen sich zwischen den Wäldern auch sumpfige Flächen ein. Das erinnert mich sehr an Sibirien. Mit den Feuchtgebieten werden die Mücken spürbar präsenter. Solange ich laufe, sind sie erträglich. Halte ich aber kurz an, um mich zu erleichtern, sitzen sie sofort auf den Händen und im Gesicht. Zum Glück trage ich ein Sweatshirt. Doch durch den dünnen Stoff der Laufhose ist es für die Plagegeister ein Leichtes hindurchzustechen.

Abends grillen wir saftiges Fleisch über Holzkohle. Matthias schlug gleich zu, als er die schmackhaften Happen im Angebot eines Supermarktes entdeckte.

Plötzlich tönt das Handy. Meine Mutter ist dran. Wir haben seit mittlerweile 16 Tagen nicht mehr telefoniert. Ihre unverändert größte Sorge ist, dass ich auch genug esse und nicht noch dünner werde. Ohne zu flunkern, kann ich ihr sogleich über die deftigen Steaks berichten. Dass mich ein BMW beinahe angefahren hätte, verschweige ich ihr natürlich. Auch die körperlichen Strapazen, oft verbunden mit den unterschiedlichsten Schmerzen, behalte ich für mich. Es ist stets alles grob in Ordnung, und die Tour läuft und läuft, so mein knapper Rapport.

Beim späteren Essen sagt Matthias beiläufig, dass es noch ewig dauern würde, ehe wir den hohen Norden Skandinaviens erreichen. Und bis zur finnischen Grenze wären es auch noch drei bis vier Tage.

Das wollte ich jetzt gar nicht wissen! Etwas vorwurfsvoll schaue ich meinen Begleiter an.

Ich dachte insgeheim, wir wären etwas früher da, und Matthias verrät es nur noch nicht, weil er mich überraschen wollte. Aber: falsch gedacht. ›Matthias der Motivator‹, schmolle ich. Ich bin gelangweilt. Irgendwie ist der Abend gelaufen. Ich will jetzt, dass die kommende Nacht wie im Fluge vergeht, damit Schweden möglichst bald Geschichte wird.

Das mag für ein normal Reisenden seltsam klingen, aber die Strapazen und die Schmerzen überwiegen, im scharfen Kontrast zur unendlich schönen und faszinierenden Natur.

Es ist der 10. August, als der darauffolgende Morgen ergraut. Ich möchte so schnell wie möglich wieder auf die Piste. Ich kann kaum an etwas anderes denken als an Finnland. Dort wäre das Nordkap schon zum Greifen nahe. Ich muss mich neu motivieren. Beinahe wie ein Roboter folge ich Arthus. Was sonst, außer Wald ist kaum etwas um mich herum. Selten mal ein Dorf. Es gelingt mir, drei Stunden hintereinander zu laufen. Dann stoppt schräg vor mir, auf der anderen Seite der Fahrbahn, ein weinroter Opel Vectra.

Eine Frau mittleren Alters steigt aus und eilt über die Straße. Im korrekten Englisch erkundigt sie sich nach einer hellgrünen Verkehrsweste, die ich eigentlich tragen müsste. Die korpulente Frau mit herben Gesichtszügen und hochgesteckten Haaren weist sich aus. Mich interessiert ihr Dokument nicht wirklich. Sie sagt, sie sei die Chefin der Straßenaufsichtsbehörde in dieser Kommune. Eifrig erzähle ich ihr, so gut ich kann, von meinem Projekt, in der leisen Hoffnung, keine Strafe zahlen zu müssen. Die anfangs so strenge Dame in Zivil, wird in ihrem Ton etwas freundlicher. Ich solle mir an der nächsten Tankstelle unbedingt so eine Sicherheitsweste besorgen. Ich gebe mich einsichtig. Befriedigt, so scheint es, lässt sie mich weiterlaufen. Erleichtert winke ich ihr zu, als sie mich mit ihrem Wagen überholt. Ich bin froh, davongekommen zu sein. Unser Budget hält sich arg in Grenzen.

In Gedanken, noch bei der eben erlebten Begegnung, fällt mir eine Schlange ins Blickfeld, die tot auf dem dunkeln Asphalt liegt. Ich stoppe. Bin dann erstaunt. Es ist eine Kreuzotter! Die zweite ihrer Art, die ich auf dieser Tour wahrnahm. Das grazile Reptil wirkt, als wäre es noch lebendig. Die Giftschlange ist nicht groß, vielleicht um die 50 Zentimeter. Sie ist bräunlich gefärbt und hat das typisch schwarze Zickzackmuster auf der ledernen Haut. Ihr Biss muss nicht immer tödlich sein. Es hängt von der Größe der Schlange ab, und wer ihr Opfer ist. Handelt es sich um Menschen, sind zum Beispiel kleine Kinder, alte Leute, oder welche mit Herzfehlern besonders gefährdet, nur um einige zu nennen. Es immer gut, bei solchen Touren Derartiges zu wissen …

Arthus ist verschwunden

Kurz darauf überqueren, nur etwa 20 Meter vor uns, zwei Rentiere die Fahrbahn. Sie geraten auch in Arthus Blickfeld. Mit einem Mal, als könnte er nicht anders, rennt er los. Mein Hund verschwindet mit den Renen zwischen den Birken und Fichten. Ich rufe und pfeife ihm hinterher. Zwecklos.

Meine Sinne schweifen in die Vergangenheit.

Ich hatte mit meinen Hunden in den letzten Jahren ähnliche Situationen erleben müssen. Auf einer Reise in Finnland, büxte Gina 1999 wegen eines Rehs auch aus. Es war gefährlich, weil sie über eine Landstraße lief. Ich beobachtete aus geringer Entfernung, wie ein Auto, das an meiner Hündin vorbei gefahren war, stoppte, und anschließend rückwärts fuhr. Sekunden später war ich auch vor Ort. Der Fahrer hatte gedacht, sie sei vielleicht ein Wolf ...

Vier Monate danach, ich verbrachte mit Freunden und Bekannten den Jahrtausendwechsel in der Slowakei, verschwand Gina erneut. Diesmal aber als Duo, gemeinsam mit dem karelischen Bärenhund Kodi. Vermutlich hatten die beiden in der *Hohen Tatra* ebenfalls Wild gewittert. Da die Ausreißer auch nach längerem Warten nicht zurückkehrten, folgte ich kurzerhand ihrer Richtung. Nach einem beträchtlichen Stück Weg bergan, sah ich meine Hunde an einem Zaun, hinter denen sie sich verlaufen hatten.

Nach wiederholtem Pfeifen kommt Arthus schon zwei Minuten später mit hängender Zunge zurück. Ich bin erstaunt. Manchmal musste ich mich eine Viertelstunde und länger gedulden, ehe meine Ausreißer wieder in mein Blickfeld rückten.

Erneut muss ich den Rüden hart anpacken. Ab sofort darf Arthus nicht mehr als drei Meter vor mir herlaufen. Vorhin war es ungefähr die doppelte Distanz.

Der Polarkreis

Irgendwann danach laufe ich einem weißen, breiten Schild entgegen, das am rechten Straßenrand unübersehbar aufgestellt wurde. Ich bekomme eine Gänsehaut.

Ich habe den Polarkreis erreicht!

Ich stoße einige Jubelschreie aus, hüpfe vor Freude umher. Matthias, der den Wagen wegen eines Fotos neben dem Schild geparkt hat, beobachtet mich gelassen. Ihn kann so schnell nichts vom Hocker reißen. Ich lasse meiner Stimmung freien Lauf. Solche besonderen, geographischen Punkte, haben mir auf meinen bisherigen Reisen stets einen neuen Schub der Motivation gegeben.

Auf dem Schild ist der Polarkreis von oben nach unten, in finnischer, englischer, französischer und deutscher Sprache benannt. Daneben eine blaue in sich geschlossene Linie, die ein unbekanntes, geografisches Gebiet darstellt, wo hindurch sich ein gelber Strich zieht.

Einen Polarkreis gibt es auf der nördlichen sowie südlichen Breite bei 66,57 Grad, und begrenzt die Polargebiete. Die Sonne geht hier an den Tagen der Sonnenwende gerade nicht mehr auf- beziehungsweise nicht mehr unter. Das heißt, einen Tag lang im Jahr ist es an dieser Linie durchgehend hell, und genau sechs Monate später 24 Stunden dunkel.

Der Polarkreis gilt zudem auch im Allgemeinen als Grenze zu Lappland, im Norden Skandinaviens. Die *Samen*, die dort wohnen und leben, sind die *einzigen Ureinwohner Europas*.

Ihre Anzahl in Nordeuropa lässt sich schwer feststellen. Eine verbreitete Schätzung lautet für Norwegen knapp 50.000 Menschen, etwa 20.000 in Schweden, mindestens 7.000 in Finnland und 2.000 in Russland. Im Vergleich zur übrigen Bevölkerung in ihrem Siedlungsgebiet sind die Samen eine Minderheit von unter fünf Prozent. Nur zehn Prozent von ihnen züchten Rentiere.

Bevor ich weiterlaufe – die Bäume sind ›zum Glück‹ wieder geschrumpft – berichtet mir Matthias, dass er sich vorhin einem Rentier am Straßenrand bis auf einen Meter nähern konnte. Erst als er seinen Arm zum Streicheln ausstreckte, trottete der »*Zwerghirsch*« weg.

Am Abend verspüre ich zum ersten Mal, passend zur Gegend, kühle Luft um mich herum. Ich fühle mich angekommen in der geographischen Polarzone, etwa 40 Kilometer vor Pajala entfernt. Ich hatte bisher, vielleicht auch zur innerlichen »Polarfeier« des Tages, heute mal keine Probleme mit den Füßen.

Wie schon in der vergangenen Nacht, so kampieren wir heute ebenfalls auf einem offenen Wochenendgrundstück. Etwas weiter entfernt, stehen noch einige andere rote Häuschen.

»Die Einheimischen haben doch sicher nichts dagegen«, so der verschmitzte Kommentar von Matthias.

Am übernächsten Morgen bin ich motiviert wie lange nicht mehr. Nur noch 25 Kilometer bis zur finnischen Grenze! Ich kann kaum fassen, dass ich heute, wenn alles gut verläuft, Schweden nach über einem Monat, endlich verlassen kann. In diesem Land, wäre ich dann mit Abstand am längsten gewesen.

Die letzte Nacht war bisher die hellste der Tour. Das Licht des zurückliegenden Tages blieb etwa zu 50 Prozent erhalten. Eine unwirklich, fast geisterhafte Atmosphäre, war draußen präsent.

Immer wieder quälten mich auch hier während der Schlafstunden schmerzvolle Attacken, die sich wie elektrische Ladungen anfühlten. Diese Art von Stichen hatten sich in letzter Zeit vermehrt. Vermutlich ein Hilfeschrei der Muskeln nach Regeneration …

Ein berauschtes Rentier

Wieder im Laufmodus, erkenne ich von Weitem zwei Rene auf dem Asphalt. Die Gegend ist waldig, leicht hügelig. Arthus läuft wie gewohnt kurz vor mir her. Ein Pkw, der mich gerade überholt hat, muss bremsen. Er hupt. Die Rentiere denken nicht daran, Platz zu machen. Eines der hellbraunen Tiere dreht sich sogar übermütig im Kreis, als würde es tanzen. Das Hupen entpuppt sich zum Soloauftritt.

Interessiert nähere ich mich der lustigen, irgendwie auch surrealen Szenerie. Es ist so absurd, dass man denken könnte, ein paar Leute haben sich als Rentiere, vielleicht für die Sendung »Verstehen Sie Spaß«, verkleidet.

Dem Saabfahrer bleibt nichts anderes übrig, als die beiden »Partyhirsche« langsam auf der Gegenspur zu umfahren. Von Einheimischen habe ich erfahren – aber auch in einem Reiseführer gelesen – dass Rentiere *Fliegenpilze* fressen. In ihnen ist ein Stoff enthalten, der wie eine Droge wirkt. Das sich drehende Ren verharrt plötzlich auf der Stelle und schwenkt jetzt dafür den Kopf wie betrunken umher. Das Geschehen hat sich nun auf unsere Fahrbahn verlagert. Nur noch 30 Meter bis zum »Schauplatz«. Ich rufe Arthus zu mir, halte ihn am Halsband. Langsam bewegen wir uns voran. Mein Hund spitzt die Ohren. Er befindet sich in Lauerstellung, kann das bizarre Treiben vor uns nicht begreifen.

Ich gehe einfach weiter, lasse es drauf ankommen. Das etwas klarere Ren von beiden scheint uns jetzt wahrzunehmen. Doch sein Kumpel schleudert sein Haupt weiter im Rausch herum, als hätte er gleich einen vollen Korb Fliegenpilze intus. Erst als wir nur noch einige Meter von ihm entfernt sind, und ich zwei, drei Male grell pfeife, hält das verrückte Geschöpf kurz inne, und torkelt ein Stück zur Seite. Mir scheint, nicht unbedingt aus Furcht, sondern weil wir es in seiner ausgelassenen Stimmung gestört haben.

Finnland

Mittags erreiche ich endlich Finnland! Es ist zugleich auch eine andere Zeitzone. Wir müssen die Uhren um eine Stunde vorstellen. Der Grenzstreifen mit zwei Häuschen zu beiden Straßenseiten ist leer. Mit dem Eintritt in das *Land der tausend Seen* und der erfolgreichsten Skispringer Skandinaviens fällt eine riesige Last von mir. Ich hatte, gerade in letzter Zeit das Gefühl, das sich Schweden endlos nach Norden ziehen würde.

Doch kurz darauf kann ich meiner Freude kaum noch Lauf lassen – im wahrsten Sinne des Wortes – denn kaum auf neuem Terrain, plagen mich rechts heftige Fußschmerzen. Ich bin gezwungen, mein Gewicht auf den etwas kräftigeren Linken zu verlagern.

Dann muss ich auch noch zwangsläufig in den Wald. Mein Bauch ›grummelt‹. ›Ein schöner Empfang‹, denke ich. Dabei ist der Grenzübertritt, nach Deutschland, der zweitwertvollste der bisherigen Reise. Mit einem Mal ist der Europalauf absehbar geworden. Das Nordkap scheint plötzlich ›zum Greifen nahe‹!

Als ich am nächsten Morgen morgens erwache, wähne ich mich kurz in Schweden. So sehr hat sich das Land in mich verankert. Mit einem beruhigenden Gefühl laufe ich wenig später weiter.

Auf und an den finnischen Straßen, herrscht fast Rentierhochbetrieb, dafür noch weniger Verkehr als in Schweden. Die Rene, die mir in den unterschiedlichsten Färbungen zu Gesicht kommen, benehmen sich in der Masse etwas seltsamer, als noch vor der Grenze. Die meisten Tiere von ihnen haben einen schlaksigen Gang. Mitunter laufen ein paar der Vierbeiner auf mich zu, stoppen dann aber einige Meter vor mir, gucken mich verwirrt an und drehen plötzlich seitwärts ab. Das mutet alles nach reichlichem *Fliegenpilzgenuss* an.

Ich bewege mich auf der Europastraße 8, erneut durch schier endlosen Wald. Hier gibt es genug davon. Finnland ist mit 86 Prozent das waldreichste Gebiet Europas. Zur Hälfte aus Kiefern bestehend, dann folgen Fichten und Birken. Im weiten Umfeld sind keine Fahrzeuge zu sehen. Es ist mit der einsamste Abschnitt überhaupt.

Am Nachmittag habe ich höllisches Brennen im rechten Fuß, kann ihn kaum noch auf den Asphalt setzen. Ich habe gestern Abend versäumt, ihn zu kühlen. Nun macht sich Angst in mir breit. Ich hocke im Auto, und versuche dem lädierten Fuß, durch Massage, wieder etwas Leben zu geben. Dass ich meine Pause auf eine halbe Stunde verlängere, stört mich in diesen Augenblicken nicht. Hauptsache es geht irgendwie voran. Obwohl ich meinen Rhythmus, was das Laufen betrifft, weiterhin einhalte, merke ich, dass ich der Zeit gegenüber, etwas gelassener geworden bin. Mir wird zunehmend bewusst, dass das große Ziel nicht mehr allzu weit entfernt ist. Besser, ich erreiche den nördlichsten Punkt Europas etwas später, als dass ich mich noch kurz davor ernsthaft verletze.

Abends bin ich froh, 54 Kilometer geschafft zu haben. Wir lassen uns an einem See, zehn Kilometer hinter dem Ort Muonio, nieder. Zu später Stunde, ich liege im Auto, beginnt ein heftiges Gewitter. Aus der halbdunklen Umgebung wird es durch die düsteren Wolken jetzt wirklich Nacht. Ich hole Arthus in den Wagen. Matthias hat sich, wie so häufig, in einen Schuppen, oder auf die Terrasse eines Ferienhauses zurückgezogen. Seit wir gemeinsam auf Tour sind, scheint mein Gefährte keine Angst zu kennen. Habe ich dann mal diesbezüglich Bedenken geäußert, hat mich Matthias schmunzelnd beruhigt.

Am Morgen darauf bin ich so müde, wie noch nie zuvor auf dem Trip. Als ich eine Blase aufsteche, überlege ich ernsthaft, heute womöglich einen Ruhetag einzulegen. Obendrein sind beide Füße sichtbar geschwollen. Doch eine Stimme sagt in mir: ›Lauf erst einmal los, abbrechen kannst du immer noch‹. Mit Arthus mache ich mich dann auf, um die Tagesetappe durch die kaum endende Taiga, die man hier genauso nennt wie in Russland, in Angriff zu nehmen.

Die Taiga, auch borealer Nadelwald genannt, erstreckt sich im Grunde rund um die Nordhalbkugel in der kalt-gemäßigten Klimazone. Weltweit wird die sogenannte Taiga nur von vier Nadelholz-Gattungen geprägt. Von Fichten, Kiefern, Tannen und Lärchen, deren Wuchsbild nach Norden immer schlanker und niedriger wird. Die Lärche ist überhaupt die Baumart weltweit, die der extremsten Kälte am besten trotzen kann. Um die kältesten Dörfer der Erde herum, Jutschjugei und Oimjakon, in Nordostsibirien gelegen, sind nur noch Lärchen zu sehen. Insgesamt bedeckt der boreale Nadelwald etwa neun Prozent der Erdoberfläche.

Es sind angenehme 18 Grad und es ist trocken. Mit mäßigem oder starkem Gegenwind hatte ich bisher fast überhaupt nicht zu kämpfen.

Die Strecke ist, wie auch gestern, kaum befahren. Arthus zieht mich drei Stunden mit sich. Nie hätte ich gedacht, was seine reine Anwesenheit für Kräfte freisetzt. Eigentlich habe ich ihn anfänglich aus dem Auto geholt, damit er sich die Beine vertreten kann. Doch das daraus mein »Zugpferd« wird, hätte ich im Traum nicht gedacht.

Nachmittags säumen mal wieder einige Häusergruppen meinen Weg. Ich genieße ihren Anblick. Die Bauweise der Behausungen ähnelt der aus Schweden, nur dass hier die blauen und gelblichen Anstriche überwiegen. So schön es für mich ist, die gemütlichen Häuser zu begucken, umso mehr schwindet die Kraft in mir. Ich greife an meinen Flaschengürtel. Ich muss mehr trinken! Auch jetzt, so nahe dem Nordkap, sollte die Disziplin nicht sinken! Noch habe ich einige Tage vor mir.

Später, ich weiß nicht warum, kehrt die Kraft allmählich zurück. Immer wieder gleiten meine Blicke auf die Bäume. Sind sie kürzer geworden? Ich glaube schon. Ich halte mich an jedem Strohhalm fest, mache mir stets neuen Mut.

Das selbstbewusste Ren

Ich verlasse die E8 und biege auf eine bewaldete Nebenstraße ab. Weit vor mir sehe ich ein einzelnes Rentier auf meiner Fahrbahnseite. Als ich mich dem Tier nähere, fällt mir die Größe und die kräftige Statur auf. Vermutlich ist es ein Bulle. Zu meinem Erstaunen scheint das Ren allein zu sein. Eigentlich untypisch für die Tierart. Ich laufe direkt auf das tiefbraune Tier zu, das ein mächtiges Geweih trägt und eine außergewöhnliche Höhe hat. Ist es womöglich eine Kreuzung oder eine andere Hirschart? Der vermeintliche Bulle steht längsseitig zu mir und hat den Kopf zu mir gedreht. Je dichter ich komme, umso mulmiger wird mir.

Plötzlich senkt das Ren leicht den Kopf. Mein Magen wird flau. Noch etwa 20 Meter. Anders als vorgestern bei der Begegnung mit den »Partyrentieren« scheint der hier keine Fliegenpilze gefressen zu haben. Das selbstbewusst wirkende Tier verhält sich untypisch.

Angespannt und zögerlich laufe ich weiter. Ich lasse es drauf ankommen, sehe mich schon im Geiste, wie ich mich vor dem unerwartet angreifenden Ren auf die Erde werfe, und die Hände und Arme schützend über dem Kopf halte …

Die Hirschart verharrt auf der Stelle, wie erstarrt. Nur noch einige Meter. Ich wundere mich über meinen Wagemut, aber auch über die Courage meines Gegenübers. Ich will gerade innehalten, da dreht das kräftige Ren ab und läuft in schlaksiger Bewegung vor mir her.

Nach einer kurzen Weile stellt sich das Tier wieder in die gleiche Position, wie eben. Erneut nähere ich mich dem scheinbar verrückten Hirsch. Es wirkt, als treibe er ein Spiel mit mir. Entweder eine Art von Revierbehauptung oder aus reinem Übermut. Die ganze Szenerie wiederholt sich noch ein drittes Mal. Dann fährt ein Lkw mit Getöse heran. Der vermeintliche »Platzhirsch« räumt jetzt das Feld, um dann in der Natur zu verschwinden. So ein Verhalten habe ich überhaupt noch nicht erlebt, zumal dieses Rentier ohne Artgenossen war.

Norwegen

Der nächste Tag, es ist der 15. August, ist bisher der kühlste überhaupt. Die Strecke zieht sich weiterhin durch Wald, der nun ziemlich geschrumpft ist. Ein Großteil der Nadelbäume sind Birken gewichen. Zur Mittagszeit sind es nur 13 Grad. Der Messwert verleiht mir Auftrieb. Bis vorgestern waren die Temperaturen, auch im Norden Skandinaviens, stets deutlich höher. Das hätte ich vorher nicht gedacht.

Am Nachmittag erblicke ich auf meiner Seite ein blaues Schild, auf dem mit weißen Buchstaben »Norge« steht. Sonst ist nichts weiter zu sehen. Mein Herz hüpft! Ich muss jetzt in kein anderes Land mehr hineinlaufen, um zum Nordkap zu gelangen. Vor mir liegen jetzt ›nur noch‹ etwa 330 Kilometer.

Am Rande der Straße liegen jetzt im Verlauf der Strecke, zunehmend kopfgroße sowie gewaltigere mit Moos bewachsen Steine. Die Birken haben sich bis auf zwei, drei Meter verkürzt. Allmählich bewege ich mich in das subarktische Gefilde hinein. Ich spüre in mir eine Aufregung. Jetzt wird der Lauf für mich erst richtig spannend. Ich habe das finale Gefühl, als war die beschwerliche Reise bis hierher nur ein riesiges Vorspiel. Ich laufe auf der F93 weiter.

Ein Pärchen aus der Heimat

Eine Stunde nach meinem Grenzübertritt nähern sich zwei Fernradler. Sie verlangsamen ihr Tempo, halten schließlich. Das junge Pärchen stammt aus Jena. Seit einigen Wochen reisen sie schon kombiniert mit Fahrrädern, Zügen und Bussen quer durch Skandinavien. Sie waren vor drei Tagen am Nordkap. Jetzt möchten sie nach Oslo, dann irgendwie weiter nach Kiel. Wie, das entscheiden sie oft spontan. Das sportliche Duo fährt mit bepackten Mountainbikes.

»Ach übrigens, ich bin Jens«, sagt der junge Mann um die Mitte zwanzig ganz unvermittelt. Dann zeigt er auf seine Freundin, die ein rotes Kopftuch und Sonnenbrille trägt, und stellt sie mir als Corinna vor.

Lachend nenne ich auch meinen Namen.

»So ist das«, meine ich schmunzelnd, und kratze mir leicht an der Nase. Man unterhält sich erst über hundert andere Dinge und vergisst dabei, sich vorzustellen. Jens hat einen gepflegten Dreitagebart, die Sonnenbrille über die Stirn gelegt.

Kuriose Begegnung mit dem Radlerpärchen aus Jena

Nach einer Weile fragt er mich plötzlich, ›ob ich der bin, der durch Europa läuft.‹ Etwas verwirrt gebe ich mich zu erkennen.

Jens hat in einer thüringischen Zeitung im Vorfeld darüber gelesen. Doch damit noch nicht genug, erkundigt sich der Jenaer auch nach meiner Weltumradlung und fast in einem Atemzug ebenso nach meinem Buch »*Durchgetreten*«. Er hätte es schon vor Jahren gelesen. Jens berichtet, dass sein Vater ihm das Buch zu Weihnachten unter den Tannenbaum gelegt hatte. Sein Vater besuchte einmal einen Vortrag von mir, den ich dort in der Region gehalten habe. Aufgrund von »Durchgetreten« wurden Jens und Corinna so animiert, das sie beschlossen, auch eine längere Fahrradreise zu unternehmen.

Ich bekomme eine Gänsehaut. Die Geschichte klingt unglaublich, muss das Gehörte erst einmal selbst verarbeiten. Obwohl ich schon viel Kurioses, was meine Reisen und Bücher betraf, gehört habe, ist das Jetzige etwas ganz Besonderes. Diese Begegnung findet fernab von der

Heimat statt, zudem während eines meiner Projekte. Die ganze Konstellation ist irgendwie verrückt! Wir unterhalten uns noch ein Weilchen am Straßenrand.

Jens studiert Geschichte und Sport, seine Freundin, mit der er schon seit drei Jahren zusammen ist, absolviert ein Studium für Betriebswirtschaft. Für Kinder hätten die Thüringer noch keine Zeit und auch nicht das nötige Geld. Außerdem möchten sie noch ein wenig die Welt erkunden. Während wir uns verabschieden, verspricht Jens mir, wenn sie wieder zu Hause sind, eine E-Mail zu schreiben. Als ich ihm meine Adresse mitteilen möchte, erinnert mich der aufgeweckte Sportstudent an meine Kontaktdaten im Internet. Wie auch nach den Treffen mit dem internationalen Laufteam in der Türkei, dem belgischen Fernradler in Serbien, dem Rollstuhlfahrer aus Südkorea, laufe ich ab hier doppelt motiviert weiter. Diese Begegnungen von Gleichgesinnten sind immer so emotional, dass ich nie das Gefühl hatte, man unterhält sich vielleicht nur aus Gründen der Höflichkeit oder des Pflichtbewusstseins heraus.

Der Himmel über uns ist am Abend mit dunkelgrauen Wolken verhangen. Er wird nach Norden hin heller, orangefarbener. Ich kann die Stunden des Tagesausklanges mal genießen. Meine Füße blieben heute weitestgehend von Blessuren verschont und ich bin 70 Kilometer näher an das Nordkap gekommen.

Mitten in der Bergwelt

Inzwischen sind zwei Tage vergangen. Die Temperaturen sind kühl geblieben, manchmal mit Nieselregen vermischt, den ich als wohltuend empfinde. Die Landschaft entpuppte sich im Verlaufe des gestrigen Tages allmählich zu einer hügeligen, bewaldeten Gegend. Die kaum befahrene Strecke führte an einem langen Gewässer entlang, das mich linker Hand begleitete.

Heute sind aus den Hügeln felsige Berge gewachsen. Es ist das skandinavische Gebirge, »Skanden« genannt, was sich vom Skagerrak, 1.700 Kilometer bis zum Nordkap hochzieht. Die höchste Erhebung dieser Bergwelt und gleichzeitig auch der höchste Punkt Nordeuropas ist der Galdhøpiggen (2.469 m).

Mit stolzem Gefühl durch die norwegische Gebirgswelt der Skanden

Ich laufe bei tröpfelndem Wetter leichtfüßig und zufrieden durch steinige Schluchten. Ich genieße beinahe jeden Schritt, habe jetzt verstärkt das Gefühl, ein echter Fernläufer zu sein. Ich lebe jeden Kilometer aus. Die klare Luft durchströmt meine Lunge, tankt mich anscheinend auf. Mir ist, als könnte ich ewig laufen. Pausen wirken in diesen Stunden auf mich wie ein unnötiger Zeitverlust. Das neue, ungewohnte Gebiet scheint mich zu schieben. Kommt mir zuweilen ein Fernlaster entgegen, hebe ich unbeschwert den Arm zum Gruß. Oft ist dann ein tiefes, bassbetontes Hupen die Antwort. Ich fühle mich den Truckern auf der einsamen Straße mehr verbunden, als normalen Autofahrern. Es ist einfach die lange Zeit, die auch sie täglich auf dem Asphalt verbringen.

Die Bergwelt scheint urig und ungezähmt. Manchmal entdecke ich auch schmale Wasserfälle. Meine Augen versuchen, alles in sich aufzunehmen. Ich habe den Eindruck, als befände ich mich auf Exkursion. Die Einsamkeit, die gerade in Schweden, so an mir genagt hatte, empfinde ich für die Seele jetzt fast befreiend. Die jetzige Euphorie und das Denken an das nahe Nordkap, verleiht mir ein immenses Hochgefühl, das ich selten auf der Tour erlebt habe. Zum Ende der heutigen Etappe führt mich die Straße in Schlangenlinien talwärts. Die Neigung beträgt zuweilen bis zu acht Prozent.

Weiter unten kommt Alta in Sicht. Die Stadt mit rund 11.000 Einwohnern liegt am südlichen Ende des Altafjords, an der Mündung des Flusses Altaelva.

Alta ist die weltweit nördlichste Ortschaft, nachdem die sibirische Stadt Tiksi, das Stadtrecht in den 90er-Jahren durch Bevölkerungsschwund verloren hatte. Im Norden grenzt Alta an den Atlantik. Durch den Einfluss des *Nordatlantikstroms* ist der Hafen der Stadt ganzjährig eisfrei. Alta wurde 1704 von eingewanderten Finnen gegründet. Im Jahre 1826 wurde westlich der Ortschaft eine Kupfermine eröffnet, in der bis 1909 Kupfererz abgebaut wurde. Das Bergwerk war die erste größere industrielle Unternehmung in Nordnorwegen. Zahlreiche Minenarbeiter, zum Teil aus England und Schweden, zog es in die Region.

Wir kampieren am Rande der Stadt, in einer Parkplatzausfahrt an der Fernverkehrsstraße. Meine Füße sind durch Nässe aufgeweicht, doch schmerzfrei. Erneut habe ich die 70 Kilometer Marke geschafft. Hinter unserem Auto entfachen wir ein kleines Feuer, auf dem wir Nudeln garen. Wir sind die Einzigen in dieser verlassenen Einöde. Noch immer glückselig von der aufregenden Bergwelt, der extremsten bisher auf der Reise, starre ich entspannt vor mich hin. Sogar Matthias, dem sonst kaum etwas auffällt, oder er sich nur nicht äußert, spricht mich auf mein kleines Dauerlächeln an. Ich weiß, dass es morgen wieder ganz anders aussehen kann, deswegen genieße ich die Stimmung jetzt vollends bewusst.

Beim morgendlichen Start, einen Tag später, ist es kalt. Ich fröstele sogar etwas. Dann sehe ich am Straßenrand ein gelbes Schild mit schwarzen Buchstaben:

»Nordkapp 240 Kilometer«.

Hier in Norwegen wird am Wort »Nordkap« noch ein zweites »p« rangehängt. Es geht aus dem Tal von Alta wieder in höhere Gefilde. Ich laufe auf der Europastraße 6. Sie führt direkt bis zum Nordkap. Ein wahnsinnig, irres Gefühl steigt in mir auf. Der Anstieg zieht sich Kilometer weit hinauf. Ich belaufe ihn mechanisch, als gäbe es nichts Leichteres.

Es ist früh am Nachmittag, als mich ein junger Fahrradfahrer, von hinten kommend, auf Englisch anspricht. Ich bin kurz erschrocken, dachte an einen Geist – na ja, nicht wirklich.

Kurz darauf wechseln wir lächelnd ins Deutsche. Der junge Fernradler, der etwa das gleiche Alter wie Jens und Corinna hat, heißt Sven und ist aus Osnabrück. Während ich weiterlaufe, fährt der Neuankömmling einfach neben mir her. Ich erfahre vom kurzhaarigen Radler, dessen Gesicht ebenmäßig geformt ist, dass er von Flensburg aus über Schweden bis hierher gestrampelt ist. Nun will er auch zur Nordspitze Europas. Ebenso wie Corinna, studiert Sven Betriebswirtschaft. Dass er alleine reist, mache ihm nichts aus, meint er.

»Im Gegenteil«, so sagt er, »Ich kann jeden Tag frei entscheiden, muss niemanden fragen.« Angst kenne er auch nicht.

Ich habe weltweit schon viele Extremreisende kennengelernt, auch aus Büchern heraus, die dauerhaft alleine unterwegs waren. Was Mut, Selbstbewusstsein und Kontaktfreudigkeit betrifft, haben sie fast alle die gleichen Wesenszüge. Wahrscheinlich geht es auch nicht anders. Für mich wäre das einsame Reisen auf Dauer nichts. Natürlich hört man von den individuellen Globetrottern, dass man stets neue Leute kennenlernt und nicht allein sein muss. Aber es gibt genug Tage oder Abschnitte, die man doch für sich ist. Zurück möchte Sven auch radeln, jedoch über Norwegen. Bis zum 27. Oktober habe er Zeit. Dann würde das neue Semester beginnen. Erst nach eineinhalb Stunden tritt mein temporärer Begleiter kraftvoll in die Pedale. Immer wieder winke ich ihm nach. Für einen Moment beneide ich ihn ein wenig. Schon morgen könnte er am Nordkap stehen. Aber Augenblicke später, wird mir bewusst: Meine Füße und Beine trugen mich immerhin bis hierher!

Stunden später kann ich von einem größeren, felsigen Berg weit in die Landschaft blicken. Sie ist fast baumlos, nur einige vereinzelte, krüpplige Birken verlieren sich in der weiten Umgebung. Sie erinnert mich mit der kurzen, grünlichen Vegetation, die einem Teppich aus Samt ähnelt, an eine Gegend in der nördlichen Mongolei. Interessant ist, dass die sibirische Taiga bis an die Grenze zum einstigen Land Dschingis Khans reicht, und dahinter der Pflanzenbewuchs, ohne langen Übergang, steppenartig wird. Mich tangieren Fahrzeuge aus halb Europa. Es sind vorwiegend Italiener,

Franzosen, Finnen, Schweden, aber auch viele Deutsche. Einige hupen und winken, wenn sie mich sehen. Manchmal habe ich das Bedürfnis, mich mit den Touristen kurz zu unterhalten, um dann wieder mit frischem Schub weiterzulaufen.

Beruhigende Natur in Norwegen

Als wir am Abend irgendwo abseits der Straße, in einer kargen, überschaubaren Gegend kampieren, habe ich Fuß- und Beinschmerzen. Selbst langsames Gehen fällt mir unendlich schwer. Ich kann mich kaum erinnern, in den Füßen und Beinen gleichzeitig Beschwerden gehabt zu haben. Das Brennen und die Stiche sind mental aber leichter zu ertragen, weil ich, wie auch schon an den Vortagen, erneut über 70 Kilometer vorangekommen bin. Diese Distanz entwickelt sich in Norwegen langsam zu einer Art Konstanten.

Ich öffne mir zwei Dosen Bier. Mir ist gerade danach. Während ich trinke, beäugt mich Matthias etwas befremdlich.

»Nicht dass Du das letzte Stück zum Nordkap Slalom läufst«, witzelt mein Mitstreiter und nimmt selbst erst einmal einen satten Schluck aus der Dose. Der Gerstensaft stammt noch aus Finnland, dort wo wir in Euro bezahlen konnten. Die letzten Nächte haben weiterhin an Helligkeit gewonnen. Etliche Mücken und besonders Fliegen, in Miniaturausgabe, haben uns an den vergangenen Abenden gepiesackt. Die Zwergfliegen krabbelten zuweilen auch in die Nasen und Ohren. Das beinahe ständig juckende Gefühl davon wollte nicht enden. Oft kamen wir mit unseren Fingern gar nicht so tief in das Naseninnere, um uns zu erleichtern. Dann ließen wir aus einer Flasche, den Kopf in den Nacken gelegt, etwas Wasser in die Atemwege fließen. Es war mitunter eine Qual.

Wohlhabende Reisende

Tags darauf, laufe ich wieder einmal drei Stunden am Stück. Heute früh waren es nur 12 Grad. Der niedrigste Wert, den wir bei einem morgendlichen Laufbeginn bisher überhaupt gemessen hatten. Im Laufe des Vormittags fährt ein Mercedes mit deutschem Kennzeichen in meinem Tempo neben mir her. In der schwarzen Nobelkarosse sitzt ein Berliner Pärchen, vermutlich etwas älter als ich. Die beiden schnattern durch das offene Fahrerfenster munter auf mich ein.

Dabei scheint es sie kaum zu stören, dass ihr Fahrzeug teils auf die Gegenfahrbahn gerät. Die blonde, geschminkte Frau, mit sonnengebräuntem Gesicht, hat einen kleinen Hund auf dem Schoß, der sich mit hellem kläffenden Bellen ab und zu erregt meldet. Die Beifahrerin, die sich dann genervt fühlt, weil sie nicht ausreden kann, gibt dem Minivierbeiner, der vermutlich eine Jack-Russell-Mischung ist, fast jedes Mal einen kleinen Klaps auf den Hinterkopf. Das Fell des Tieres ist mit einem Muster aus weiß, hellbraun und schwarz, hübsch gefärbt.

Gegen Mittag setzt Nieselregen ein. Sonst immer als »Sauwetter« betitelt, was ich jetzt für mich nicht behaupten kann. Aus der Ferne höre ich ein mehrtöniges Brummen. Kurz darauf kommen mir einige Rocker-Typen auf ihren schweren, blinkenden Chopper-Maschinen entgegen. Es sind ungefähr ein Dutzend Motor-Bikes. Lässig heben einige Männer, bekleidet mit Lederjacken oder Jeanswesten, die Arme. Manche drücken auf die Hupe. Ich erwidere ihre Grüße, bin gerührt. Ich denke an meine Vorträge in den Gefängnissen, bei denen die Insassen nach der Veranstaltung weniger klatschen, aber dafür für gewöhnlich auf die Tische trommeln. Ich wusste dann, es hat ihnen mit Sicherheit gefallen. Die meisten Gefangenen würden sich nie verbiegen, oder irgendetwas aus Anstand tun, damit sie freundlich wirken. Ähnlich ist es bei den selbstbewussten Bikern!

An einer Tankstelle entdecke ich den Mercedes des Berliner Pärchens wieder. Die blonde Frau, die gerade ihren munteren Vierbeiner ausführt, sieht mich ebenso und winkt mich heran.

Ihr Mann ist gerade im Häuschen, um den Sprit zu bezahlen. Wir kommen diesmal tiefer ins Gespräch. Die Berlinerin stellt sich mit Heidrun vor. Sie erzählt mir, dass sie Hausfrau sei, und ihr Mann Stefan eine Bank leite. Gemeinsam besitzen sie ein Haus in *Weißensee*. Ihre beiden Kinder sind ausgezogen. Jetzt macht das Pärchen zwei Wochen Urlaub, übernachten tun sie in Hotels oder Pensionen.

Heidrun fragt mich nach dem »Warum« meines Projekts. Sie könne sich so etwas nicht vorstellen. Die auffällige Blondine lebt im Alltag in einem gewissen Luxus, an den sie sich gewöhnt hat. Bevor ihr Mann wiederkommt, kramt die schlanke, mit einem weißen Rock und gelbem Top, sommerlich gekleidete Frau, in ihrem Portemonnaie. Dann hält sie mir einen Zwanzig-Euro-Schein hin. Als ich mich ziere das Geld zu nehmen, winkt sie lächelnd ab und klemmt mir das Stück Papier an meinen Flaschengürtel. Ich stehe wie angewurzelt da. Doch dann drücke ich die Frau mit großem Herzen kurz an mich.

Am späten Nachmittag führt die Straße mich direkt an der Küste einer Bucht entlang. Zur linken Seite erhebt sich eine hohe Felsfront. Einige rote Häuschen stehen nahe dem Wasser. Möwen kreisen über den seichten Wellen oder schwimmen darin. Fischgeruch füllt die Luft. Ein marodes Holzboot liegt zum Greifen nahe. Daneben ein hölzernes Gerüst, an dem zusammengebundene Fische hängen. Das erdige Ufer ist spärlich bewachsen. Ich mache kurz halt, betrachte die Meeresgeschöpfe. Sie sind getrocknet, knöchern, die Augenhöhlen sind gespenstisch leer. Weit und breit keine Autos, keine Menschen. Eine friedliche, beruhigende Stimmung steigt in mir auf.

Nach einer Weile nähere ich mich einer dunklen Öffnung. Es ist der Eingang eines Tunnels. In einer Haltetasche stehend erblicke ich unseren Ford davor. Matthias hat auf mich gewartet. Neben ihm ein größeres Schild: Skarvbergtunnelen, 2.980 Meter. Für mich ist es das erste Mal auf der Tour, dass ich so eine lange Röhre vor mir habe. Es ist eigentlich verboten sich darin zu Fuß oder mit dem Fahrrad zu bewegen. Wortlos reicht mir Matthias unsere quietschgrüne Verkehrsweste, die ich mir überziehe. Natürlich weiß er, dass ich jetzt nicht ins Auto steige.

Das Innere des Tunnels ist mit ockerfarbenem Licht beleuchtet. Ich bin ganz allein. Matthias darf mich hier drin nicht begleiten. Er wartet am Ausgang der Röhre. Je tiefer ich in sie hineinlaufe, umso seltsamer wird mir. Das Gefälle der glatt asphaltierten Fahrbahn neigt sich stetig nach unten. Der Tunnel führt unter dem Meeresboden hindurch. In gewissen Abständen erblicke ich jeweils zwei große Ventilatoren an der gebogenen Decke, die nebeneinander hängen. Sie verlaufen längs mit der Straße und haben die Form eines Zylinders. Einsam laufe ich vor mich hin. Die Atmosphäre ist leicht erdrückend.

›Hoffentlich machen die Ventilatoren jetzt nicht schlapp‹, spukt es in mir. Ich sehne mich in diesem Moment nach einem Fahrzeug, nach Lebendigkeit. In etwa der Mitte der Röhre, führt die Fahrbahn wieder allmählich aufwärts. Nach einer knappen halben Stunde bin ich froh, es endlich geschafft zu haben. Nur eine Handvoll Autos waren im Tunnel zu sehen.

Am Abend muss ich schmunzeln, als mir Matthias meine 71 gelaufenen Kilometer der heutigen Etappe mitteilt. Seit nunmehr fast einer Woche halte ich die grobe Konstante, abweichend von nur einem Kilometer Unterschied. Ich habe vorhin in einiger Entfernung ein einzeln stehendes Haus gesehen, das ich zu meinem Tagesziel machte. Seit dem Morgen, als es kühler wurde, funktioniere ich scheinbar hier im hohen Norden wie ein Android.

In der Nacht wird es kaum dunkel. Der Himmel ist wolkenlos, und wir sind wieder weiter zum Nordkap gekommen. Mit etwa 80-prozentigem Verbleib der Tageshelle, ist diese Nacht, die hellste bis jetzt überhaupt. Wir liegen neben dem Auto in einer tundraähnlichen Gegend, die mit vereinzelten Sträuchern bewachsen ist. Obgleich ich total ausgelaugt und müde bin, hält sich der Schlaf fern von mir. Stattdessen durchziehen wieder einmal plötzliche Schmerzattacken meine Beine und Füße. Seit Finnland und Norwegen ist das für mich nächtlicher Alltag.

Die Steinmännchen

Gerädert erhebe ich mich früh morgens. Meine unteren Extremitäten tun weh, als wenn sie immer wieder mit einem Stock gezüchtigt worden wären. Noch etwa zehn Kilometer bis zur Kleinstadt Honningsvåg. Am Vormittag säumen noch einige niedrige Baumgruppen meinen Weg.

Seit der Mittagsstunde ist die Vegetation verschwunden. Die Straße verläuft, wie auch gestern, etwas schlangenlinienförmig um eine Bucht herum. Kleine Pyramiden, bis zu einem halben Meter hoch, die meist aus flachen Steinen bestehen, tauchen mit einem Mal rechts neben mir auf. In ihnen stecken Botschaften von Reisenden in Brief- oder Zettelform.

Steinerne Postbriefkästen

Die Tradition der Steinpyramiden geht schon Hunderte Jahre zurück. Frühere Seefahrer haben schon damals solche Gesteinstürmchen an einem sichtbaren Ufer gestapelt, um dort Botschaften für spätere Schiffe zu hinterlassen. Natürlich waren diese Türme aus vielen Steinen manchmal etliche Meter hoch, damit man sie auch vom Wasser aus erkennen konnte.

Der Verkehr hat etwas zugenommen. Ich habe heute sowie in den letzten Tagen, viele ausländische Fahrzeuge wie aus Estland, Lettland, Litauen, Polen, Finnland, Schweden, Tschechien, Österreich, Italien, Frankreich, Schweiz, Bulgarien und Deutschland gesehen. Dann laufe ich an einem Schild vorbei, auf dem »Nordkappkommune« steht. Daneben ein rot-weißes Wappen, das der Form eines Brummkreisels ähnelt.

Am Nachmittag erleide ich plötzlich einen Krafteinbruch. Ich kenne dieses Gefühl aus jüngster Vergangenheit kaum noch. Ich muss einen Gang zurückschalten, marschiere kraftschonender weiter. Der Dämpfer lässt in mir die Demut neu aufleben. Es hat sich in mir der Eindruck aufgebaut, dass ich die verbleibenden Kilometer bis zum Nordkap irgendwie mechanisch abspulen könnte. Nach etwa eineinhalb Stunden kehrt die Kraft allmählich wieder zurück.

Als ich einer Straße folge, die serpentinenartig aufwärts führt, kriecht mir mit einem Mal ein beißender Geruch in die Nase. Seit Monaten kenne ich den süß-säuerlichen Gestank der Verwesung. Circa 150 Meter weiter, hinter einer Kurve, werde ich fündig. Gleich zwei totgefahrene Rentiere befinden sich mitten auf der Fahrbahn. Der Anblick ist scheußlich. Einem Tier ist der Kopf abgetrennt. Gedärme liegen herum. Noch nie habe ich gesehen, dass es gleich zwei Tiere auf einmal getroffen hat. Der Wildunfall kann nicht so lange her sein. Die Augen der Rene wirken noch sehr frisch. Obwohl das Szenario sehr grausam ist, kann ich meine Blicke nicht abwenden. Das Bild ist einfach zu irre. Dann wird mir abrupt schlecht. Etwas abseits, am Rande der Straße, muss ich mich kurz übergeben. Ich spucke die halbe Banane aus, die ich in der letzten Pause gegessen habe. Dann setze ich meinen Lauf wie in Trance fort.

Kurze Zeit später stoppt vor mir ein Wagen, mit italienischem Kennzeichen. Der Fahrer aus dem Land, dessen Form auf der Weltkarte einem Stiefel ähnelt, springt aus dem Auto und hält einen Fotoapparat in der Hand. Während er auf mich zueilt, erkundigt er sich noch im Gehen, nachdem, was ich hier tue. Als er von meiner Unternehmung erfährt, ist der junge Mann, der ein blaues Basecap mit der Aufschrift »ITALIA« trägt, ganz aus dem Häuschen. Euphorisch ruft er nach seiner Beifahrerin, die mit halbem Körper in der geöffneten Tür sitzt.

Pietro, so der Name des begeisterten Mannes, fragt, ob er einige Fotos von mir machen darf. Seine Partnerin ist nun auch bei uns. Sie heißt Anna und ist gebürtige Bulgarin. Pietro ist ganz aufgeregt beim Knipsen, wobei er immer wieder neue Fakten von mir wissen will. Erst als die beiden abwechselnd für ein Foto neben mir gestanden haben, wird der heißblütige Italiener, der aus der Nähe von Neapel stammt, ruhiger. Sein Temperament gerät erneut in Wallung, nachdem ich meine Touren mit dem Auto durch Italien erwähnte. Besonders begeistert ist er, als ich ihm von der Fährüberfahrt von Sizilien nach Tunesien berichte, und unserer anschließenden Sahara-Durchquerung.

Der längste Tunnel

In den Abendstunden bewege ich mich zum zweiten Mal auf einen Tunnel zu. Es ist der »Nordkapptunnelen«. Dieser ist mit knapp sieben Kilometern deutlich länger als der vorherige. Die Strecke flößt mir neuen Respekt ein. Der tiefste Punkt der Röhre befindet sich genau 212 Meter unter dem Meeresspiegel. Ein Gefälle von 9 Prozent bringt mich allmählich in die Tiefe. Die großen Ventilatoren drehen sich teils mit ungewohntem Getöse. Unerwartet erlischt eine Lampe über mir. Schrecksekunde! Der Anfang eines Stromausfalls? Immer weiter laufe ich die lange Röhre hinunter. Auch hier fühle ich mich alleingelassen. Das Umfeld wirkt unheimlich. Matthias und ich verabredeten, dass er mir nach einer halben Stunde folgt. Ein kleiner Trost. Etwas später – ich habe nur zwei Autos gesehen – habe ich das Gefühl, der Tunnel beginnt leicht zu schwanken. Bin ich das selbst, oder schwingt die Röhre wirklich? Nach etwa 50 Minuten endlich Licht am Ende des Tunnels, im wahrsten Sinne des Wortes. Meine Schritte entspannen sich etwas. Kurz darauf ist der Himmel wieder über mir. Einige Möwen ziehen ihre Kreise. Ein befreiendes Bild. Ich muss in diesem erleichternden Augenblick an Warnemünde denken. Dort schwingen die Möwen ständig ihre Flügel über den Köpfen, nur nimmt man das da kaum wahr. Es sei denn, man hat ein leckeres Fischbrötchen in der Hand. Ich selbst habe schon erlebt, wie mir eine Möwe, quasi ein »Küstenadler«, meinen Bismark-Hering, von hinten kommend, über meinen Kopf hinweg, gekonnt aus meinem Klappbrötchen stibitzte.

Der Finaltag

Am Morgen darauf ist es merklich kühler. Wir messen nur 11 Grad. Neuer Rekord! Heute ist der 21. August. Dieses Datum könnte ich vielleicht mein restliches Leben lang im Gedächtnis behalten. Das Nordkap ist nun wirklich zum Greifen nahe.

Maritimes Flair in Norwegen

Gegen 8 Uhr 5 hat mich die Straße wieder. Die letzte Nacht hat Matthias zwischen den Bänken einer leer stehenden Kirche verbracht. Ich blieb mit Arthus im Auto zurück, das direkt vor dem Gotteshaus stand. Draußen hatte es zuweilen gestürmt, verbunden mit Regen. Mein rechter Fuß schmerzt mal wieder. Wenig später meldet sich der linke dazu. Ich fühle mich energielos, einfach ausgepowert. Zum Frühstück haben wir die restlichen Nudeln des Vorabends gegessen. Es waren für jeden von uns nur noch einige Happen.

Am Vormittag erreiche ich die Ortschaft Honningsvåg. Die Fassaden der Häuser lassen das typische Dunkelrot vermissen. Die vorwiegend weißen, grauen und bläulichen Behausungen wurden an einem mittleren Berghang errichtet, der teilweise eine Meeresbucht umgibt. Das Städtchen ist der Verwaltungssitz der Gemeinde Nordkapp, im Fylke Troms og Finnmark, im Norden Norwegens. In der bedeutenden Fischersiedlung auf der Insel Magerøya leben etwa 2.000 Einwohner. An der Nordküste dieser Insel befindet sich das berühmte Nordkap.

Honningsvåg, wird nicht nur täglich von den Schiffen der Hurtigruten angelaufen, sondern ist aufgrund seiner verkehrsgünstigen Lage zum nur etwa 40 Kilometer entfernten Nordkap, in den Sommermonaten, der Anlaufhafen zahlreicher Kreuzfahrtschiffe.

Gleichzeitig wird der Flughafen Valan, im Liniendienst der Fluggesellschaft Windböe, bedient. Das nahe gelegene Nordkap, und der damit verbundene Tourismus, sind, neben dem Fischfang die Haupteinnahmequellen der Gemeinde. Honningsvåg hat seit 1998 das Stadtrecht und gilt fälschlicherweise als die nördlichste Stadt der Welt, obwohl es einige Städte gibt, die sich noch weiter nördlich befinden, wie zum Beispiel Barrow in Alaska. Aufgrund einer Verwaltungsvereinbarung zwischen Hammerfest und Honningsvåg darf die Stadt Hammerfest weiterhin mit dem Slogan »Nördlichste Stadt Europas« werben. Honningsvåg dagegen wirbt mit dem Nordkap.

Kurz darauf geht es mir deutlich besser. Matthias hat mir im Ort Bananen und eine BLOCK-Schokolade, für umgerechnet fünf Euro gekauft. Letztere habe ich gleich zur Hälfte in mich hineingestopft. Was für ein neuer Energieschub! Ich habe das Gefühl, gerade eine aufbauende Wellness-Kur genossen zu haben.

Als wir uns erneut in der einsamen Natur befinden, unterbricht Arthus den Lauf und legt sich kurzerhand an den Rand der Straße. Als ich ihn anspreche, blickt er weg. Ich lege ihn auf die Seite, untersuche seine Pfoten. Alles in Ordnung. Matthias ist gerade nicht mit dem Wagen präsent. Ich rede meinem Vierbeiner gut zu.

Es geht weiter. Ich beobachte ihn genau. Ich kann nicht feststellen, dass er irgendwie lahmt.

Wenig später das gleiche Spiel. Diesmal schert Arthus in ein Haltestellenhäuschen aus und macht erneut Platz. Spätestens jetzt habe ich ein Einsehen. Ich spüre, dass mein Hund scheinbar die Lust verliert. Anders als wir weiß er nicht, dass wir kurz vor dem Ziel sind. Ich lasse ihn in Ruhe und warte auf Matthias, der sich hinter uns befindet.

Nachmittags gewinnt die Straße langsam an Höhe. Mehrere Anstiege sind zu bewältigen. Der Lohn ist ein weiter Blick in die hellgrüne Tundra. Einige größere Gruppen von Rentieren sind weit unten zu sehen. Die Aussicht ist atemberaubend. Mir ist, als könne ich die Nordspitze des Kontinents schon fast riechen. Ich freue mich über meine neu gewonnene Energie. Was Kohlenhydrate so alles bewirken können!

Je dichter ich zum Nordkap gelange, umso größer die Anteilnahme der vorbeifahrenden Fahrzeuge. Ausgelassenes Gehupe dringt an meine Ohren. Man filmt mich sogar aus den Wagen heraus. Auch die Fahrer großer Reisebusse heben die Arme zum Gruß und drücken manchmal auf die vollen Orgelregister-tönenden Hupen. Das laute Signal geht mir durch Mark und Bein. Die präsente Aufmerksamkeit der Menschen auf der Europastraße 6 schärft meine Sinne, pumpt vermeintlich frisches Leben in meine Zellen.

Jetzt ist es nicht mehr weit. Oft säumen kleine Seen und Bäche die Strecke. Wenig später zieht Nebel auf. Es wird windig und regnerisch. Das alles stört mich nicht im Geringsten. Hauptsache ich komme vorwärts, immer weiter und weiter dem Nordkap entgegen.

Obwohl ich noch nie in Schottland war, erscheinen mir das Wetter und die Landschaft jetzt so ähnlich. Es gilt noch einmal, einen Anstieg zu bezwingen. Heftiger Gegenwind bläst mir ins Gesicht. Das alles prallt an mir ab. Ich bin hoch motiviert. Meine Beine bewegen sich jetzt fast von alleine. Es hat den Anschein, als setzten sie plötzlich noch zusätzliche Reserven frei. Der Anstieg, so um die 9 bis 10 Prozent, zieht sich kilometerweit kurvig in die Höhe. Es wird doch noch zu einer Tortur, ist vielleicht die anstrengendste Steigung der Reise. Ich trotze ihr wie ein Bulldozer. Es kann mich nichts mehr stoppen. Ich bin mitten im Finale des Europalaufes. Ich mache meine Pause, sitze ausgelaugt, dennoch mit wachen Sinnen auf dem Sitz des Beifahrers. Die Uhr zeigt auf 15 Uhr 40. Es ist meine letzte Erholungsphase vor dem großen Ziel.

Dann steige ich aus, dehne noch einmal die Beine, leicht an die Karosse des Fords gestützt, und lockere sie danach. Ich streichele Arthus, spreche ihm aufmunternde Worte in sein Ohr. Danach stürzen wir uns in den heftigen Gegenwind. Ich blicke um mich herum. Weit und breit ist kein Baum, kein Strauch zu sehen. Wie ein grüner Teppich überstülpt die kurzgewachsene Graslandschaft das schier endlose Gebiet, manchmal befleckt von steinigem, graubraunen Boden.

Der allgemeine Verkehr nimmt erheblich zu. Sämtliche Nationalitäten sind an den unterschiedlichen Schildern zu erkennen.

Endlich am großen Ziel! Meine körperlich wertvollste Ankunft überhaupt

Wenig später erblicke ich in der Ferne ein alleinstehendes Häuschen und einen Zaun. Matthias fährt neben mir her. Dann erreichen wir das abgegrenzte Areal.

Ein älterer Mann mit flacher, dunkelblauer Seemannsmütze mit und kurzem Plastikschirm, sitzt an einem offenen Fenster und kassiert Eintritt, für das besondere Terrain; *das Terrain des Nordkaps*. Eigentlich müssten wir pro Person umgerechnet 25 Euro bezahlen. Als Matthias mit dem Pförtner spricht, und ihm kurz unsere Unternehmung erklärt, winkt uns der Mann mit dem hageren Gesicht und einer silbrigen Nickel-Brille durch.

Aus heiterem Himmel schaukeln meine Sinne. Meine Beine werden weich. Plötzlich habe ich den irren Gedanken, die noch verbliebenen Meter zum Symbol des Nordkaps, dem metallenen Globus, nicht mehr zu schaffen. Voller Eifer schaut mich Matthias mit blitzenden Augen an. Er geht, bestückt mit Videokamera und Fotoapparat voran, um meine letzten Schritte bis zur Skulptur festzuhalten. Die Uhr zeigt auf 16 Uhr 20. Etwas unsicher, als liefe ich über unwegsames Geröll, setze ich mich in Bewegung. Ungefähr 50 Meter weiter bin ich am Ziel. Ich greife nach dem Globus, fast ohnmächtig vor großer Freude und Stolz. Es gleicht alles einem Traum! Ich bin am Nordkap.

ICH HABE ES GESCHAFFT!!

Wie ein kleiner König sitze ich auf dem Betonfundament unter dem Wahrzeichen der Spitze Europas und recke die Arme nach oben. Ich möchte gar nicht mehr aufstehen, erfüllt vor einem unermesslichen Gefühl des Glücks. Immer wieder schaue ich demütig nach oben, zum stählernen Signum, das einige Meter hoch ist.

Das runde Sinnbild wurde im Jahr 1978 errichtet, dessen Ringe die Längen- und Breitengrade der Erde abbilden. Der Globus steht auf einem Stahlpfeiler mit mehreren schrägen Streben, der sich aus einem über fünf Stufen zu erreichenden Sockel erhebt. Die Achse des Globus ist parallel zur Erdachse ausgerichtet. Das bedeutet, dass seine Breitenkreise parallel zu den Breitenkreisen der Erde liegen, und der höchste Punkt des Modells, dessen Standort auf der Erde entspricht. Der Globus versinnbildlicht den Treffpunkt auf dem Nordkap, an dem sich Menschen aus aller Welt begegnen.

Diese so schwer erkämpfte Ankunft ist die schönste meiner bisherigen Reisen! Für mich sogar noch bedeutender als die Weltumradlung. Damals hatte ich, obwohl die Tour auch sehr mörderisch war, immer noch Markus als Sport-und Motivationspartner bei mir.

Irgendwann erhebe ich mich schweren Herzens, gehe noch einmal um das Wahrzeichen herum, das zu allen Seiten am Sockel mit Daten, Namen und Orten beschrieben ist. Darunter ist auch eine deutsche Frau aus Bad Doberan, unweit von Rostock. Sie war im August 2004 hier gewesen.

Meine Begeisterung weicht der Erinnerung und den Fakten.

Erst jetzt lasse ich die Blicke nach Norden und in die Umgebung schweifen. Nur allmählich wird mir bewusst, dass ich meinen Europalauf,

auf dem ich mich jeden Meter, oft aus eigener Kraft, geschunden hatte, hinter mich gebracht habe. Ich stehe jetzt hier am berühmtem Nordkap!

Selten klare Sicht vom Nordkap

Es liegt auf 71° 10′ 21″ nördlicher Breite. Der Polarkreis liegt nun 514 Kilometer südlich von hier, bis um Nordpol sind es rund 2.100 Kilometer. Das Nordkap ist seit 1999 der nördlichste, vom Festland aus, auf dem Straßenweg erreichbare Punkt Europas. In jenem Jahr wurde nämlich der genau 6.870 Meter lange Nordkap-Tunnel eingeweiht, durch den ich als letzten gelaufen bin. Das Nordkap liegt in der Finnmark und besteht aus einem steilen, bis über 300 m über dem Meer aufragendem, Schieferplateau.

Trotzdem gibt es eine noch nördlichere Spitze des Kontinents. Es ist Knivskjellodden, die westlich benachbarte Landzunge der Insel Mageroya, reicht weitere rund 1400 Meter nach Norden.

Betrachtet man nur das europäische Festland, so ist die Landzunge Knivskjellodden (71 Grad 08′ 01″ nördlicher Breite) auf der Nordkinnhalbinsel rund 67 Kilometer östlich des Nordkaps, der nördlichste Punkt. Das Nordkap liegt zwar nördlicher, aber auf einer Insel. Interessant ist auch, dass die monatlichen Durchschnittstiefstwerte hier immer niedriger sind als der Gefrierpunkt. Die Sommer sind verhältnismäßig mild. In der kalten Jahreszeit kratzen die Temperaturen immer wieder an der -20-Grad-Marke. Ich schaue weit nach unten, auf steiniges, kurviges Ufer. Es macht einen verlassenen, unwirtlichen Eindruck. Obwohl hier oben der Wind mitunter etwas böig weht, wirkt die See des Nordpolarmeeres ziemlich ruhig. Die Sicht zu beiden Seiten auf die Küste ist bei 16 Grad recht klar. Nach Norden hin kann man durch helle, tief hängende Wolken kaum etwas erkennen. Dabei haben wir heute Glück, denn die hiesige Gegend ist zumeist ganz vernebelt, gleich einer großen Waschküche.

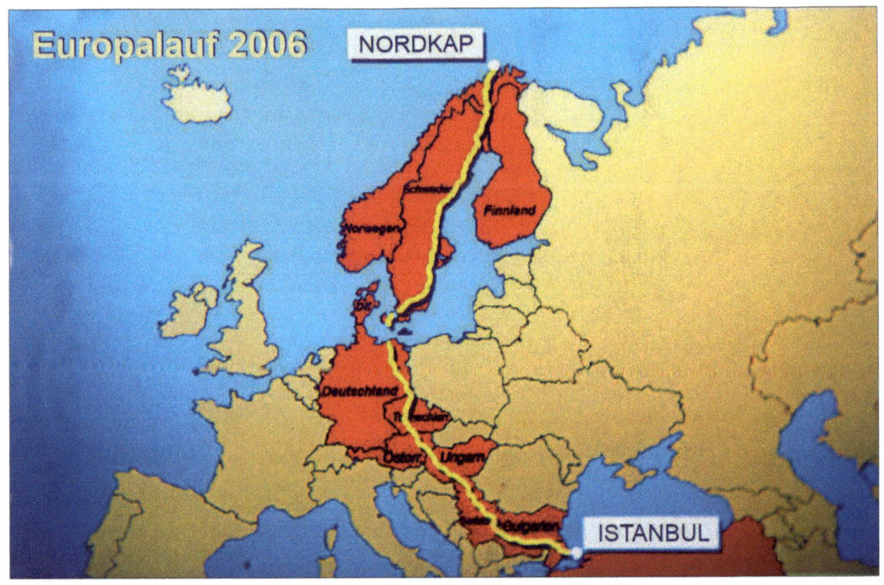

Mein Weg von Istanbul bis zum Nordkap

Verstreut schlendern einige Touristen herum. Einige Kinder laufen oder hopsen über den teils erdigen, grasbedeckten Boden, durch das mit Maschendraht eingezäunte Gelände. Verschiedene Sprachen, wie zum Beispiel englisch, russisch, spanisch, oder italienisch sind zu hören. Matthias und ich sind eine ganze Weile getrennt. Jeder von uns hegt in diesen Augenblicken seine eigenen Gedanken sowie Rückblicke. So richtig klar denken kann ich noch nicht. Ich lasse mich von der Umgebung berieseln, versuche, alles zu genießen und zu verinnerlichen.

Wenig später kommt Matthias schnellen Schrittes auf mich zu. Radio »Ostseewelle« aus Rostock ist am Handy. Ich kann den Moderator, wegen des Windes, kaum verstehen. Ich suche etwas Schutz an der geschützten Seite des Eingangsgebäudes. Dort geht es etwas besser.

Zwei Stunden später verlassen wir das lang ersehnte, berühmte Kap Nordeuropas. Langsam trotte ich in Richtung unseres Autos. Immer wieder drehe ich mich um, blicke nach hinten. Plötzlich ist alles so surreal, dass mein fast tägliches Laufen nun Geschichte sein soll. Zum Einen bin ich natürlich überglücklich vor Freude und Erleichterung, zum Anderen muss ich mich erst allmählich an den Gedanken gewöhnen.

Wie versteinert, dennoch hochzufrieden, sitze ich kurz darauf neben Matthias, der überschwänglich »Auf geht's, nach Hause«, durch den Wagen ruft, und dabei den Arm nach Süden streckt. Ich blicke ihn an, lächle leise vor mich hin.

Gegen halb zwei, es sind nur 30 Prozent der Helligkeit des Tages übrig, weil dichte Wolken das Bild des Firmaments bestimmen, gelangen wir an einen Ort, an dem wir schon auf dem Hinweg genächtigt haben. Wir halten neben einem verlassenen Haus, das mich an die unheimlichen Filme von Stephen King erinnert. Matthias verabschiedet sich kurz von mir und geht zu (s)einem Schuppen, in dem er schon einmal geschlummert hat. Da es ungemütlich nieselt, ziehe ich mich ins Auto zurück. Arthus ist bei Matthias. Obwohl, oder gerade weil der Tag zu ereignisreich war, komme ich kaum zur Ruhe. Mir fällt ein, dass ich auf der Schlussetappe 43 Kilometer gelaufen bin. Die Zahl ging in meiner Freude, über das langersehnte Ziel, völlig unter.

Ich habe nach der Ankunft am Nordkap mit meiner Mutter telefoniert. Sie meinte erleichtert, dass sie ab jetzt etwas ruhiger schlafen könne. Als mich dann doch die Müdigkeit heimsucht, kann ich mir kaum vorstellen, morgen nicht weiterlaufen zu müssen, und übermorgen nicht und in drei, vier Tagen auch nicht.

Am nächsten Morgen gebe ich um 9 Uhr 30 noch ein Radiointerview für den NDR 2. Eine Stunde danach fahren wir gemächlich weiter.

Diesmal sitze ich am Lenkrad. Nach der Türkei wieder das erste Mal. Ein total verrücktes Gefühl! Mir ist fast, als müsse ich das Fahren neu erlernen. Matthias wollte seinen Platz hinter dem Steuer kaum räumen. Mein Gefährte beschwert sich leicht, dass er sich jetzt so nutzlos fühlt. Ich tröste ihn, dass er mich bald ablösen kann. Es ist ja nur von kurzer Dauer.

Wie auch schon gestern, genieße ich die Strecke, die ich noch vor einigen Tagen gelaufen bin. Ich kann mich nicht mehr an alle Abschnitte erinnern, aber doch an viele. Allmählich setzt das Bewusstsein in mir ein, dass Matthias und ich unsere Unternehmung, in einer wirklich guten und harmonischen Einheit gemeistert haben. Nach den vier gemeinsamen Reisen mit Markus Möller, und dem Vorhaben mit Andy Winter, fand ich in Matthias einen dritten zuverlässigen Begleiter meines sechsten großen Projekts. Das Besondere daran war, dass ich Matthias kaum kannte! Der Trip durch Europa hätte zwischenmenschlich auch ganz anders verlaufen, oder gar völlig schief gehen können.

Später sehen wir, wie am linken Straßenrand, ein Wohnmobil in einer Parknische steht. Davor eine Traube von Leuten. In ihrer Mitte ein Mann mit Rennrad und professioneller Fahrradbekleidung. Ich fahre rechts ran, halte den Wagen.

Es sind Deutsche. Wir kommen mit ihnen ins Gespräch. Der Radfahrer ist gerade dabei, Europa von Sizilien zum Nordkap zu durchqueren. Der Mann ist Mitte sechzig und Professor. Er kommt aus Baden-Württemberg. Der drahtige Schwabe, der einen violett-weißen Helm trägt, sowie ein grünes, leuchtendes Oberteil, ist der Ansicht, das er auf dem Weg zum Europarekord ist.

Leider muss ich ihm mitteilen, dass schon der Österreicher *Franz Kaserer* 1986 unseren Kontinent viel schneller durchquert hatte. Ich schaue in lange Gesichter. Als der radelnde Professor noch von meinem Lauf erfährt, wird die Stimmung nicht besser.

Am Nachmittag erreichen wir finnisches Gebiet. Neben einem Friedhof, an einem Ortsausgang, stoppen wir. Anschließend kochen wir über einem kleinen Feuer, Nudeln und Fleischragout aus der Dose. Weil wir uns schon in kürzester Zeit weit vom Nordkap entfernt haben, kreist in mir der Gedanke, dass ein Auto ein Privileg ist.

Wieder im rollenden Gefährt, genieße ich den Anblick von Rentieren. Sie stehen immer wieder in Grüppchen am Rande der Straße. Ich sehe jetzt alles entspannter und bewusster. Jeglicher Druck ist verschwunden. In Schweden angelangt, kaufen wir in einem Supermarkt etwas ein. Für Arthus, dem ich viel zu verdanken habe, holen wir einige Stangen Leckerli und ein größeres Stück Salami, das ich ihm, verteilt in Portionen, bis zur Ankunft in Rostock verfüttern werde. Für ihn war es sicher auch oft nicht einfach. Die Wärme im Auto, und die Strecken, die er laufen musste. Mein Vierbeiner hat seine Sache wirklich gut gemeistert!

Abends lenkt Matthias unser Gefährt wieder. Er wird sofort redseliger. Nach einer Weile halten wir an einer Stelle, an der wir auch schon übernachtet haben. Inzwischen befinden wir uns in Mittelschweden.

Die Nacht ist seit längerer Zeit erstmals wieder richtig dunkel. Die Finsternis ist nicht bedrückend, sondern verbreitet in uns ein Stück Heimat, ein Teil von Normalität.

Morgens genieße ich ein Bad im nahe gelegenen See. Es ist wieder etwas wärmer geworden. Während ich abwechselnd schwimme und tauche, habe ich das Gefühl, als fiele mir endgültig die Last der vergangenen Monate von den Schultern.

In den Nachmittagsstunden fahren wir durch Stockholm, der Stadt der Schären. Mir fällt ein, dass es auf der skandinavischen Halbinsel keine Millionenstadt gibt. Die Hauptstadt Schwedens umfasst 14 Inseln eines großen Archipels in der Ostsee, die durch mehr als 50 Brücken verbunden sind. Ein Meerbusen der Ostsee umschließt Stockholm im Osten mit zahlreichen Buchten, Landzungen sowie etwa 24.000 größeren und kleineren Inseln (Schären). Dieses Gebiet wird Stockholmer genannt. Etwa 30 Prozent der Stadtfläche besteht aus Wasser. Die hohe Wasserqualität erlaubt es, mitten in der Innenstadt Lachse zu angeln. Ein großer Teil der Stadt besteht auch aus Waldregionen. Seit 1643 ist Stockholm die Residenz des Königs.

Als wir die Hauptstadt Schwedens durchqueren – sie zählt weltweit zu den bestplatzierten Städten mit der höchsten Lebensqualität – erinnert mich Matthias daran, wie wir auf dem Weg nach Norden, in der Mitte des hiesigen Landes, unser vorderes Nummernschild verloren hatten. Einen

Tag später fuhr ein weißer Opel mit litauischem Kennzeichen neben Matthias, während ich lief. Der Beifahrer hielt unser abhandengekommenes Nummernschild in die Höhe. Die Litauer hatten es durch Zufall in einem Straßengraben entdeckt, als sie in einem Stau steckten.

Seit der Ankunft am Nordkap, geistert mir *Michel aus Lönneberga,* zunehmend durch den Kopf. Ich mag die deutsch-schwedische Fernsehserie bis heute. Ich mache Matthias den Vorschlag den Drehort im Südosten des Landes, in Småland zu besuchen. Es wäre nur ein minimaler Umweg.

»Warum nicht«, stimmt mir mein Begleiter, der gerade zufrieden den Wagen lenkt, zu.

»Wir waren über ein Vierteljahr unterwegs, da kommt es auf einen Tag auch nicht mehr drauf an.«

Zufrieden nickt mir Matthias zu. Ich freue mich über den abschließenden Höhepunkt der Reise.

Am Abend sehen wir ein braunes Schild mit weißer Schrift »Katthult 1 km«. Der Katthulthof war der Ort des Geschehens. Dort wurde die Fernsehserie um die Figur des »kleinen Michels« gedreht.

Auf einer Tafel steht, dass der Drehort am nächsten Tag ab 13 Uhr geöffnet sei. Wir lassen uns auf einem Parkplatz neben unserm Auto nieder. Ich spüre eine angenehme Aufregung der Vorfreude in mir. Als ich im Schlafsack liege, werden Kindheitserinnerungen wach. Vielleicht so ähnlich wie damals eine Nacht vor Heiligabend.

Am nächsten Tag sind wir schon vormittags bei den berühmten, roten Häuschen. Vor einem breiten hölzernen Tor, das über einen festen, sandigen Weg reicht, ist ein blecherner Kasten angebracht. Da hinein kann man eine Spende werfen.

Wir machen einige Euros locker. Offiziell gibt es keinen Eintrittspreis. Zwischen 1971 und 1973 wurden drei Filme über »Michel von Lönneberga« gedreht, die man später in Episoden aufteilte. Die Geschichten drehen sich um den fünfjährigen Michel Svensson, der jede Menge Unsinn im Kopf hat und seine Streiche auf dem Katthult Hof im südschwedischen Lönneberga ausheckt. In Småland gibt es tatsächlich einen Ort, der Lönneberga heißt, die Filme wurden dort allerdings nicht gedreht, sondern im Örtchen Gibberyd, etwa 30 Minuten von Vimmerby entfernt.

»Michel von Lönneberga« basiert auf den Büchern von Astrid Lindgren, die weltweit in 53 Sprachen übersetzt wurde. Die berühmte schwedische Schriftstellerin, die 94 Jahre alt wurde und in Stockholm lebte, ist auch die geistige Mutter von Pippi Langstrumpf, Ronja die Räubertochter und Kalle Blomquist, um nur einige Werke zu erwähnen. Ihre Bücher wurden weltweit über 150 Millionen Mal verkauft.

Mit wachen Augen sauge ich alles um mich herum auf. Das Gelände ist von Leuten kaum besucht. Die einzelnen Gebäude sind noch original erhalten, wie man sie aus der Serie kennt. Zum Beispiel das Wohnhaus, das auf einer leicht geneigten Ebene, etwas erhöht steht. Darin wohnte die Familie Svensson. In dem davor liegenden Garten hatte der freche Michel seine kleine Schwester Ida an einem Fahnenmast hochgezogen. In diesem Einfamilienhaus lebt heute ein älteres Ehepaar, dass seinen Lebensabend hier ganz normal verbringt.

Bekannt ist auch die Folge, in der Michel seinen Kopf in eine Suppenschüssel reinsteckte, um an den letzten Tropfen des Essens zu kommen. Das schmächtige Kerlchen, dessen weißblonde Haare etwas strohig abstehen, bleibt zu seinem Unglück in dem Geschirrstück stecken.

Damit die vier Kronen teure Schüssel nicht zerschlagen werden muss, wird Michel in den nächsten Ort zum Arzt gebracht. Dort verbeugt er sich höflich, wobei er mit dem Porzellan bedeckten Kopf auf den Schreibtisch schlägt, und sich somit ›kostenlos‹ selbst befreit.

Des Weiteren sieht man den Tischler-Schuppen, in dem Michel von seiner Mutter oft eilig gebracht wurde, um ihn vor dem wütenden Vater Anton in Sicherheit zu bringen. Schnell verriegelte das freche Bürschchen die Tür von innen, an der dann das zornige, rot angelaufene Familienoberhaupt heftig rüttelte. Kurz darauf begann Michel Holzmännchen zu schnitzen, wobei er über seine getanen Missetaten nachdenken sollte. Zum Beispiel, wie er aus Versehen seinen Vater in den Hühnerstall, in das Brauhaus oder auch in das Klohäuschen gesperrt hatte.

In der Gesindestube von Knecht Alfred befinden sich heute einige Requisiten und Zeitungsartikel über die Michel-Filme. Nur schwer kann ich mich vom historischen Drehort trennen. Matthias muss ein Machtwort sprechen.

Spätnachmittags setzen wir von Helsingborg mit der Fähre nach Helsingør über. Jetzt, auf dänischem Boden, fühlen wir uns schon deutlich näher der Heimat. Nun möchten wir uns nicht mehr irgendwo länger aufhalten.

Am Abend erreichen wir Gedser. Da die Fähre erst am nächsten Morgen ablegt, kampieren wir einige hundert Meter neben der Anlegestelle. Nahe des bewachsenen Ufers wimmelt es nur so von Mücken. Ich nutze die freie Zeit, um eine Stunde zu laufen. Natürlich muss ich auch in den folgenden Wochen meinen Körper langsam abtrainieren, um Herzproblemen vorzubeugen.

Gegen 9 Uhr setzt sich der Fährriese von »Schandlines«, Richtung Rostock in Bewegung. Matthias und ich genießen jede Minute der Überfahrt. Mal lassen wir uns draußen den Wind um die Nasen wehen, dann sitzen wir entspannt in den Schiffsräumen.

Zwei Stunden danach laufen wir im Überseehafen ein. Inzwischen erlebe ich das, in dieser Größenordnung, zum fünften Mal. Es war für mich immer etwas Besonderes, wieder in Rostock anzukommen. Es wurde nie zur Routine. Ich glaube auch nicht, dass sie sich, bei womöglich neuen Touren, jemals einstellen wird.

An der Pier entdecken wir Markus Frau, zusammen mit einem Mann. Als wir uns mit dem Schiff nähern, erkennt Matthias seinen Vater.

»Was macht der denn hier?«, meint er überrascht. Dennoch bleibt seine Tonlage, wie immer, normal. Mein Gefährte hat davon nichts gewusst. Kurz darauf liegen wir vier uns in den Armen. Matthias Vater und ich begrüßen uns mit einer Herzlichkeit, als würden wir uns schön ewig kennen. Ich frage Markus Frau, die alle »Parschi« nennen, von ihrem Nachnamen Parsch abgeleitet, obwohl sie Katrin heißt, nach Markus.

»Er hatte leider keine Zeit zu kommen«, teilt sie mir mit trauriger Stimme mit. Doch nur einen Augenblick später erhellt sich ihre Miene. Sie schaut zur Seite, schwenkt den Arm zu einer heranholenden Bewegung. Dann erscheint Markus wie ein Geist. Er hat sich hinter einem nahestehenden Stromkasten versteckt. Er weiß natürlich mit am besten, was es bedeutet, in die Heimat nach einer beschwerlichen Unternehmung, bei der man vorher nicht weiß, wie sie ausgeht, zurückzukehren.

Obwohl ich jetzt mit ruhigem Gewissen, bequem im Auto sitzend, in die Innenstadt fahren könnte, weil meine Tour geschafft ist, laufe ich die 13 Kilometer lange Strecke, wie auch auf dem Hinweg, zum Rathaus. Ich bin total entspannt und locker drauf. Ich genieße jeden Kilometer. Alles ist mir wohlbekannt.

Dann ist es nicht mehr weit. Auf dem letzten Kilometer steigt mit einem Mal die Aufregung in mir. Dabei dachte ich noch bis eben, dass ich mich gefühlsmäßig in Griff habe. Doch wie im Zeitraffer rattert die gesamte Tour plötzlich durch meinen Kopf. Ich bin emotional überwältigt. Meine Schritte werden mechanisch. Ich nehme die Häuser, die Autos und die Passanten um mich herum kaum noch war. Ich laufe die Krämerstraße fast maschinell hinauf, biege dann links ein. Ich sehe eine Menschentraube, muss mich konzentrieren.

Plötzlich bin ich da!

Ich weiß nicht wohin zuerst. Blitzlichter zucken. Dutzende Menschen um mich herum. Ich entdecke meine Eltern. Taumle zu ihnen. Ich habe sie zuletzt vor siebeneinhalb Wochen in Berlin gesehen. Etliche Hände klopfen mir auf die Schultern und den Rücken. Mit einem Mal steht Cora unerwartet neben mir. Ich ziehe sie zu mir heran. Das ausgelassene Treiben dauert eine Stunde. Ich wollte keine überaus große Ankunftszeremonie, so wie bei der Weltumradlung. Nur ganz langsam begreife ich, dass die gesamte Reise hier endgültig zu Ende ist.

Einige Tage nach meiner Ankunft sind die Füße immer noch geschwollen. Obwohl ich die zurückliegenden Tage viel weniger gelaufen bin. Erst vier Wochen später, konnte ich wieder schmerzfrei in die Hocke gehen. Auch beim Autofahren waren die Bänder und Sehnen ständig zu sehr gestrafft.

Im Verlaufe des Septembers und Oktobers lösten sich insgesamt sechs Fußnägel. Jeweils die beiden Großen, sowie die Kleinen. Die in der Mitte blieben verschont.

Die Leitung des Hotels »Neptun«, in Warnemünde, schenkte mir im Frühherbst einen Wellness-Tag, mit ausgedehnten Massagen und speziellen Bädern.

Der Europalauf hat es auch ihnen wahrscheinlich angetan …

Statistik des Europa-Laufs

Zeitraum	20. Mai bis 21. August 2006
Dauer	83 Tage
Durchlaufene Länder	11 Staaten
Gesamtlaufstrecke	5004 km
davon Istanbul bis Rostock	2462 km
Längste Tagesetappe	111 km

Klimastatistik:	
Höchste Temperatur (Türkei)	33°C
Niedrigste Temperatur (Norwegen)	11°C
Trockene und Sonnentage	78 Tage
Niesel- und Regen	5 Tage
Geringer oder kein Wind	81 Tage

Reisekosten	ca. 6.000 €

Gewichtsverlust:		
10 Monate Trainings-Zeitraum von 82 kg auf 74 kg	=	8 kg
Gewichtsverlust auf der Tour von 74 kg auf 66 kg	=	8 kg

Schuhverbrauch	»dreieinhalb« Paar

Gesamtlaufstrecke von Arthus	ca. 1800 km
Arthus' Gewicht	40 kg
Arthus' Gewichtsverlust	ca. 2 bis 3 kg

Die Balkan-Tour

Zehn Jahre später führt mich eine andere Unternehmung erneut in das Gebiet meines Europalaufes.

Alle vollzählig

Diesmal mit einer weiblichen Begleitung. Es ist Michaela.

Ich hatte vor einigen Monaten im Mai einen Vortrag in Wilthen, bei Dresden. Dort sprach mich Michaela nach der Veranstaltung am Büchertisch an. Schnell wurde daraus ein reger Austausch. Ich erfuhr, dass sie auch schon öfter auf eigene Faust, und vor allem allein, fernab unterwegs war. Was mir Russland bedeutet, so wurde Nepal für die kleine, agile Frau, zur zweiten Heimat. Wir haben uns vor der jetzigen Abfahrt nur insgesamt zweimal gesehen. Ähnlich wie mit Matthias, der mich auf der Europatour begleitet hat, kennen wir uns auch kaum.

Nun sitzen wir nebeneinander in meinem Van, Marke »GMC-Vandura«, und fahren Richtung Südosten in die Nacht hinein. Es ist der 19. August

2016. Ich fühle mich hinterm Lenkrad zufrieden, dennoch etwas ungewohnt. Seit 2011, als ich mit einem Kumpel in einem älteren Golf spontan in das winterliche Stockholm fuhr, war ich nicht mehr im Ausland. Angefangen mit meiner Jugend ist das der längste Zeitabschnitt.

In der Dunkelheit durchqueren wir Bautzen, die Stadt der Türme. Mir kommt ins Gedächtnis, wie ich hier vor über zehn Jahren durchgelaufen war. Voller Euphorie freute ich mich, endlich auf heimatlichem Boden Strecke machen zu können. Ich habe das Gefühl, dass seitdem erst einige Monate vergangen sind. Wo ist nur die Zeit geblieben? Plötzlich ist der Lauf wieder lebendig. Mir ist, als bewege ich mich jetzt im Zeitraffer durch die Stadt. Der Kontrast der Fortbewegung, von damals zu heute, kann kaum größer sein.

Etwas später haben wir Dresden hinter uns gelassen und folgen der E55, Richtung Prag. Die Europastraße 55 verläuft von Helsingborg in Südschweden bis nach Kalamata, im südlichen Griechenland gelegen. Sie erstreckt sich über sagenhafte 3.300 Kilometer Länge.

Ich bin heute am Nachmittag in Rostock gestartet. Die Tage zuvor kränkelte ich etwas. Vermutlich eine leichte Magen-Darm-Verstimmung. Zudem konnte ich erst heute Mittag meinen Wagen aus der Werkstatt holen. Er hatte wieder einmal, oder genauer gesagt, abermals Probleme mit dem Anspringen. Seit ich das Auto, Baujahr 1994, vor drei Jahren aus dem Ruhrgebiet holte, war es aus diesem Grund schon oft in der Reparatur. Manchmal schien ich zu verzweifeln. Hoffentlich passiert das Dilemma nicht unterwegs.

Michaela stand schon zwei, drei Tage lang in ihrem Wohnort Wilthen, dort wo auch der berühmte Weinbrand, namens »Goldkrone« hergestellt wird, in den Startlöchern. In ihr kreisten oft die ungewissen Gedanken, unsere Tour könnte schon im Vorfeld wie eine Seifenblase zerplatzen. Meine Mitfahrerin hat nämlich nur begrenzt Urlaub. Und den hat sie sich hart erkämpft.

Mittlerweile ist es kurz vor Mitternacht, als wir uns über Bad Schandau der tschechischen Grenze nähern. Mit einem Mal spüre ich eine feuchte Schnauze an meinem Arm. Aron hat sich von hinten erhoben und sucht nun unsere Nähe.

Ich habe mir den Schäferhund, nachdem Arthus 2014 gestorben war, vor über einem Jahr aus Ostfriesland, unweit der niederländischen Grenze, besorgt. Aron war damals schon fünf Monate alt. Der Vierbeiner hatte von Anfang an keine Berührungsängste. Als der Züchter mit ihm in meine Nähe kam, sprang der schwarze »Teufel« sofort an mir hoch.

»Das ist ein Wildschein«, meinte der gutbeleibte Mann keck. Ich schenkte seinen Worten kaum Beachtung. Wenig später befand sich Aron im Van. Da drin ließ der Hund wirklich die »Sau« raus. Meine Mutter, die mich begleitete, konnte den scheinbar verrückt gewordenen Neuling kaum bändigen. Er riss an der Leine, sprang zwischen uns konfus umher, als hätte ihn etwas gestochen. Während ich fuhr, versuchte ich den Rebellen mit der Hand ebenso zu beschwichtigen. Aussichtslos. Ich war gezwungen, rechts heran zufahren, um mit dem wilden Tier eine Runde Gassi zu gehen. Danach war der Vierbeiner ein wenig ruhiger.

Tschechien

Im nächtlichen Prag verfahren wir uns nicht nur einmal, bevor wir die Richtung zur Autobahn Richtung Brno fanden. Die zweitgrößte Stadt Tschechiens hatte ich damals auch durchquert. Die Emotionen zu meiner Europadurchquerung steigen mehr in mir hoch, als ich dachte. Mir ist, als fühle ich wieder meine brennenden, angespannten Beine, meine schmerzenden Füße. Zu quälend waren oft meine Schritte, als das es mich jetzt kalt ließe.

Auf einem Parkplatz, bei Velké Němčice halten wir in den Morgenstunden. Es ist schon hell. Immerhin sind wir 450 Kilometer gefahren. Dafür, dass ich nicht geschlafen habe, ist das passabel.

Bevor wir gegen Mittag weiterfahren, pflücke ich noch einige Maiskolben vom nebenliegenden Feld, andere Autos, mit unterschiedlichen Kennzeichen, stehen verstreut auf dem asphaltierten Gelände.

Slowakei

Bisher war ich jedes Mal beruhigt, wenn ich den Vandura erfolgreich starten konnte. Mittlerweile rollt unser Gefährt auf slowakischem Boden. Die Kontrolle unter der überdachten Grenze verlief problemlos. Der Himmel ist leicht bewölkt. Es ist trocken, bei angenehmen 22 Grad.

Wir müssen an eine Tankstelle fahren. Ich bin froh, sie erreicht zu haben, denn das gelbe Licht der Reservegasanzeige leuchtet schon seit Dutzenden von Kilometern.

Als ich das Endstück der Pistole auf den Füllstutzen des Wagens drehen möchte, greifen beide Gewinde nicht ineinander. Immer wieder versuche ich es. Vergebens. Verunsichert blicke ich mich um. Auf mein Winken kommt ein Tankwart, in einem leicht befleckten, dunkelblauen Overall, zu mir heran und zeige ihm, dass das nicht passt.

Lächelnd schüttelt der junge, sportlich wirkende Typ, der seine Lippen eingerollt aufeinanderpresst, den Kopf. Er gibt mir im gebrochenen Englisch zu verstehen, das hierzulande eine andere Adaptergröße für das Betanken von Gas benutzt wird, als zum Beispiel in Deutschland.

Ich bin erstaunt und frage ihn, ob das hiesige Teil in der Tankstelle käuflich erworben werden kann.

»No«, lautet die knappe Antwort. Doch er hat noch solch einen Adapter in seiner kleinen Werkstatt liegen, die direkt an das Hauptgebäude grenzt.

Kurz darauf kann ich Gas in den Tank lassen. Nachdem ich die Pistole mit dem nun passenden Adapter verschraubt wurde, muss der Knopf an der Säule gedrückt gehalten werden, solange bis der 120-Liter-Tank, der sich im unteren Teil des Kofferraums befindet, voll ist.

Der Gastank wurde damals nachträglich für fast 4.000 Euro im Van verbaut. Im vorderen Teil des Wagens ist der Benzinbehälter montiert. Natürlich könnte ich ebenso mit Sprit fahren, doch das wäre, bei einem Gewicht des Gefährts, von 2,5 t viel zu kostspielig. Der Vandura würde dann pro

100 Kilometer Strecke, circa 14 bis 16 Liter verbrauchen. Bei stockendem Verkehr sogar noch etwas mehr. Das Benzin dient im Grunde nur dazu, das Fahrzeug zu starten. Nach einer Weile schaltet dann ein Relais während der Fahrt automatisch auf Gas um. Ungefähr 18 bis 19 Liter des unsichtbaren Kraftstoffs verpuffen auf 100 Kilometer. Da das Gas aber viel preiswerter ist, etwas weniger als die Hälfte des Sprits, verbraucht der Van vom Preis her, nur geringfügig mehr, als ein normaler Mittelklassewagen. Ansonsten könnte ich mir, den für mich besonderen Wagen nicht leisten. Der Fahrzeugtyp ist sonst in Rostock nur noch einmal zu finden. Leider kann mir der freundliche, hilfsbereite Tankwart den Adapter nur leihen und nicht verkaufen. Er fügt noch hinzu, dass dieses, für mich spezielle Stück, auch in Kfz-Läden nur schwer zu bekommen ist.

Michaela ist sehr erstaunt, als ich ihr in der Fahrerkabine davon berichte. Wir winken unserem Helfer noch dankbar zu, während der Van sich langsam in Bewegung setzt. Wir müssen sehen, woher wir das »Phantom« von Adapter herbekommen.

Nach Bratislava, der Hauptstadt der Slowakei, passieren wir die Grenze zu Ungarn. Etwa eine Stunde später streifen wir das östlich gelegene Budapest.

Serbien

Zwei Stunden danach erreichen wir die ungarisch-serbische Grenze.

Wenig später tangieren wir Subotica. Zu beiden Seiten ist die flache, beinah baumlose Gegend weit einsehbar. Auf der dicht parallel verlaufenden Fernverkehrsstraße bin ich vor zehn Jahren nach Norden gelaufen.

Wir haben Durst. An einer Tankstelle besorgen wir uns Wasser und Milch aus Tetrapaks. Ein paar belegte Stullen mit Salami und Käse, eingewickelt in Alufolie, haben wir noch aus Deutschland bei uns. Wir nutzen die Gelegenheit, um gleich zu tanken. Mit dem »deutschen« Adapter in der Hand gehe ich zur Kasse des Verkaufsraums. Ich bringe mein Anliegen vor. Die kleine pummelige Frau mit Brille auf der Nase und klein gelockter Frisur, schüttelt etwas unsicher den Kopf.

»Njetu«, sagt sie auf Russisch, weil sie Englisch scheinbar nicht versteht. Auch eine Autowerkstatt sei nicht in der Nähe. Enttäuscht trotte ich zurück. Uns bleibt nichts anderes übrig, als Sprit zu tanken. Seit ich den Van besitze, kann ich mich nicht daran erinnern, den Benzintank schon einmal vollgefüllt zu haben. Wenn wir das ein oder zweimal machen müssen, dann ist das kein Untergang, aber wenn sich das unterwegs summiert, kann es teuer werden.

Während ich eine Weile später genüsslich hinter dem Steuer kaue, weiß ich zu schätzen, wieder fernab von der Heimat unterwegs zu sein. Seit der Sahara-Tour 1993 und der ein Jahr später darauffolgenden Weltumradlung, war es für mich schon fast eine Selbstverständlichkeit, circa alle zwei oder vier Jahre, unterstützt von Sponsoren, regelmäßig eine große Reise machen zu können.

Seit der letzten Tour, im Jahre 2008 über Sibirien nach Australien, wurde es dann aber schwierig, potenzielle Geldgeber zu finden. Finanzielle Beträge im dreistelligen Bereich war den Firmen scheinbar möglich, aber mehr war nicht drin. Mit einem womöglich ganz anderen Reisepartner, den ich schon seit Jahren aus dem Bekanntenkreis kannte, hatte ich zum Beispiel vor, die Westküste Grönlands von Nord nach Süd mit Kajaks zu befahren. Auch dieses Projekt scheiterte an den Geldern. Umso glücklicher bin ich jetzt, wenigstens diese Tour, wenn auch in einem überschaubaren Rahmen, überhaupt machen zu können.

In der Dämmerung des Abends sehen wir schon aus größerer Entfernung die Lichter Belgrads. Danach führt uns die A1 weiter Richtung Niš. Etwa 240 Kilometer liegen bis dorthin vor uns. Wir fahren weiter durch die Dunkelheit. Der Wagen rollt ohne Probleme.

Nachts erreichen wir Niš, die Schicksalsstadt während meines Europalaufes. Ich denke daran, wie hier mein Laufprojekt, wegen einer Schienbeinentzündung, fast gescheitert wäre.

Nachdem ich gestern in Rostock gestartet war, habe ich immer irgendwie den Eindruck, auf den Spuren meines Laufes vor zehn Jahren zu sein. Dieses Gefühl hat sich seit Bautzen noch verstärkt.

Seit Michaela, 51 Jahre jung, meine Beifahrerin ist, habe ich ständig rege Unterhaltung. Ihr gehen die Gesprächsthemen anscheinend nicht aus. Dennoch ist es interessant mit ihr. Meine neue Bekannte, die üppig proportioniert ist, erzählt von ihren Reisen nach Nepal, Tibet, Indien und Bali.

Als sich Michaela und ihr damaliger Lebensgefährte trennten, fiel ihr scheinbar die Decke auf den Kopf. Sie musste irgendwie raus, etwas tun. Beim Recherchieren der Länder und deren Flughäfen stieß sie durch Zufall auf Lukla, mit der gefährlichsten Landebahn der Welt. Er liegt im Himalaja-Gebirge, 2.843 Meter über dem Meeresspiegel. Auf der nur 500 Meter langen, schmalen Landebahn kommen immer wieder Flugpassagiere ums Leben. Wegen des nebligen Wetters und der begrenzten Landebahn-Länge verlieren die Piloten zuweilen die Kontrolle über ihre Maschine. Lukla ist auch der Ausgangspunkt für Mount Everest Besteigungen. Demzufolge ist Reinhold Messner dort schon so manches Mal gelandet. So verrückt es auch klingt, aber dieser berüchtigte Flugplatz hatte es Michaela angetan. Sie wollte dort unbedingt landen – natürlich wenn es geht, mit heiler Haut.

Die Start- und Landebahn wurde 1964 unter der Aufsicht von Edmund Hillary von Sherpas für nur 2.650 US-Dollar gebaut. (Als erster Mensch hatte er 1953 den Mount Everest gemeinsam mit dem Nepalesen Tenzing Norgay bestiegen.) Erst im Jahre 2001 begann man mit der Asphaltierung der Schotterpiste. Heutzutage heißt der kleine Flughafen »Tenzing-Hillary Airport«.

Als Michaela 2010 das erste Mal in Nepal allein unterwegs war, hatte sie immer wieder Kontakt zur Armut vieler Menschen. Gerade die Kinder haben es ihr angetan. Drei Jahre später arbeitete sie in Kathmandu ein Vierteljahr lang in einem Waisenhaus. Für die einheimischen Kinder sammelte sie auch in Deutschland Gelder. Aus »Michi«, wie Michaela von ihren Freunden und Bekannten aus Sachsen auch genannt wird, machten die Knirpse aus dem Waisenhaus »Micki«. Vermutlich haben sie den Kosenamen von der berühmten Trickfilmfigur »Mickey Mouse« abgeleitet. Mir persönlich gefällt Micki besser als Michi.

Im Laufe der Zeit wurde die Hilfe für die Einheimischen im Land der Achttausender für meine Mitfahrerin zu einer Herzensangelegenheit. Bis 2017 reiste sie jedes Jahr im Herbst für etwa zwei Monate nach Nepal, größtenteils, um zu helfen. Etliche Verbindungen, die bald zu Freundschaften wuchsen, entstanden. Mit ihrem leicht asiatischen Aussehen fiel Michaela in Nepal kaum auf. Viele Einheimische hatten sie bald in ihr Herz geschlossen, sowie auch umgekehrt.

Irgendwann nach Mitternacht machen wir auf einem größeren Parkplatz, der sich Bilac nennt, hinter einer noch geöffneten Raststätte, halt. Genau wie gestern bin ich nicht ein bisschen müde. Vielleicht auch dank Michaela, die mich mit ihren lebendigen Episoden und Erlebnissen wach hält. Es scheint zu wirken. Ich führe Aron an der Leine noch etwas herum. In meinem Blickfeld sehe ich parkende Autos aus Ungarn, Österreich und Rumänien. Ein deutsches Kennzeichen ist nicht darunter.

Wir essen noch einige Happen im Wagen. Aron habe ich Trockenfutter hingestellt. Seit der Abfahrt aus Rostock hat er so gut wie nichts gefressen. Es verunsichert mich nicht. Ich bin das von den anderen Hunden, mit denen ich auf großen Reisen war, schon gewöhnt. Spätestens nach drei Tagen stellte sich bei ihnen dann stets der Hunger ein.

Tag 2:

Am nächsten Tag erwachen wir entspannt. Schließlich ist die serbisch-mazedonische Grenze nicht mehr weit. Aron stößt mich mit der Schnauze an. Ich habe die Nacht wieder auf dem rechten Sitz, in der mittleren Reihe, der an die Schiebetür angrenzt, verbracht; die Lehne so weit wie möglich, nach hinten gedreht. Michaela habe ich die Rückbank überlassen. Sie kann sich mit ihren 1,62 m sogar auf ihr ausstrecken. Etwas kleiner zu sein, kann auch Vorteile haben.

Ich schaue durch die getönte Scheibe nach draußen. Es ist trocken und anscheinend windstill. Angenehmes Wetter zum Fahren.

Ich Laufe des Vormittags nähern wir uns langsam dem neuen Staatsgebiet, Mazedoniens. Die Gegend ist bergiger, felsiger geworden. Eigentlich war das schon auf dem zweiten Streckenabschnitt, zwischen Belgrad und Niš der Fall, an dem sich Berge bis zu 1.500 Meter Höhe erheben. Dort fuhren wir jedoch im Dunkeln hindurch.

Als wir an einer rechter Hand liegenden Felswand entlangfahren, erblicken wir auf der gegenüberliegenden Seite eine Raststätte. Michaela muss mal auf Toilette. Obwohl wir einen gefüllten Zehn-Liter-Wasserkanister bei uns haben, könnten wir uns vielleicht in der kleinen Oase weiterhin etwas frisch machen und dringend die Zähne putzen. Doch wie gelangen wir dahin? Es gibt von unserer Fahrbahn aus keine Abfahrt. Nach einem Blick in den Rückspiegel wende ich spontan den Wagen und überrolle dabei den Doppelstreifen, der unsere Fahrspur von der Gegenfahrbahn trennt.

Als wie dann links einbiegen, fahren wir auf ein teils sandiges, festgefahrenes Terrain.

Kaum dass wir angehalten haben, hält ein Polizeiauto neben uns. Zwei Beamte in hellblauer Uniform und ohne Kopfbedeckung, treten vor meine Tür. Aron bellt hinter mir, die Vorderpfoten hoch an die Scheibe gestützt. Mir gelingt es kaum, ihn zu beruhigen.

Beide Uniformierten verdeutlichen mit einer Geste, dass ich die Scheibe herunterkurbeln soll. Ich bin nicht groß erstaunt darüber.

Von meinen vorherigen Reisen in den Osten Europas und weiter nach Asien, bin ich es gewöhnt, das meine Begleiter und ich, so manches Mal von der Polizei angehalten wurden. Das geschah oft ohne Grund. Es war mitunter die Neugier der Ordnungshüter und das womögliche Aufbessern ihres »Taschengeldes«, weswegen sie uns an der Weiterfahrt hinderten. Manchmal konnte man mit ihnen reden und sie somit beschwichtigen. Das gelang aber nicht immer.

Einer der Beamten erkundigt sich bei mir auf Englisch, ob ich die Sprache spreche. Aron bellt dazwischen. Meine Hand schnellt nach hinten. Der junge, gebräunte Mann, mit schwarzer Scheitelfrisur, zeigt kurzerhand auf mich, dann mit ausgestrecktem Arm in Richtung Hauptstraße, da wo wir herkamen. Ich verstehe sein gebrochenes, fragwürdiges Englisch kaum. Er malt er ein »U« in die Luft. Jetzt begreife ich, das die »Verkehrsmäuse« uns beim Wenden über den doppelten Begrenzungsstreifen ertappt haben. Ich gebe dem Polizisten, dessen aufgeknöpftes Hemd einige dunkle Brusthaare entblößt, zu verstehen, dass russisch vielleicht leichter wäre, um zu kommunizieren.

»Sie müssen Strafe zahlen,« meint er im barschen Ton. Ich bleibe stumm.

»300 Euro!« Ohne es zu wollen, lache ich, den Kopf leicht im Nacken gelegt, laut los. Doch einen Moment später ärgere ich mich über meine arrogante Reaktion. Schon in der Vergangenheit fiel es mir oft schwer, gegenüber solchen Beamten besonnen zu bleiben. Die misslichen Lagen wurden dadurch nicht vereinfacht. Michaela bemerkt das und redet lächelnd auf die Polizisten ein. Spontan erwähnt sie einfach, dass wir schnell nach Skopje zum Arzt müssen. Die Ordnungshüter verstehen es nicht.

»Skopje, Skopje«, ruft meine Begleiterin ihnen zu. Michaela hebt im Wechsel die Augenbrauen und rollt die Lippen übereinander. Sie lässt ihren weiblichen Charme spielen, und versucht den Polizisten, die ich um die 35 Jahre alt schätze, unsere Reise zu erklären. Die beiden begreifen nicht. Die Beamten besprechen sich kurz untereinander und verdeutlichen, dass einer von uns mit ihnen aufs Revier kommen soll. Michaela flüstert mir gleich zu, dass sie mitfährt. Als Frau hätte sie bessere »Waffen«, so ihr Argument.

Wenig später, ich führe gerade Aron zwischen einigen Laubbäumen und Sträuchern aus, schlendert mir Michaela entgegen.

»Lass uns fahren«, ruft sie mir schon von Weitem zu.

Sie scheint gut gelaunt zu sein. Ich bin perplex. Obgleich ich ihre Worte verstanden habe, kann ich sie nicht einordnen.

»Warum das?«, frage ich. Michaela hat dem Vorgesetzten in der Polizeistation erklärt, dass sie starke Magenschmerzen hätte und dringend zur Behandlung müsse …

Sie musste keine Strafe zahlen. Ich kann es nicht fassen, atme erst einmal hörbar aus. Da ich bisher immer mit männlichen Reisepartnern auf längeren Touren unterwegs war – die auch oft ähnlich hitzköpfig reagierten wie ich, wenn wir in Gewahrsam der Miliz gerieten – kannte ich bis dato nur die erregte Seite einer Problemlösung.

Natürlich wusste ich auch vorher, was Frauen bewirken können. Ich hab es jetzt nur live, »on the road«, erlebt. Immer noch erleichtert, setzen wir unseren Weg nach Süden fort.

Mazedonien

Nach 40 Kilometern erreichen wir den Grenzpunkt zu Mazedonien. Er ist fast leer. Nur Minuten später sind wir im neuen Staatsgebiet. Weder Michaela, noch ich waren jemals hier gewesen. Bisher habe ich mich immer wie ein Schlosskönig über ein mir unbekanntes Land gefreut, das ich bereisen konnte.

Kurz hinter der Grenze erheben sich in der Ferne ein paar dunkle Minarette.

Wie auch in Serbien, ist auch in Mazedonien der Anteil der Muslime in Bezug zur allgemeinen Bevölkerung verschwindend gering. Manchmal sehen wir zu beiden Ebenen ein paar Flecken von Feldern, die man in Brand gesteckt hat. Das soll den Boden vermutlich fruchtbarer machen.

Nach einer gewissen Zeit passieren wir Kumanovo, die zweitgrößte Stadt Mazedoniens. Nur unweit hinter Kumanovo liegt zur rechten Seite Skopje, die Hauptstadt des Landes. Sie ist mit mehr als 500.000 Einwohnern etwa so groß wie Dresden. Hierzulande ist die Gegend noch bergiger und karger als in Serbien.

Während wir in einer kurzen Pause in einer engen Parktasche halten, entdecken wir weit unten an einer Felswand ein weißes Haus mit spitzem, orangefarbenen Dach. Der hintere Teil des Gebäudes befindet sich in einem großen Loch, vielleicht auch ein Höhleneingang. Etwas höher steht links daneben ein kleines, turmähnliches Häuschen. Womöglich dient es als Aussichtspunkt. Mit einem Mal erscheint das Terrain um uns herum wild und abenteuerlich.

»Ich muss dich jetzt zum Arzt nach Skopje fahren«, sage ich scherzhaft zu Michaela.

»Auf jeden Fall«, entgegnet sie und guckt mich schelmisch an. Es sind genau solche Art von Erlebnissen, positive sowie negative, die zusammenschweißen.

Obwohl wir noch nicht einmal zwei Tage gemeinsam unterwegs sind, spüre ich, dass wir, zumindest was unsere Tour betrifft, einen Draht zueinander gefunden haben. Ich habe das Gefühl, als wären wir schon wochenlang auf Reisen.

Griechenland

Inzwischen ist es abends, und wir befinden uns schon auf griechischem Boden. Wir sind circa 180 Kilometer auf der E75 durch Mazedonien gefahren. An der Grenzübergangsstelle herrschte reger Betrieb. Dutzende Lastwagen aus vielen Teilen Europas standen parallel zur Schlange der Pkws. Michaela und ich waren sogar etwas aufgeregt, denn jetzt waren Athen und das Mittelmeer nicht mehr weit entfernt. Nach Mazedonien ist für mich Griechenland ebenso ein Novum. Michaela war mit ihrem damaligen Freund schon auf Kreta, der fünftgrößten Insel des Mittelmeers.

Nach 60 Kilometern lassen wir in linker Richtung die Großstadt Thessasolniki liegen. Noch 470 Kilometer sind es bis Athen. Wir folgen weiterhin der E75. Dann geraten wir wieder an eine Mautstelle. Ich reiche etwas über fünf Euro in das kleine Kassenhäuschen. Nach etwa. 100 Kilometern das gleiche Spiel.

Bald setzt die Dämmerung ein. Die kurvige, vierspurige Autobahn, Richtung Larissa, verläuft über eine hügelige Gegend. Hin und wieder durchqueren wir Tunnel. Seit Mazedonien haben die Straßenröhren etwas zugenommen, genau wie die Bergwelt. Es geht mal hoch, dann wieder abwärts. Nach Osten schauen wir auf das ruhig daliegende Mittelmeer hinab. Es ist traumhaft.

Wenig später hat sich die Finsternis endgültig über das antike Land gebreitet. Das alte Griechenland hat die europäische Zivilisation merklich beeinflusst.

Der Verkehr ist überschaubar. Es ist ein angenehmes, entspanntes Fahren.

Michaela erzählt mir von Nepal, wie sie drei Monate im Waisenhaus tätig war. Die dort lebenden Kinder hatten sie schnell in ihr Herz geschlossen. Meine Begleiterin hat mit den Kleinen viel gebastelt, Sport getrieben, oder ihnen auch nur geduldig zugehört. Nach einigen Wochen hatte sie oft das Gefühl, als gehöre sie zu den Kindern, und die Kinder zu ihr. Von den Spendengeldern, die überwiegend aus Deutschland kamen, konnten für die Waisenkinder, beispielsweise Schulmaterial gekauft werden. Respektvoll lausche ich ihren Worten. Außerdem beeindruckt mich Michaelas Selbständigkeit, dass sie stets auf sich alleine gestellt, und anscheinend ohne jegliche Angst, ihre Reisen und Projekte angegangen ist. Ich hingegen hatte im Grunde immer einen Reisepartner und zumeist auch Hunde, die beschützend an meiner Seite waren.

Bald nähern wir uns einer Tankstelle. Genau wie in Serbien und Mazedonien, ist unser Adapter mit der Gaspistole auch hier im Land von Aristoteles und Sokrates, nicht kompatibel. Erneut fließt das für uns teure Benzin in den Tank, obwohl es um einiges preiswerter ist als in Deutschland. Michaela und ich hoffen darauf, in Athen endlich irgendwo den Adapter für Südosteuropa zu ergattern.

Eine Stunde vor Mitternacht gelangen wir kurz vor der griechischen Hauptstadt an einen sichtlich breit hinziehenden Mautstützpunkt.

Mehr als 20 Abfertigungshäuschen stehen nebeneinander, jeweils von einer Fahrbahn getrennt.

Kurz darauf fahren wir hinein nach Athen, in die Hauptstadt mit etwa drei Millionen Einwohnern. Überlieferungen zufolge wurde die Metropole schon von König Kekrops I. in der Jungsteinzeit vor etwa 7.500 Jahren gegründet. Offiziell wird aber das klassische Gründungsjahr Athens 508 v. Chr. angesehen. Nur Damaskus ist mit über 4.000 Jahren als Hauptstadt noch älter.

Wir wissen nicht, wohin wir fahren sollen. Erst mal in Richtung Zentrum, das ist immer gut.

Irgendwann, der neue Tag ist noch jung, parken wir in irgendeiner Seitenstraße. Wir sind vorerst froh, unser Hauptziel erreicht zu haben. Endlich steht der Wagen. Der Motor ist aus. Von Michaelas Heimatort Wilthen aus haben wir bis hier 2.260 Kilometer zurückgelegt. Von Rostock waren es insgesamt etwa 2.720 Kilometer. Wir harren im Van aus, lächeln uns zufrieden an.

Wenig später sitzen wir auf einer Bank in einer beruhigten, wunderschönen mediterran angehauchten Gasse. Der Vandura ist der Nähe.

Es ist noch angenehm warm und Gott sei Dank trocken. Eigentlich wirkt der Weg mit seinen gemütlichen Doppellampen eher wie ein sauberer Boulevard, nur eben ohne geschäftige Läden. Die Fassaden der zwei bis drei Etagen hohen Häuser bestehen aus Sandstein-Brocken in gelblichen, orangenen bis bräunlichen Farbtönen. Die Haustür-Eingänge sind zu als halbrunde Bögen geformt, die Fenster zumeist von weißen, lamellenartigen Fensterläden geschützt. Einige kugelförmig geschnittene Laubbäume, deren Sorte wir nicht kennen, stehen vereinzelt herum.

Nachdem Aron und ich die Umgebung erkundeten, binde ich ihn neben unserer Bank, an einem Laternenpfahl an. Michaela und ich lassen uns Käsescheiben auf Schwarzbrot und Heringsfilet aus der Dose schmecken. Zudem haben wir noch Haferflocken, einige Konserven mit Thunfisch bestückt oder mit Schweinefleisch sowie ein paar kleine Gläser Champignons von zu Hause. Für den Vitaminhaushalt haben wir Äpfel, Bananen, Mohrrüben und Zwiebeln im Gepäck. Ich gebe Aron, der seine Nase jetzt zu uns streckt, ein paar Bissen vom Rindfleisch, um seinen Appetit zu kitzeln. Ehe ich mich versehe, sind die verführerisch riechenden Brocken verschwunden. Ich freue mich und gebe ihm noch etwas Käse hinzu. Michaela und ich sind gerade glücklich, in dieser schönen südländischen Gasse zu sein. Wir brauchen in diesen Minuten kein Hotel oder irgendwelchen Luxus. Das Zirpen der versteckten Grillen und der klare Sternenhimmel entschädigen uns für alles. Das ist die einfache, authentische Art des Unterwegsseins, das wir lieben. Wir genießen die harmonische Stimmung sosehr, sodass wir kaum ans Schlafen denken.

Tag 3:

Am nächsten Vormittag wird die Luft im Wagen allmählich schwül. Als ich meine Augen öffne, weiß ich für einen kurzen Augenblick nicht, wo wir sind.

Aron, der sich nachts immer einen Platz zwischen den Sitzen aussucht, weil der Untergrund ganz mit einem weichen schwarzen Teppich ausgelegt ist, pendelt zwischen Michaela und mir hin und her. Anscheinend möchte er raus. Ich schiebe die Tür neben mir auf.

»Guten Morgen Athen«, murmele ich in die kleine Brise Wind hinein. Als Michaela und ich uns kurz darauf etwas die Beine vertreten, und die Sonne unsere Gesichter sogleich erwärmt, sehen wir eine ältere, weißhaarige Frau auf einem offenen, mit Eisenstreben versehenem Balkon, stehen. Lächelnd blickt die zierliche Bewohnerin, die einen dunkelblauen Rock, kombiniert mit einer dazu gehörigen herüberhängenden Bluse trägt, zu uns herab. Wir winken ihr mit einem freundlichem »Hello«, zu. Etwas statisch winkt sie zurück. Wir versuchen, mit ihr auf Russisch und Englisch ein wenig zu kommunizieren. Die sympathisch wirkende Frau erwidert leise etwas, wahrscheinlich in ihrer Heimatsprache. Die verstehen wir aber nicht.

Dann wird es Zeit, auch diese schmale, behagliche Seitenstraße zu verlassen. Nach nur einigen gefahrenen Metern hat uns der dichte Verkehr Athens plötzlich geschluckt. Ich muss mich voll konzentrieren, immer mit dem angespannten Gedanken, kein anderes Fahrzeug zu streifen.

Die Autos fahren teils kreuz und quer. Es ist mitunter schwierig zu erkennen, auf welcher Fahrbahn wir uns befinden. An einer Tankstelle der vierspurigen Hauptstraße, mitten in der City, biegen wir rechts ab. Wir haben jetzt nur eines im Kopf: uns so schnell wie möglich den Adapter für Südosteuropa zu besorgen!

Unser erster Tageskontakt in Athen.

Das bisher gekaufte Benzin hat uns beinahe den doppelten Preis gekostet als das Gas. Ehe ich mich versehe, eilt Michaela in das Tankstellenhäuschen. Als sie kurz darauf wieder ohne Erfolg herauskommt, erkundigen wir uns gemeinsam bei wartenden Autofahrern. Michaela bedankt sich fast jedes Mal bei den Befragten mit »Namaste«. Dabei legt sie ihre Hände, wie zum Gebet, vor der Brust, und verbeugt sich leicht nach vorn. Mit »Namaste«, das aus dem Nepalesischen rührt, drückt man Ehrerbietung aus und erkennt die Anwesenheit des Gegenübers dankbar an.

Wieder »on the road«, steuern wir nach langem Suchen eine Autowerkstatt, in einer verwinkelten Seitenstraße, an. Ein älterer, grauhaariger Mann hat uns an der Tankstelle diesen Tipp gegeben.

Mit leeren Händen stehen wir später wieder an unserem Auto, das auf dem staubigen Vorplatz der Werkstatt steht. Es ist mittags. Im Schatten messen wir mit unserem Thermometer 34 Grad. Wir irren noch den halben Nachmittag durch das Straßenlabyrinth von Athen. Weder Kfz-Werkstätten, noch Tankstellen sowie Autohäuser haben nicht das, was wir so nötig brauchen.

Wir sind ausgelaugt vom endlosen Suchen. Wir beschließen nach Piräus, einem wichtigen Industriezentrum mit dem größten Hafen Griechenlands zu fahren. Die Nachbarstadt ist nur 13 Kilometer von Athen entfernt. Wir steuern dort einen Supermarkt an. Brauchen Wasser und etwas zu essen. Als ich in eine Parklücke direkt vor dem Einkaufszentrum einlenke, ist mir, als habe ich ein leicht knirschendes Geräusch gehört. In diesem Moment wiederholt Michaela noch einmal, was wir alles einzukaufen haben.

Im Supermarkt ist es angenehm kühl. Die frische Luft tut unseren Köpfen und auch den Gedanken gut. Wir bezahlen mit Euro, den die Griechen schon 2001 eingeführt haben. Ein Jahr früher als Deutschland.

Als wir mit vollen Händen zurück zum Auto gehen, stehen dort zwei Männer. Sie schauen in unsere Richtung – scheinen auf uns zu warten. In stockendem Englisch spricht uns einer von ihnen, ein großer, massiger Kerl, barsch an. Wir wissen erst nicht, was er von uns will. Doch dann fällt mir das knirschende Geräusch von vorhin ein, als ich einparkte. Der Besitzer des geschrammten Autos, Marke VW Golf, ist außer sich.

»Das hat uns noch gefehlt«, flüstere ich Michaela zu.

Es nützt nichts, wir müssen zurück zum Unfallort. Zudem ist die Polizei schon verständigt. Der daneben stehende Mann mit einer silbrigen, leicht getönten Brille und von schlanker Statur, hat das Geschehen beobachtet. Er hat sofort unser Nummernschild notiert. Selbst wenn wir erst einmal hätten untertauchen können, wären wir mit unserem auffälligen Wagen, eh nicht weit gekommen.

Kurz darauf stehen wir mit dem Van dicht an den anderen parkenden Autos, halb auf der Straße. Den geschädigten Golf hat es hinten links, an der Stoßstange erwischt. Sie ist leicht zerdrückt. An meinem Wagen ist der rechte, hintere Radkasten oberhalb zerschrammt. Der »Lack« ist quasi ab …

Mittlerweile warten wir schon eine Stunde auf die Polizei. Während Michaela beim Wagen blieb, war ich mit Aron, zwischen den gegenüberliegenden Bäumen, im Schatten spazieren.

Nach einer weiteren halben Stunde schlendern »Micki« – wie ich es mir inzwischen angewöhnt habe, sie jetzt so zu nennen – und ich, zu einem nahe stehenden Kaffeehaus. Es ist nur wenige Meter von unserem Auto entfernt. Aron ist bei uns. Wir nehmen auf den bunten Holzstühlen Platz. Wir sind zumindest hier draußen die einzigen Gäste. Ein hölzerner Zaun, mit Leisten in Karoform und dicht aneinandergereihten, großen, Terrakotta-Töpfen, mit palmenartigen Gewächsen, schützen die hiesigen Gäste vor dem Trubel auf dem angrenzenden Gehweg und der belebten Straße.

Micki bestellt sich einen Kaffee mit Milch, ich einen schwarzen Tee. Nach einer Weile tritt das »Unfallopfer« an unseren Tisch und unterrichtet uns, das die gerufene Polizei vorerst noch woanders zu tun hat. Der Unterton des Mannes ist gereizt.

Der bullige Typ verkörpert für uns das Sinnbild eines Griechen. Ausdrucksstarke grünbraune Augen, eine große, leicht gewölbte Nase. Ein kurzer, etwas gelockter, dunkler Haarschnitt, mit grau melierten unteren Seiten und stark behaarten Armen.

Als ich drinnen im Café auf die Toilette muss, fällt mir auf, dass der halbe Innenraum mit Zeitungen tapeziert ist. Ein mittelgroßer, bronzefarbener Samowar, der oben halb abgerundet ist, gerät ins Blickfeld. Schon als Kind haben mich diese, oft verschnörkelten Teemaschinen, fasziniert. Sie stammen ursprünglich aus Russland. Schon seit 1730 wurden die ersten Samoware hergestellt. Das Zentrum der russischen Samowarproduktion ist Tula, südlich von Moskau gelegen. Es gibt dazu einen Spruch: ›Wenn man etwas Überflüssiges tut, trägt man in Russland keine *Eulen nach Athen,* sondern fährt mit dem eigenen Samowar nach Tula. ‹

Nach mehr als zwei Stunden fährt endlich ein Streifenwagen vor. Zwei Beamte in dunkelblauer Uniform und weißer, kreisrunder Schrift auf dem Rücken, nähern sich, gemeinsam mit dem Geschädigten, unserem Tisch. Beide Ordnungshüter geben sich freundlich. Besonders der eine von ihnen könnte auch als Model tätig sein. Micki ist gleich angetan von ihm. Der junge, sportlich wirkende Mann hat eine kurze, braune Scheitelfrisur und auffällig tiefblaue Augen. Obendrein duftet er angenehm nach Parfüm. Micki und ich müssen feststellen, dass wir gar keinen grünen Versicherungsschein für Griechenland bei uns haben. Wir haben es an der Grenze irgendwie versäumt, uns dieses wichtige Dokument zu besorgen. Wie in Serbien, übernimmt auch hier meine Gefährtin wieder das Zepter. Sie klimpert lieb mit ihren Augen und redet ganz gefühlvoll in fließendem Englisch auf die jungen Beamten ein. Ich spreche die Weltsprache nicht so gut wie Micki, die meist allein auf ihren Reisen unterwegs war. Da sie auch sehr kontaktfreudig ist, hat sich ihr Englisch mit den Jahren stets erweitert und gefestigt. Ich hingegen hatte im Grunde die ganze Zeit, jeweils einen Deutsch sprechenden Touren-Partner an meiner Seite. Bisher hatte ich vier männliche Mitstreiter, mit denen ich meine Projekte mehr oder weniger auf Deutsch teilte. Meist sprachen sie immer besser Englisch als ich. Die Folge war, dass ich ihnen, zum Beispiel bei Verhandlungen mit Behörden, oft den Vortritt ließ, weil es einfach schneller und reibungsloser vonstattenging.

Als ich aber 1996 in Sri Lanka elf Tage allein auf der Straße lebte und übernachtete, weil ich auf Markus wartete, war ich gezwungen, englisch zu sprechen. Jeden Tag lernte ich mehr Wörter und Redewendungen dazu.

Etwa 20 Minuten später verabschieden sich die beiden Polizisten von uns. Sie haben meine Personalien und den Unfallhergang aufgenommen. Micki und ich wollen jetzt nur weg von diesem ominösen Ort.

Später bringt uns eine Fähre in Richtung einer kleinen Insel, namens Salamina. Sie gehört zur Saronischen Inselgruppe, die direkt vor Piräus liegt. Wir brauchen jetzt positive Ablenkung, möchten das vorhin Erlebte etwas verdrängen.

Die mittelgroße Fähre ist bis zum letzten Meter mit Fahrzeugen belegt. Ich schätze, es sind um die 50 Autos. Wir sind eine steile, metallene Treppe hinaufgestiegen und stehen jetzt erhöht auf einem kleinen Aussichtsdeck. Piräus verblasst allmählich im gleißenden Licht der Sonne. Nach ein paar Kilometern legen wir an. Wir möchten uns nichts auf der Insel anschauen, sondern nur einen Strand oder eine Badestelle finden. Anschließend rollt der Wagen eine schmale, kurvige Straße hinunter, zu einem verlassenen Ufer.

Wir parken nur wenige Meter vom Wasser entfernt. Der grobsandige Boden lädt nicht unbedingt zum Verweilen ein. Während ich einige Schritte in die Umgebung schlendere, geht Micki gleich ins Wasser. Sie stakst durch das flache, warme Nass, entlang einer Reihe von klobigen, aneinander gereihten Steinen. Sie ähneln Findlingen, die Dutzende Meter weit aufs Wasser hinausführen.

Ich stehe bis zu den Waden im Wasser und beobachte meine Mitfahrerin, die sich wackelig voran bewegt, als ginge sie auf Eiern. Im Hintergrund ist ein Hafengelände zu sehen, an dem einige größere Schiffe liegen. Nicht unbedingt ein idyllisches Örtchen zum Genießen. Vorsichtig dreht sich Micki nach mir um, und verdeutlicht mir, mit einer heranholenden Bewegung, dass ich ihr folgen soll. Obwohl ich im Grunde, aber erst nach der Minentaucherausbildung bei der Armee eine kleine Wasserratte geworden bin und mich fremde Gewässer schon immer gereizt haben, verspüre ich an diesem Ort kaum Lust dazu. Als die Steinkette endet, rutscht Micki, die knietief durch die flachen Wellen watete, plötzlich aus.

Für Aron gibt es keine Regeln. Am Hafen von Piräus

Für einen Moment ist sie verschwunden – erscheint sogleich aber wieder.

Kurz darauf dreht Micki um. Es scheint kein geeigneter Platz zum Schwimmen zu sein.

Zurück am Ufer sehe ich, dass Mickis Fuß an den Zehen blutet. Sie lässt sich einfach in den Sand fallen, ist sichtlich enttäuscht vom hiesigen Abschnitt des ersehnten Eilands. Ich reiche ihr ein paar Tempotaschentücher, um die Wunde zu versorgen. Aus dem Blickwinkel heraus sehe ich Aron, der gerade seelenruhig bis zum Brustkorb im Wasser sitzt und sich die Umgebung anguckt. Als sich meine Gefährtin nach dem Vierbeiner umdreht, müssen wir beide lachen. Aron blickt uns erstaunt an. Wir können uns nicht erinnern, schon einmal einen Hund, sitzend in halbtiefem Wasser gesehen zu haben. Man kennt eigentlich nur Vierbeiner, die im nassen Element stehen, herumrennen oder schwimmend unterwegs sind. Aber Aron ist auch kein normaler Hund, das habe ich gleich gemerkt, als wir ihn vom Züchter holten.

Nicht lange danach haben wir endlich einen deutlich besseren Flecken Strand gefunden. Diesmal haben wir uns am Straßenrand bei Einheimischen und Touristen erkundigt. Der kiesähnliche Sand ist zwar auch nicht so einladend, aber vor uns liegt eine romantisch anmutende Bucht. An ihr sind vereinzelt Häusern errichtet worden. Bewaldete Hänge liegen mitunter über den Behausungen. Einige Streifen übersäen das Ufer mit gräulichem, hellbraunen Felsgestein. Kein Schiff mischt sich weit und breit in die umliegende Natur. Direkt hinter uns eine aus felsigen Brocken errichtete hohe Wand. Dahinter führt eine Treppe hinauf zur oben verlaufenden Hauptstraße, an der auch unser Wagen steht. Ich habe Aron, bei halb geöffneten Fenstern, für die kurze Zeit im Van gelassen. Nur wenige Badegäste sitzen oder liegen vereinzelt herum. Wir lassen die Blicke schweifen, genießen die Umgebung.

Kurz darauf gehen wir ins Wasser. Wir spüren tausend winzig kleine Steine unter den Füßen. Der Meeresboden gibt unseren Schritten behutsam nach. Für die Sohlen fühlt es sich fast wie eine Massage an. Dann wird der Boden abrupt sandig. Wir gleiten ins tiefe Wasser, fühlen uns mit einem Mal so frei und unbeschwert. Das flüssige Element trägt uns.

Als wir schon ein beträchtliches Stück hinausgeschwommen sind, fällt mir plötzlich eine Reportage aus dem Fernsehen ein, in der auch von weißen Haien im Mittelmeer berichtet wurde. Sie schwimmen schon seit Jahrtausenden in den hiesigen Gewässern. Wissenschaftler schätzen ihre Population auf einige Hundert Tiere. Als Micki meine Gedanken vernimmt, erschreckt sie.

»Ich dachte, Haie gibt es nur in Ozeanen«, stammelt sie. »Willst Du mir Angst machen?« Verunsichert schaut sie sich um.

Ich beruhige sie damit, dass in den letzten 25 Jahren kein tödlicher Haiangriff gegenüber Menschen im Mittelmeer registriert worden ist.

»Und was war vor den 25 Jahren?«, bohrt meine Reisepartnerin nach.

»Lass uns umkehren«, sage ich. Erst als wir uns im flachen Wasser auf dem weichen Steinboden aalen, erzähle ich Micki, dass die letzte Attacke eines weißen Haies 1989 einen italienischen Taucher tödlich verletzte. Ich habe in der Vorbereitung einiges, was unsere Unternehmung betrifft, gelesen.

Gemeinsam mit Aron sitzen wir kurze Zeit später auf einer niedrigen Mauer nahe dem Auto. Interessiert beäugen wir eine vermeintliche Hochzeitsgesellschaft, die einige Meter unter uns, auf einem, so scheint es, Festplatz, die eigentliche Zeremonie der Trauung probt. Die Menschen sitzen auf Stühlen.

Der Untergrund des Terrains, auf dem Platz für zwei Einfamilienhäuser wäre, ist mit einem künstlerischen Karo-und Streifenmuster im Mosaikstil geprägt.

Auf der ebensoniedrigen Mauer, bestehend aus flachen, mediterranen, farbigen Felssteinen, sind am Feierplatz drei steinerne, metergroße Bögen, durch die man hindurchgucken kann, errichtet worden. Griechische Tanzmusik tönt aus großen Lautsprechern. Nachdem das zukünftige Brautpaar, vor einem Mann, der hinter einem Tisch sitzt, eine Weile gestanden hat, schwingen sie, jetzt in einer Reihe, mit mehreren Leuten zusammen, die Tanzbeine abwechselnd nach vorne. Dabei fassen sich die Personen gegenseitig mit den Armen über die Schultern des jeweiligen Nachbarn, und bewegen sich, langsam schneller werdend, abwechselnd nach links und rechts. Diese Art von Tanz nennt sich »Sirtaki«. Selbst Aron verfolgt das ausgelassene Treiben.

Die berühmte Akropolis.

In der Dunkelheit des Abends setzen wir wieder mit der Fähre nach Piräus hinüber. Das Verweilen auf der Insel hat uns irgendwie neue Energie verliehen. Wir haben das erquickende Gefühl, gerade von einer wohligen Oase zurückgekehrt zu sein.

Später sitzen wir auf einer Bank, am Fuße der berühmten Akropolis, im Herzen von Athen. Hell beleuchtet, erstrahlt das Bauwerk zwischen davorstehenden Bäumen, hoch oben auf einem Plateau. Ein langer Zaun, hinter dem sich, vermutlich, verwilderte Hunde herumtreiben, begrenzt das riesige Areal.

Auf einer neben dem Eingang befestigten Informationstafel, stehen einige Eintrittspreise, um die historische Festung aus nächster Nähe zu bestaunen. Pro Erwachsener kostet der Einlass mehr als 30 Euro. Für uns zu viel Geld. Uns reicht der hiesige Ausblick auf das Gebäude, verbunden mit der schönen, entspannten Atmosphäre des Abends.

Micki hat extra einige leckere Happen Essen mitgenommen, die sie jetzt zwischen uns auf der hölzernen Bank ausbreitet. Frisches Mischbrot, zerschnitten in Scheiben, kleine Käsestücke, die wir uns mit dünnen Plastikspießen munden lassen, sowie noch etwas Salami, Paprika, Weintrauben und saure Gürkchen aus dem Glas.

Diese Art von Zeremonie ist für Micki schon seit Langem zu einer Tradition geworden. Immer, wenn sie an besonderen Flecken der Erde gewesen war oder außergewöhnliche Situationen erlebt hatte, dann verband sie es, wenn es die Umgebung zuließ, oft mit einem kleinen Schmaus. Zuweilen auch mit genüsslichen Schlucken eines Weins. Diese feierliche Form des Speisens und Trinkens habe ich nie auf meinen Touren vollzogen. Als ich vorhin im Wagen sitzend mein Fladenbrot mit Gyros und Zaziki mampfte, schaute mich Micki von der Seite etwas ungläubig an. Sie fragte mich, ob ich mir die schöne Mahlzeit nicht für die Akropolis aufheben möchte. Erstaunt hielt ich mit dem Essen inne, und überlegte.

Ich dachte an die Vergangenheit, speziell an die Touren. Für meine männlichen Reisepartner und mich gab es unterwegs nur eines: einfach sich paar Bissen hineinschieben. Und, wenn es geht, nur schnell satt werden. Diese besonderen Augenblicke des Zelebrierens von kulinarischen Speisen oder Getränken gab es nur selten. Spontan erinnere ich mich daran, als ich während des Europalaufes in Dänemark, 111 Kilometer hinter mir hatte. Darauf stießen Matthias und ich mit Kräuterlikör an. - Aber das lässt sich kaum damit vergleichen.

Jetzt, beim Anblick der Akropolis schmecken mir die köstlichen Stücke, die Michaela so appetitlich ausgebreitet hat, gleich doppelt so gut. Sie hat mich mit ihrer kleinen Tradition ein bisschen angesteckt. Wir genießen weiterhin den Abend. Passanten, zumeist Touristen, schlendern manchmal mit einem Fotoapparat um den Hals auf dem breiten Bürgersteig an uns vorüber. Bei 24 Grad ist es angenehm warm.

In einem dünnen Stadtführer über Athen, den Micki besorgt hatte, weil sie schon seit Jahren, anders als ich, auch los reist, um nur eine Metropole ihrer Wahl und die jeweilige Umgebung kennenzulernen, habe ich einiges über die Akropolis gelesen. Für mich lagen Städte sowie Ballungsräume auf den Touren immer mit auf dem Weg. Ich habe sie nie bewusst einzeln bereist.

Die Akropolis verbindet man sinnbildlich mit der griechischen Hauptstadt. Doch genau genommen bezeichnet der Begriff »Akropolis« im ursprünglichen Sinn den zu einer antiken griechischen Stadt gehörenden Burgberg, beziehungsweise die Wehranlage, die zumeist auf der höchsten Erhebung nahe der Stadt erbaut wurde. Es gibt mehrere Formen dieser Art Festung in Griechenland, wie die Akropolis von Lindos auf Rhodos, die Akropolis von Rhodos auf dem Monte Smith, die Akropolis Paliokastro von Methana und in Akrokorinth stehend.

Die Akropolis von Athen ist die bekannteste der Welt. Die einzigartigen Gebäude dieser Festung wurden zwischen 464 v. Chr. und 406 v. Chr. auf einem 156 Meter hohen Felsen erbaut. Die Akropolis ist seit 1986 ein Bestandteil des Weltkulturerbes der UNESCO.

Tag 4:

Am nächsten Tag, wir haben weit unterhalb an einer belebten Straße übernachtet, schreiten wir noch einmal bergauf zum berühmtesten Gebäude Athens. Jetzt bietet sich uns ein ganz anderer Anblick. Die etwas zerfallene Festung, versehen mit mächtigen Säulen, ist teils von Baugerüsten umspannt. Auch zwei Kräne sind in der Nähe zu erkennen. Wir stehen einige Hundert Meter weit weg vom Bauwerk, getrennt vom erhöhten schützenden Zaun. Wir zählen auf einem Abschnitt acht tragende Säulen, die neunte ganz rechts, ragt nur noch zur Hälfte in die Höhe. Im Licht der Sonne erscheint das Gemäuer in einem beigefarbenen Ton. Wir harren noch eine Weile ehrfürchtig vor der bedeutenden Festung aus, dann traben wir zurück zum Wagen.

Wieder im Verkehrsgetümmel Athens gefangen, muss ich mich erneut konzentrieren, um den Weg aus der Hauptstadt hinaus, heil zu meistern. Micki schaut, ebenso wie ich, genau auf die Schilder. Sosehr wir Athen vor einigen Tagen entgegenfieberten, so sehr wollen wir jetzt in eine beschauliche, ländliche Gegend, weg vom Stress der Millionenstadt. Endlich werden die Häuserzeilen lichter und die Gebäude niedriger, die Fahrzeuge weniger.

Kurz hinter der Stadt, erblicken wir auf der rechten Seite nahe der Straße ein Flüchtlingslager. Es besteht aus vielen weißen Zelten. Die provisorisch aufgestellten Behausungen, die anscheinend nicht bewohnt sind, umgibt ein hoher Zaun aus Stacheldraht.

Nach 50 Kilometer Fahrt wird das Gebiet merklich bergiger. Es sind die Ausläufer des Parnass, ein 2.455 Meter hoher Gebirgsstock, weiter nordwestlich hinter der Kleinstadt Livadia gelegen. Oft müssen wir auf serpentinartigen Anstiegen, Lastwagen, die Kraftstoff, Öl, Holz oder Kohle transportieren, folgen. Die großen Gefährte quälen sich zuweilen nur sehr langsam die Straßen hinauf.

Wir fahren Richtung Meteora. Das ist die Idee von Micki. Eigentlich hatte ich die Reise nach Südosteuropa für mich alleine geplant. Es wurde nach einigen Jahren der Abstinenz höchste Zeit, endlich wieder in die Welt hinaus zu kutschen.

Gerade Griechenland und Albanien haben es mir angetan. ›Wenn ich dieses, mir noch fremde Gebiet besuchen würde, dann wäre ich grob in allen Himmelsrichtungen Europas gewesen‹, so meine Gedanken im Vorfeld.

Nun bin ich froh, dass ich Micki an meiner Seite habe. Einige Wochen zuvor erzählte ich ihr am Telefon von meinem Vorhaben. Spontan fragte sie mich, ob sie mitkommen könnte. Ohne lange zu zögern sagte ich sofort zu. Aus einem inneren Gefühl heraus hatte ich bei Micki überhaupt keine Bedenken, mit ihr zusammen so eine Tour zu machen. Obwohl ich sie kaum kannte und stets auf größeren Unternehmungen nur mit männlichen

Mitstreitern unterwegs war, verspürte ich keine Skepsis in mir. Intuitiv fühlte ich: mit ihr kann das klappen.

Wiederum war sich Micki auch ziemlich sicher, dass das mit uns als Reiseduo harmonieren könnte. Es war im Grunde nicht die Frage, ob wir zwischenmenschlich miteinander auskommen, sondern wie wir, angesichts unseres engen Zeitplans, die Strecke durch halb Europa, mit ihren Höhepunkten schaffen würden.

Ich habe von Meteora zuvor noch nie etwas gehört. Wenn ich alleine unterwegs gewesen wäre, hätte ich diese Gegend der hochgelegenen Klöster nicht gesehen. Es sei denn, es hätte mich jemand unterwegs durch Zufall darauf aufmerksam gemacht.

Während wir an einer staubigen Tankstelle am Rande von Lamia tanken müssen, öffne ich die Türen zum Kofferraum, um den Adapter für den Gaseinfüllstutzen herauszunehmen. Ich habe die leise Hoffnung, dass das Personal des Verkaufsraumes, uns endlich mit einem passenden Adapter weiterhelfen kann. Noch besser wäre es, sie könnten so ein Teil für uns entbehren. Als ich rechts in das kleine Fach schaue, indem der Adapter immer liegt, traue ich meinen Augen nicht. Plötzlich sehe ich zwei von der Sorte vor mir! Ich bin wie erstarrt, kann es nicht fassen! Wo kommt mit einem Mal der andere Adapter her. Ich nehme ihn in die Hand, rufe gleichzeitig nach Michaela, die sofort da ist.

»Das ist jetzt nicht dein Ernst!«, raunt sie mir leicht vorwurfsvoll zu.

»Ich kann auch nichts dafür!«, erwidere ich perplex.

Dann schraube ich das »Corpus Delicti« an das Gewinde des Einfüllstutzens und befestige die Gaspistole darauf.

»Es passt!«, platzt es aus mir heraus. Micki und ich blicken uns verdutzt an. Dann müssen wir lachen. Es wirkt irgendwie befreiend. Das »Corpus Delicti«, war die ganze Zeit tief in diesem schmalen, offenen Fach versteckt. Durch die kurvigen Steigungen rutschte der so lang ersehnte Adapter aus seiner »Höhle«, seinem Versteck, hervor. Wir sind so erleichtert, können unser Glück kaum fassen. Seit wir in Serbien hineingefahren sind, mussten wir ständig Benzin tanken.

Mit einem neuen, zufriedenen Gefühl geht es weiter. Zur linken Hand beginnt nun das mächtige Pindosgebirge. Es erstreckt sich mehr als über 150 Kilometer nach Norden, sogar bis nach Albanien hinein. Der Smolikas ist mit 2.632 Metern der höchste Pindosgipfel. Und nach dem Olymp (2.917 m) der zweithöchste Berg Griechenlands.

Als wir an einer Straßenbiegung im Schatten eines Laubbaumes eine Pause machen, um Aron auszuführen, fallen uns zwei kleine, nachgebaute Modelle von Kirchen ins Auge. Das soll an Menschen erinnern, die an dieser Stelle im Straßenverkehr ums Leben kamen. Mit diesen christlichen Gebäuden, – oder auch normalen Häusern in Miniaturausgabe – zeigen die Angehörigen ihre besondere Trauer. In diesen Gedenkmodellen befinden sich manchmal Geschenke oder auch eine Flasche Ouzo mit ein paar Gläsern. Die bekannteste Schnapssorte Griechenlands besteht aus hochprozentigem Alkohol und diversen Kräutern.

Es ist heiß, kein Lüftchen weht. Das Thermometer zeigt auf 34 Grad.

Die Klöster von Meteora. Unten der Ort Kalambaka

Am späten Vormittag erreichen wir Kalambaka, die letzte Ortschaft vor Meteora. Kurz bevor wir die heiligen Felsen erreichen, besorgen wir uns noch einige Lebensmittel bei LIDL, nahe der Hauptstraße.

Von Weitem können wir schon die Konturen der Erhebungen Meteoras am Horizont erkennen. Der Umriss ähnelt einem Riesen, der auf dem

Hinterkopf liegt, mit der Nase nach oben und geöffnetem Mund, als würde er schnarchen. Es sieht so aus, als ob dort die Fernverkehrsstraße endet.

Das Wetter hat auf der Fahrt plötzlich umgeschlagen. Bei grauem, dunkelblauen Himmel hat es sich jetzt eingeregnet.

Wir biegen in eine Seitenstraße. Ein Schild weist uns den Weg. Es geht nun unablässig aufwärts. Etliche enge Kurven prägen die Strecke. Ich bin gespannt, kann mir nicht wirklich vorstellen, wie die Klöster auf den Felsen erbaut worden sind.

Nach einigen Kilometern sind wir da. Von der erhöhten Straße aus sind breite, säulenartige Felsen, die sich aus einem geräumigen Tal emporheben, zu sehen. Ich fahre etwas rechts an eine niedrige Begrenzungsmauer heran, die sich weit, am grauen Band des Asphalts, entlangzieht. Der Van steht zwar noch halb auf der Straße, aber sie wirkt fast unbelebt. Vor uns neigt sich ein Abhang mit kleinwüchsigen Bäumen und großem Strauchwerk talwärts. Erst jetzt realisiere ich, an welchem mystischen Ort wir uns befinden. Ich bin überwältigt. Als ich mich zu Micki drehe, sehe ich Tränen in ihren Augen. Sie ist gerührt. Kurz darauf nippt sie feierlich an einem Plastikbecher mit Rotwein. Das ist mitunter ihre Art solche bedeutenden Augenblicke zu zelebrieren. Ein Detail an dieser Erhebungen sticht besonders heraus. Es ist eine steile Säule, die ohne Verbindung zu einem anderen Gestein, völlig für sich steht. Auf ihr befindet sich ein größerer, heller Hauskomplex, bedeckt mit orangen, spitz zulaufenden Dächern in stumpfwinkliger Form. Einige hohe Nadelbäume drumherum, überragen leicht das Gebäude. Zwischen dieser Felssäule und einer rechts vertikal aufragenden Steinwand lugt, wie im Spielzeugformat, weit unten im Tal, der Ort Kalambaka hindurch. Wir selbst befinden uns gerade höher als 600 m über dem Meeresspiegel.

»Wie haben die Mönche damals nur das ganze Baumaterial da hoch geschafft?«, rede ich halblaut vor mich hin.

»Mit Seilen wurde alles mühselig hochgekurbelt«, erklärt mir Micki mit leiser Stimme.

Meine Gefährtin kennt die Meteora-Klöster schon seit Jahren aus Büchern und Dokumentationen. Genau wie die Akropolis gehört Meteora zum Weltkulturerbe der UNESCO. Der Name Meteora bedeutend sinngemäß »in der Luft schwebend«, und beschreibt die Lage der Klöster, die auf hohen Sandsteinfelsen gebaut wurden und bei dunstiger Luft oder Bodennebel manchmal zu schweben scheinen. Die gesamte Gegend besteht aus 24 einzelnen Klöstern und Eremitagen, von denen heute nur noch sechs bewohnt sind. Die restlichen 18 Klöster sind entweder schwer zu erreichen oder wurden wegen Einsturzgefahr verlassen. Die ersten nachgewiesenen Einsiedeleien gibt es in Meteora seit dem 11. Jahrhundert. Im Laufe der Zeit wuchsen diese abgeschiedenen Gebets- und Wohnstätten zu einer organisierten Gemeinschaft, nach Vorbild des heiligen Berges Athos, zusammen und bildeten das Kloster Doupiani. Mit der Ankunft des von Athos geflohenen Mönches Athanasios 1334 begann der Aufstieg des Klosterlebens in der Region. Athanasios stellte die in Meteora gültigen Regeln des Klosterlebens auf. Im Verlauf des 14. Jahrhunderts wurden weitere Klöster errichtet und die Anlagen durch fromme regionale Herrscher wie König Symeon finanziell und durch die Gewährung von Privilegien unterstützt.

Mystische Welt der Mönche

Die Felsen von Meteora zählen weiterhin zu den beliebtesten Kletterzielen Griechenlands. Auch als Filmkulisse diente die bizarre Landschaft schon.

Zum Beispiel wurde 1981 »James Bond 007« mit dem Titel »In tödlicher Mission« hier gedreht. Oder auch der Film »Die Abenteuer des jungen Indiana Jones«, im Jahre 1996.

Einige Klöster können auch besichtigt werden. Jedes Kloster hat einen eigenen Ruhetag in der Woche, sodass nie alle gleichzeitig geschlossen haben. Gemäß einer speziellen Kleiderordnung, die besagt, dass Frauen keine Hosen tragen sollten, sonst müssen sie sich eine lange Schürze anlegen, die man am Eingang eines Klosters bekommt, ist ein Eintritt in die heiligen Gefilde möglich. Das Gleiche gilt für Männer in Shorts.

In den Formationen der Meteora-Felsen befinden sich mehrere Höhlen, darunter auch die Theopetra-Höhle. An dieser Höhle befindet sich das älteste von Menschen errichtete Bauwerk Griechenlands. Es handelt sich hierbei um eine Steinmauer, die zwei Drittel des Eingangs der Höhle verschließt. Sie wurde vor 23-tausend Jahren errichtet.

Schweren Herzens nehmen wir dann Abschied von der mystisch, wolkenverhangenen Gegend.

Bei mehr zur Verfügung stehender Zeit hätten wir hier gerne auf dem spärlich mit Gras bewachsenen Felsvorsprung übernachtet. Mit hereinbrechender Finsternis wäre die Stimmung womöglich noch gestiegen.

Mittlerweile ist es dunkel. Wir folgen der nördlichen Route über Kastoria und Florina nach Albanien. Etwas wehmütig hängen wir gedanklich Meteora hinterher. Dieses heilige, von Menschenhand mühselig erschaffendes Terrain, lässt uns kaum los.

Hinter Florina empfängt uns eine einsame Bergwelt. Wir sind fast alleine in den bewaldeten, serpentinähnlichen Straßen unterwegs. Zudem verschlechtert sich durch immer dichter werdende Nebelschwaden die Sicht. Mitunter durchqueren wir auch mal einen kleinen Ort. Weder die Häuser noch der Asphalt sind beleuchtet. Nicht ein einziger Lichtschein ist zu erkennen. Alles wirkt verlassen und geisterhaft.

Dann geht es erneut hinauf in die anscheinend leblose Berglandschaft. Micki, die mich sonst immer lebhaft mit ihren scheinbar nie enden wollenden Themen unterhält, schweigt vor sich hin.

Ich blicke zur Seite, frage, wie es ihr geht. Statt einer Antwort grübelt meine Gefährtin nach, wo wir gerade sind. Im Schein ihrer Stirnlampe guckt sie angestrengt auf die Landkarte.

»Haben wir vielleicht die Abbiegung zur Grenze verpasst?«, murmelt sie vor sich hin. Albanien dürfte jetzt nicht mehr weit sein. Seit einer gefühlten Ewigkeit schon, haben wir keine Lichtkegel eines Fahrzeugs gesehen. Wir fühlen uns zunehmend gefangen in dieser unheimlichen, menschenverlassenen Umgebung.

Plötzlich muss ich bremsen. Was ist das? Nur unweit vor unserem Wagen tapst ein mittelgroßer Bär von links nach rechts über die Fahrbahn. Micki und ich starren wie gebannt nach vorn, können kaum begreifen, was wir gerade sehen. Wie im Spuk ist Meister Petz im dichten angrenzenden Gestrüpp verschwunden. Spontan lenke ich den Van in einem kleinen Bogen nach rechts, sodass ich die Richtung des Bären beleuchten kann. Vom Jagdfieber gepackt springe ich aus dem Auto, gehe einige Schritte auf das Strauchwerk zu, hinter dem übergangslos der Wald beginnt.

»Ronald, komm zurück!«, höre ich Micki besorgt rufen. Ich spüre keine Gefahr, den Bären hat das Dickicht verschluckt. Seit wir in Griechenland unterwegs sind, haben wir immer wieder am Straßenrand Hinweisschilder gesehen. Manchmal sogar einen erwachsenen Bären, gemeinsam mit dessen Nachwuchs. Etwa 400 Bären leben im Land der Helenen, die meisten im Pindosgebirge, in dem wir derzeit umherirren. Auch Wölfe durchstreifen hierzulande die Natur. Man schätzt ihre Zahl auf circa 600 Tiere.

Ich bemerke eine gewisse Anspannung bei Micki, die sonst kaum Angst kennt. Mir ist auch nicht wohl zumute. Uns ist, als müssten wir die Nacht in dem scheinbar endlos gespenstischen Gebiet verbringen. Wir müssen irgendwie den Grenzübergang, Richtung Korça in Albanien finden. Wir befinden uns im Dreiländereck von Griechenland, Albanien und Mazedonien.

Ein Wegweiser taucht plötzlich im Nebel auf. Bitola steht drauf. Micki schaut angestrengt durch ihre Lesebrille auf die Karte. Wir sind falsch! Hier geht es nach Norden, geradewegs zur mazedonischen Grenze. Wir aber müssen nach Westen. Ich wende den Wagen, beeile mich dabei. Wie der Teufel es will, könnte gerade in diesem Augenblick ein anderes Auto aus der »milchigen« Wand herausplatzen. Mit einem mulmigen Gefühl im Bauch, und wachen Blicken, fahren wir gedrosselt weiter.

Dann endlich das lang ersehnte Schild in Richtung Albanien, was uns in diesem Moment wertvoller erscheint, als jedes Gemälde von Rembrandt.

Albanien

Wenig später erreichen wir die Grenze nach Albanien. Es ist kurz nach Mitternacht. In der nebligen Finsternis können wir kaum etwas erkennen. Der kleine Staat, etwas größer als Mecklenburg-Vorpommern und mit nur knapp drei Millionen Einwohner dünn besiedelt. Das Land ist Mitglied der NATO, aber nicht der EU. Das Gebiet besteht zur Hälfte aus Bergland. Auch hier leben Bären und Wölfe, wobei die Population der Petze rückläufig ist.

Die Straße führt uns allmählich bergab. Bald erkennen wir talwärts einige gelbliche Punkte. Das müsste die Kleinstadt Korça sein.

Unten angekommen, sind wir mehr als erleichtert. Hinter dem Ortseingang ist die Hauptstraße durchweg beleuchtet. Wir genießen jeden Lichtschein. An einer düsteren, geschlossenen Tankstelle machen wir halt. Obwohl in einer fremden Stadt, fühlen wir uns jetzt so sicher, als würden wir bewacht.

Tag 5:

Früh am Morgen sind wir schon zeitig wach. Der Motorlärm der Fahrzeuge an der geöffneten Tankstelle gönnt uns keinen Schlaf mehr. Trotzdem dösen wir noch weiter vor uns hin. Ich muss an die Stunden in der einsamen, vernebelten Bergwelt denken. Wie auch im normalen Alltag, weiß man die schönen Momente im Leben erst dann richtig zu schätzen, wenn man eine unliebsame Talsohle durchschritten hat. Eine Zeit darauf stehen Micki und ich an den offenen Türen des Kofferraums. Wir putzen uns die Zähne, füllen unseren Zehn-Liter-Wasserkanister an einem außen angebrachten Hahn des Abfertigungshäuschens. Meine Gefährtin benutzt wieder ihre Frischhaltetücher, die sie stets auf ihren Reisen im Gepäck hat. Ich esse ein paar Scheiben Vollkornbrot mit Käse und Thunfisch. Micki schmiert sich Marmelade auf eine Stulle. Dazu gibt es kleine Apfelstücke sowie Banane. Aron bekommt auch ein paar Scheiben Käse. Ich füttere ihn zumeist am Abend mit Trocken- und ein wenig Nassfutter, damit es besser schmeckt. Nach einem längeren Spaziergang hat uns die Straße wieder.

Über Pogradec fahren wir kilometerweit am Ohridsee, der etwas kleiner als der Bodensee ist, entlang. Er ist der zweitgrößte See der Balkanhalbinsel sowie einer der ältesten Seen der Erde. Das Gewässer gehört zum größeren Teil Mazedonien, zum kleineren Teil Albanien. Zuweilen stehen Männer direkt an der, oft staubigen Straße, und bieten, in größeren Aquarien Fische zum Verkauf an. Manche der einheimischen Händler sitzen auch in Minihütten, provisorisch gebaut aus Stöcken, Schilf und Gras. Sie dienen als Schutz vor der sengenden Sonne. Manche Abschnitte der E852 nach Tirana verlaufen über Schotter, der auf sandig oder kieshaltigem Boden geschüttet wurde. Auch durch den lebhaften Verkehr fahren wir öfter in Fahrradgeschwindigkeit voran. Wir haben es justament nicht eilig, genießen vielmehr den Ausblick auf den weiten Ohridsee, mit den nur schemenhaft zu erkennenden Bergen im Hintergrund. Als wir den See hinter uns gelassen haben, erinnert mich die ländliche Umgebung an der breiten Fernverkehrsstraße sehr an die Türkei und Pakistan. Dort standen ebenso etwas entfernt vom Asphalt, größere würfel- oder quaderförmige Mehrfamilienhäuser mit zwei, drei Etagen, die untereinander einen gewissen Abstand haben. Die Gebäude haben meist eine weiße, gelbliche, terrakottafarbene oder bräunliche Bemalung als Anstrich. Davor sind oft Palmen und Sträucher zu sehen. Genau wie die beiden erwähnten Länder ist Albanien auch überwiegend muslimisch geprägt.

Nach 100 Kilometer gelangen wir in die albanische Hauptstadt Tirana. Die Stadt ist mit etwa 350.000 Einwohnern etwas größer als Karlsruhe. Micki und ich haben nur eines im Kopf, schnell die Großstadt hinter uns zu lassen, um ans Meer zu gelangen. Dazu müssen wir in nördlicher Richtung über 60 Kilometer entfernten zum Hafen- und Badeort Lezha fahren.

Tirana ist voll von Autos. Nur langsam machen wir Strecke. Wir haben dadurch etwas Zeit, uns umzublicken. An vielen Häusern ist der gelbe oder orangefarbene Putz abgebröckelt. Wäsche hängt oftmals an Vorrichtungen unterhalb der Fenster. Die Bauweise der Gebäude ist osmanisch, faschistisch und sowjetisch geprägt.

Als wir versäumten, einen Abzweig zu nehmen, müssen wir in eine Seitenstraße ausweichen. Obwohl sie keine Einbahnstraße ist, passen wir mit dem Van gerade so durch. Parkende Autos engen den teils löchrigen, rissigen Asphalt ein.

Ein Fahrzeug kommt uns langsam entgegen. Was nun? Ich stoppe. Nach mir auch Autos. Zu beiden Seiten stehen Autos längs in einer Reihe. Hinter mir höre ich ungeduldiges Gehupe. Endlich legt der mir entgegen fahrende BMW, älteren Baujahres, den Rückwärtsgang ein. Zum Glück findet der Fahrer eine winzige Seitentasche bei ein paar angerosteten Müllcontainern, in der er sich schräg hineinstellen kann. Dankbar hebe ich beim Vorbeifahren den Arm.

Kurz darauf sind wir froh, wieder auf der Hauptstraße zu sein. Allmählich nähern wir uns dem Ende der Stadt. Wir stellen fest, dass Tirana, zumindest was wir sahen, nicht zu den schönsten Städten gehört.

Am Abend kommen wir ins nördlich gelegene Lezha. Natürlich möchten wir nahe ans Wasser. Nach einigem Suchen finden wir tatsächlich eine größere Lücke in der langen parkenden Autoschlange auf der Strandstraße. Ich muss ganz schön manövrieren, um den Wagen einigermaßen gerade zwischen den Autos zum Stehen zu kriegen. Micki hilft mir mit ihrer Einweisung.

Danach schlendern wir erst einmal Richtung Wasser, das etwa 150 Meter entfernt ist. Inmitten von leeren Badestühlen und Sonnenschirmen nähern wir uns dem Meer. Wir zögern nicht lange, binden Aron an einem Sonnenschirm an und stolzieren ins kühle Nass.

Das Gewässer ist dunkel, eher trübe. Kein Vergleich mit dem klaren Wasser an der vorgelagerten Insel bei Piräus. Wir waten eine kleine Strecke durchs flache, feuchte Element. Um uns herum kein Mensch. Dann endlich können wir die ersten Züge schwimmen. An diesem Küstenabschnitt ist das Gewässer deutlich kühler als im Süden Griechenlands. Trotzdem genießen wir es, hier baden zu können.

Als wir uns wenig später dem Van nähern, fällt uns oben auf dem Bergkamm Rauch auf, der den Küstenort begrenzt. Der Wald scheint zu brennen. Wir erkennen, wie vermeintlich ein Mini-Hubschrauber, der über die Flammen fliegt und dort Lösch-Wasser ablässt.

Kurz darauf fliegt er runter, über uns hinweg und begibt sich nun, etwa eine Armlänge hoch, über das Gewässer, wo er im Standflug mit einem Schlauch, Wasser ansaugt.

Nachdem der Helikopter genug Flüssigkeit getankt hat, schwingt er sich wieder in die Höhe, hinauf zum Bergkamm. Uns wundert, dass nur *ein* Hubschrauber zur Bekämpfung des Waldbrandes zur Verfügung steht. Eine mühselige Angelegenheit. Da die Flammen so weit in der Höhe ihr Unwesen treiben, kümmert es hier unten niemanden.

Später schlendern wir zwischen den vielen Menschen auf der Promenade. Inzwischen hat sich die Finsternis über die Küste ausgebreitet. Micki und ich schwenken nach links, da wo naheliegend einige Bekleidungsläden und gastronomische Einrichtungen zu finden sind. Meine Gefährtin begibt sich mit mir im Schlepptau in ein Geschäft. Sie hält sich vor einem Spiegel mehrere Kleider dicht an ihren Oberkörper. Sie möchte nur mal testen, welcher Schnitt und Farbe zu ihr passt. In der Mitte des großen Verkaufsraumes liegen außerdem unterschiedliche Teppiche in vielen Varianten. Der Laden ist von Kunden nur spärlich besucht.

Letztlich kann sich Micki für kein Kleidungsstück entscheiden.

Ganz in der Nähe lassen wir uns dann draußen an einem Tisch einer Gaststätte nieder. Micki bestellt sich bei dem jungen, lockigen Kellner mit weißem Hemd und Fliege einen Schoppen Rotwein. Mir soll er eine Cola bringen. Ich habe bisher auf der gesamten Tour noch keinen Schluck Alkohol getrunken. Das soll bis zum Schluss auch so bleiben. Wir beobachten das Treiben auf der nahe liegenden Promenade, die sich mittlerweile etwas gelichtet hat.

Als wir irgendwann am Auto ankommen, lodert das Feuer immer noch. Unermüdlich fliegt der einzige Hubschrauber weiterhin seine einsamen Kreise. Es scheint, trotz seiner Einsätze gibt es kaum eine Besserung auf dem Bergkamm.

Tag 6:

Wir haben an unserer Parkstelle auch die Nacht verbracht. Am Morgen darauf sehen wir Asche auf dem Fahrersitz liegen. Das Feuer hoch oben brennt immer noch. Das Fenster war ein Spalt geöffnet. Wir kommen aus dem Staunen kaum heraus. Ich schätze die Höhe des Bergkammes auf circa 200 Meter. Von unserem Wagen bis zum Fuße des Abhangs sind es auch noch einmal etwa 500 Meter.

Schweren Herzens brechen wir kurz darauf auf. Die Atmosphäre in Lezha hat uns sehr gefallen: Die Nähe zum Wasser, das abendliche lebendige Treiben auf der Promenade. Prägend auch der Waldbrand, verbunden mit dem fortwährenden löschenden Hubschrauber, vor dem wir immer mehr Respekt entwickelten. Ein Einzelkämpfer auf weiter Flur.

Montenegro

Unser Weg führt weiter in Richtung Norden. Über Shkodra rollen wir hinein nach Ulcinj, in die südlichste Stadt des neuen Landes Montenegro. Für vier Winnetou-Filme fanden die Produzenten hier die passende Kulisse. Schauspieler *Lex Barker* ritt in der Anfangsszene als *Old Shatterhand*, im gleichnamigen Film, an der Seite von Winnetou-Legende *Pierre Brice*. Diese und weitere Szenen wurden in der Gemeinde Ulcinj aufgenommen. Statt in der Prärie standen die Planwagen im Nachtlager auf einer Ebene hinter Ulcinj. Und bei den Dörfern in der Nähe des Sees Šasko jezero wurde der Treck der Armee von Indianern angegriffen.

Wir erreichen Podgorica, die Hauptstadt Montenegros. Der Name Podgorica bedeutet übersetzt »am Fuß des Hügels«. Von 1946 bis 1992 hieß die Stadt Titograd. Sie ist von der Größe etwas kleiner als Rostock. In Podgorica wohnen etwa 60 Prozent Montenegriner, 23 Prozent Serben, fast 3 Prozent Roma und ein ganz geringer Teil bestehend aus Albanern.

Hinter der Hauptstadt Montenegros beginnt eine traumhaft schroffe Bergwelt. Fasziniert schauen wir während der Fahrt um uns herum. Als ich am linken Straßenrand eine kleine Parktasche oder Ausweichmöglichkeit erblicke, fahre ich kurzerhand darauf und stoppe den Wagen. Wir steigen aus, genießen jetzt in Ruhe, die bisher schönste und außergewöhnlichste Gegend der Tour. Es wäre zu schade, durch das hiesige Gebiet einfach so durchzufahren. Ganz weit unten fließt ein Bach entlang. Das klare Gewässer windet sich durch meterhohe Felswände hindurch, die vor Urzeiten vertikal geformt wurden. Das Profil des Gesteins ist von langen waagerechten Einkerbungen durchzogen.

Wir sehen kein Haus und kaum Vegetation. Die Bergwelt besteht aus grauem hellbraunen Gestein. Einige grüne Farbtupfer, in Form von Sträuchern oder niedrigen, manchmal auch verkrüppelten Bäumchen, prägen die Abhänge. Wir stehen an der begrenzenden Leitplanke, saugen das urige Bild der Landschaft in uns auf. Obwohl es sehr heiß ist und kein Lüftchen weht, denkt keiner von uns an eine rasche Weiterfahrt. Nur vereinzelnd fährt mal ein Fahrzeug an uns vorbei. Ansonsten herrscht Stille um uns. Akribisch fotografiert Micki die sehenswerte Natur. Erst nach einer halben Stunde steigen wir wieder in den Van, rollen allmählich weiter. Unsere Blicke haften weiterhin an der fesselnden Bergwelt.

Über den Wintersportort Kolašin, der 80 Kilometer nördlich von Podgorica, mitten in der Gebirgsgegend liegt, gelangen wir bald an die Grenze zu Serbien. Wir lassen sie problemlos hinter uns. Die Landschaft um uns herum wird nun deutlich flacher. Mit einem Mal empfinden wir wieder so etwas wie einen normalen Reisealltag. Die aufregenden, exotischen Länder, wie Mazedonien, Griechenland, Albanien und Montenegro, sind nun für uns vorerst Geschichte.

Wieder in Serbien

Unsere Route führt uns dann nach Brodarevo, einer Kleinstadt im Südwesten Serbien. Es ist schon nach Mitternacht, als wir uns spontan an einer Aral-Tankstelle niederlassen, um hier zu übernachten. Außer uns, und dem Verkäufer, ist niemand am hell beleuchteten Tankstopp. Obwohl der Eingang verschlossen war, fasst der junge, schmächtige Mann mit Seitenscheitel Vertrauen zu uns und öffnet die Schiebetür. Wir kaufen uns zwei Baguettes mit Käse und Salami, ein paar Flaschen Wasser und für Aron zwei Bockwürste. Ich habe den Wagen etwas abseits der Tanksäulen geparkt. Wir können die Toilette nutzen, haben eigentlich alles hier, was wir brauchen. Den Platz empfinden wir wie eine kleine Oase. Entspannt führe ich Aron, bevor wir uns zur Nacht begeben, noch in der naheliegenden Natur herum. Überhaupt haben wir im Verlaufe der Tour stets darauf geachtet, dass der Vierbeiner sich auch genügend die Pfoten vertreten konnte.

Tag 7:

Am nächsten Vormittag machen wir uns auf der Toilette noch etwas frisch und fahren entspannt weiter Richtung Belgrad. Es geht wieder langsam nach Mitteleuropa hinein. Deutschland scheint uns in diesen Minuten für schon zum Greifen nahe.

Rumänien

Nachmittags sind wir in Timişoara angelangt, Rumänien. Die Stadt liegt mit ihren etwa 300.000 Einwohnern im Westen des Landes. Wir sind von Timişoara beeindruckt. Die Fassaden der Häuser sind farbig, gewissenhaft verputzt, die Bürgersteige und Straßen gut in Schuss. Wir tangieren eine weiße Kirche mit drei schwarzen kuppelförmigen Dächern. Die Grünanlagen sind sauber und gepflegt. Der Autoverkehr verläuft gesittet. Rumänien hatte in den letzten Jahren nicht immer den besten Ruf.

Ich erinnere mich noch gut, wie Matthias und ich vor zehn Jahren an einer Tankstelle hielten, die wie ein Abrissgebäude schien und wir fast nur leere Regale gesehen hatten.

Deswegen haben Micki und ich uns das hiesige Dasein bisschen anders vorgestellt. Alles etwas grauer, trister, die Straßen und Gehwege mit Rissen durchzogen, die Gebäudewände womöglich stellenweise abgeplatzt. Aber zu unserer Überraschung ist das Gegenteil der Fall. Auch die Menschen, die wir im Stadttreiben sehen, sind zumeist gut und modern gekleidet.

Abermals in Ungarn

Am frühen Abend nähern wir uns dem Nationalpark Hortobágy, der einen Teil der Puszta ist. Mittlerweile befinden wir uns wieder auf ungarischem Boden. Wir haben es eilig, noch im Hellen dorthin zu gelangen, weil Micki wenigstens einmal auf der Tour grillen möchte. Während der Fahrt liest mir meine Beifahrerin einige Fakten über den Nationalpark vor.

Der Hortobágy ist Ungarns erster und größter zusammenhängender Nationalpark. Er wurde am 1. Januar 1973 auf einem Gebiet von 52.000 Hektar gegründet und ist dann auf 82.000 Hektar erweitert worden. Im Jahre 1999 wurde der Nationalpark in das UNESCO-Welterbe aufgenommen. Auf der Fläche des Hortobágy werden viele Nutztiere gehalten. Es sind Graurinder, Zackelschafe, Wollschweine, Wasserbüffel, Halbblutpferde und die typischen ungarischen Hirtenhunde, wie zum Beispiel der Pulo, Komondor und Kuvasz.

Leider erreichen wir unseren erspähten Übernachtungsplatz, als es schon fast dunkel ist. Wir stehen auf einem langen Reihenparkplatz vor einer mittelgroßen Baumreihe. Außer uns ist kein anderes Fahrzeug hier. Schräg hinter uns befindet sich ein Gebäude. Es könnte eine Schule sein. In einem größeren Abstand stehen zu beiden Seiten einige Einfamilienhäuser. Micki ist bisschen enttäuscht, dass wir es nicht mehr rechtzeitig geschafft haben, noch den Grill anzuheizen. Meine Begleiterin hat von ihrem Zuhause extra zwei Campingstühle mitgenommen. Nun verweilen wir im Wagen. Von der Decke erstrahlen unzählige kleine Lämpchen. Würden diese eine rötliche Farbe haben, könnte man das Gefühl bekommen, in einem Van für Liebesdienste zu sitzen. Micki hat sich aus leichtem Frust Rotwein in einen weißen Plastikbecher gegossen und nippt jetzt daran.

Tag 8:

Morgens darauf sind wir schon zeitig wach. Aron stößt mir paarmal die Schnauze in die Seite. Er muss raus. Micki rekelt sich auch schon hinter mir. Ein schneller Blick auf meine Armbanduhr: Es ist erst kurz nach viertel sieben.

Als ich vom Gassigang wiederkomme, putzt sich Micki, in kleinen Schritten gehend, schon die Zähne. Seltsam, dass wir beide so wach sind, als hätten wir schon eine Kanne Kaffee gelehrt. Vielleicht auch deswegen, weil wir heute womöglich schon Deutschland erreichen können.

Am Vormittag fahren wir durch das Getümmel von Budapest. Vor 15 Jahren war ich mit meiner damaligen Freundin zum letzten Mal in der Zwei-Millionen-Metropole. Micki kennt Budapest viel besser als ich. Sie hat mal einige Tage in der Hauptstadt verbracht und sie gründlich erkundet. Was mir schon als Kind geläufig war, ist, dass Budapest nach London und Chicago die *drittälteste U-Bahnstrecke der Welt* hat. Sie wurde schon 1896 eröffnet, sechs Jahre früher als die Berliner U-Bahn.

Ohne irgendwo in der Stadt anzuhalten, sind wir froh, endlich auf der Autobahn M1, westlich, Richtung Györ fahren zu können. Durch diese Stadt bin ich auf dem Weg zum Nordkap auch gelaufen. Damals habe ich eine Stunde für die Durchquerung von Györ gebraucht.

Früh am Nachmittag passieren wir die ungarisch-österreichische Grenze.

Deutschland

Über die Autobahn Wien-Salzburg erreichen wir am Abend mit Berchtesgaden wieder deutschen Boden. Seit wir in Österreich eingefahren waren, wirkte die Gegend, die Ortschaften aufs Neue »aufgeräumter«. Die Rasenflächen von Grundstücken oder von öffentlichen Gebäuden waren akkurat kurz gemäht. Sträucher, teils auch kleine Bäume in Form geschnitten. Schnurgerade Zäune aus Maschendraht oder Holz umgaben die Höfe. Die Häuser mit verschiedenen Farbfassaden oder mit verziertem Holz verschalt bildeten meist ein makelloses Bild.

Doch dieser sterile Anblick ohne Ecken und Kanten behagte Micki überhaupt nicht. Sie mag lieber das Exotische, das Interessante, auch wenn hier oder dort mal Risse zu sehen sind, der Boden etwas unebener ist oder im Zaun ein paar Holzlatten fehlen. Anstatt eines englisch anmutenden Rasens, kann sich auch eine natürliche Wiese um das Haus winden, findet meine Gefährtin. Ich bin für beides zu haben.

Tag 9:

Königssee

Von etwa 700 m Höhe lassen wir uns aus dem kleinen Ort Berchtesgaden am nächsten Morgen ein wenig talwärts rollen. Wir haben in einer Parklücke an der Hauptstraße der Kleinstadt geschlafen. Die Nacht verlief sehr ruhig.

Nach nur drei Kilometern sind wir am letzten Höhepunkt unserer Europa-Tour angelangt. Wir befinden uns in Schönau am Königssee. Das glasklare Gewässer liegt auf einer Höhe von etwa 600 m und misst an seiner tiefsten Stelle immerhin 190 m.

Wir flanieren auf einer Art Marktplatz mit typisch bayerischen Häusern begrenzt, in denen man auch speisen oder Souvenirs kaufen kann. Die Häuser sind auf zwei, drei Etagen mit langen Balkons und Bögen aus Holz gestaltet. Die grauen Dächer sind stumpfwinklig errichtet. Rote Blumengewächse verschönern in einer Reihe die Balkons. Das Wetter ist angenehm. Der Himmel ist leicht bewölkt bei etwa 25 Grad.

Auf einer betonierten Fläche zwischen den Gebäuden herrscht reger

Betrieb von womöglichen Urlaubern und Ausflüglern. Wir spazieren ganz nahe ans Ufer des Gebirgssees. Aron zieht jetzt verstärkt an der Leine, er will am liebsten ins Wasser. Zwei Ausflugsboote liegen in der Nähe an der Pier, die die Form von breiten Holzstegen haben. Sie sind an beiden Seiten durch eine meterhohe Wand geteilt.

Der Königssee hat eine Fläche von knapp über fünf Quadratkilometern. Eingebettet zwischen den steilen Berghängen von *Watzmann* und *Hagengebirge* hat das lang gestreckte Gewässer zusammen mit dem südöstlich anschließenden kleineren Obersee – um den das *Steinerne Meer* den Talabschluss bildet – einen fjordähnlichen Charakter. Er gehört zu den saubersten Seen Deutschlands. Sein Name kommt nicht von ungefähr, denn man nennt ihn auch den König der Bergseen, in den Alpen. Der Großteil des Sees liegt im Nationalpark Berchtesgaden.

Wegen seiner Größe friert der Königssee nur in sehr kalten Wintern komplett zu, im Schnitt nur einmal im Jahrzehnt. Zuletzt war dies in den Monaten Januar und Februar des Jahres 2006 der Fall. Die damals 40 Zentimeter dicke Eisdecke des Gewässers war an insgesamt 29 Tagen offiziell zur Begehung freigegeben. Am nördlichen Ufer befindet sich die Kunsteisbahn Königssee für Bob-, Rodel- und Skeleton-Sport, auf den zahlreiche Wettbewerbe wie Weltmeisterschaften, Weltcuprennen und Europameisterschaften ausgetragen wurden.

Auf dem Grund des Gebirgssees liegt seit Januar 1964 ein VW Käfer. Im Jahr 1998 befuhr Hans Fricke mit seinem Forschungsboot *Jago* das Gewässer und fand dabei in einer Tiefe von etwa 130 Metern das Wrack des Volkswagens. Der Käfer war im Wasser versunken, nachdem der Fahrer unerlaubterweise über den zugefrorenen See gefahren und in der Nähe der Falkensteinerwand in einen fast offenen Bereich geraten war. Man nimmt an, dass der Fahrer ertrunken ist. Das Fahrzeug war bei seiner Entdeckung wegen der Sauerstoffarmut in großer Wassertiefe noch in einem guten Zustand. Der Oldtimer bleibt vorläufig an Ort und Stelle, da die Lage des Königssees im Nationalpark Berchtesgaden eine Bergungsaktion verbietet.

Hoch oben am Westufer des Sees steht eine Wallfahrtskirche namens St. Bartholomä auf der Halbinsel Hirschau sowie eine kleine Siedlung, die ein Ortsteil der Gemeinde Schönau ist.

Die nach dem Abriss (1697/98) des Vorgängerbaus aus dem 12. Jahrhundert, auf dessen Fundament am Ende des 17. Jahrhunderts die Kirche St. Bartholomä Anfang des 18. Jahrhunderts neu errichtet wurde, wurde in die bis heute erhaltene barockisierte Form umgestaltet. Ausgestattet mit zwei unterschiedlichen Zwiebeltürmen und drei roten Kuppeldächern über einem Drei-Konchen-Chor, ähnelt ihr Grundriss der Form des Salzburger Doms.

Jedes Jahr ist St. Bartholomä am Samstag nach dem 24. August (Bartholomäustag) das Ziel der traditionellen Almer Wallfahrt. Es handelt sich um die älteste Gebirgswallfahrt Europas. Ihre Anfänge gehen vermutlich auf die Zeit um 1636 zurück, als Salzburger Bürger als zum Dank für die überstandene Pest erstmals über das Hochgebirge nach St. Bartholomä unterwegs waren. Die Wallfahrer, je nach Wetterlage sind es bis zu dreitausend, steigen in einem langen Fußmarsch, beginnend in Maria Alm im österreichischen Pinzgau, über die Ramseider Scharte mit dem Riemannhaus und den Funtensee durch das steinerne Meer nach Sankt Bartholomä hinab.

Berchtesgadener Nationalpark

Der Berchtesgadener Nationalpark ist der einzige deutsche Nationalpark in den Alpen. Der im Jahre 1978 gegründete Naturpark ist mit 208 Quadratkilometer noch ein Stück größer als Rostock und ist ein Teil des UNESCO Biosphärenreservates *Berchtesgadener Land.* Der *Nationalpark Berchtesgaden* schließt den Watzmann, den zentralen Gebirgsstocks, mit seinem höchsten Berg, der Watzmann-Mittelspitze (2.715 m), die auch gleichzeitig der dritthöchste Gipfel Deutschlands ist, den Blaueis-Gletscher und den Großteil des Königssees mit ein.

Die Fauna des Naturschutzgeländes sind vor allem durch die größeren Säugetiere wie Reh, Rothirsch, Gämse und Alpensteinbock vertreten, wobei Letzterer erst in den 1930 er Jahren wieder eingeführt wurde. Kleinere Arten zählen Alpenmurmeltier, Schneehase und Schneemaus. Unter den 100 Vogelarten die im Park brüten, sind Steinadler, Raufußkauz, Sperlingskauz, Haselhuhn, Alpenschneehuhn, Kolkrabe, Alpendohle, Tannenhäher und Mauerläufer charakteristisch. Gelegentlich werden auch Gänsegeier und Bartgeier gesichtet. Im Gebiet leben 16 Amphibienarten- und

Reptilienarten sowie 15 Fischarten. Dazu gehören einige gefährdete Arten wie Kreuzotter, Schlingnatter, Ringelnatter, Alpensalamander, Feuersalamander, Alpenkammmolch, Gelbbauchunke, Königssee-Saibling und Seeforellen. Typische Insektenarten sind der Alpenbock und der Apollofalter. Ursprünglich zählten auch Wisente, Braunbären, Wölfe, Luchse und Fischotter zur Fauna des Terrains. Bei einigen dieser Arten scheint eine Einwanderung aus angrenzenden Gebieten in absehbarer Zeit möglich.

Der Funtensee (1.601 m über NHN) ein Bergsee, an dem am 24. Dezember 2001 die niedrigste, je gemessene Temperatur in Deutschland, von -45,9 Grad an einer Station der Firma Meteomedia registriert worden ist, liegt ebenfalls im Nationalpark Berchtesgaden.

Gegen Mittag machen wir uns dann endgültig auf den Heimweg.

Tourende

Über Regensburg, Hof, Chemnitz und Dresden kommen wir abends etwa viertel zehn in Mickis Heimatort Wilthen an.

Kurz vor dem eigentlichen Ortseingang, es dämmert schon leicht, warten überraschend zwei junge Frauen auf uns. Es sind die Töchter einer guten Freundin von Micki. Die beiden fungieren sozusagen als kleines Empfangskomitee. Mit herzlichen Umarmungen begrüßen sie uns. Ohne Punkt und Komma unterhalten die drei Oberlausitzerinnen sich nun. Nach einer kurzen Weile muss ich ihr lebhaftes Gespräch unterbrechen, weil meine Gefährtin und ich noch ein letztes Foto vor ihrem Heimatort geplant haben, und es gleich dunkel wird.

Stolz stehen Micki und ich dann neben dem Eingangsschild von Wilthen, auf dem die Sagengestalt der Oberlausitz, Martin Pumphut, zu sehen ist. Er wird meist als Müllersbursche mit spitzem Hut porträtiert und verfügt über große magische Fähigkeiten. Dies brachte ihm auch den Beinamen Hexenmeister der Oberlausitz ein.

Laut der Sage wuchs Pumphut in Spohla als Sohn zweier Leibeigener des Klosters St. Marienstern auf. Sein Vater Jan Niemec war ein Deutscher, der eine sorbische Bäuerin geheiratet hatte. In seiner frühen Kindheit leckte ihn eine Schlange am Auge, sodass er hellsichtig wurde. In seiner Jugend erlernte er das Müllerhandwerk und nebenbei die Magie. Nach seinen Lehrjahren begab er sich auf die Walz.

Seine Zauberkräfte setzte er ein, um gegen habgierige Müllermeister vorzugehen und anderen Müllerburschen zu helfen. Er streifte als armer Bursche umher, suchte die Mühlen in der sorbischen Gegend auf und trieb dort allerhand Schabernack.

Im Ursprung war Pumphut ein Kobold, der erst später durch den Volksmund zu einem Hexenmeister geadelt wurde. Illustrationen weisen auf eine Verbindung zur Teufelsgestalt hin. Der spätere Pumphut trägt Züge von Doktor Faust und Till Eulenspiegel.

Nach neun Tagen, in denen wir elf Länder bereisten und insgesamt 5.750 gemeinsame Kilometer zurückgelegt haben, endet unsere Balkanreise heute am Sonntag, dem 28. August.

An einer Tankstelle besorgen wir uns noch etwas Wein und ein paar Flaschen Bier, zum Ausklang des Tages. Das haben wir es uns, glaub ich, auch redlich verdient.

Danksagung

Wenn ein Buch erscheint, so steht immer der Autor im Vordergrund. Das ist nicht besonders fair, weil es immer vieler engagierter Personen bedarf, die eine solche Publikation überhaupt erst ermöglichen. Das war natürlich auch bei mir der Fall. Die freundlichen Menschen, die mir während der Touren und des Schreibens eine Hilfe gewesen sind, sollen hier nun besondere Erwähnung finden. Ich hoffe, an alle gedacht zu haben.

Für die Bereitstellung von Utensilien geht mein Dank an:

- *den Autohändler Peter Töllner von ›Peters Autoschnäppchen‹ aus Stäbelow,*
- *die Stadtwerke Rostock AG,*
- *die Firma Abschlepp-Harry,*
- *die Firma Wiehler Rostock für das Beflocken der Kleidung,*
- *die Wohnungsgesellschaft Wohnen in Rostock,*
- *das Sportgeschäft City Sport, Erwin Goehlke,*
- *die Firma BIKE & OUTDOOR Market,*
- *die Firma CASIO,*
- *den Oberbürgermeister der Hansestadt Rostock Roland Methling sowie der Chefsekretärin Angelika Scheffler für das Geleitschreiben und die Souvenirs.*

Für die Zeit der Europa-Tour bedanke ich mich bei:

- *Özgür aus der Türkei für die herzliche Übernachtung im Pavillon,*
- *Argos aus Bulgarien für die bezahlte Rechnung unseres Abendessens,*
- *Dominik für die Übernachtung in Serbien,*
- *den Arzt in Nis,*
- *Mirek aus Ungarn für das Essen sowie das Doppelzimmer,*
- *die Jiu-Jitsu-Kämpferin Tanja aus Österreich für ihr Dachzimmer,*

- *dem Italiener Sandro aus Tschechien für die Dose Chappi und das Aufladen unserer Geräte,*
- *Inga für ihre Begleitung,*
- *Christa und Erwin Prokein für den reichhaltigen Essensvorrat in Berlin,*
- *Katrin Prokein und Familie für die herzliche Aufnahme in Gorschendorf,*
- *Markus Möller, Dirk Eggert und Carmen Hauke für den abendlichen Empfang vor Rostock,*
- *Kerstin Wesselow aus Rostock für ihren journalistischen Einsatz,*
- *Fredericks Eltern für den ausgeliehenen Dachgepäckträger bezüglich des Ford-Escorts,*
- *den zwei schwedischen Pärchen für die herzliche Aufnahme an ihrem Lagerfeuer,*
- *dem Pförtner im kleinen Abfertigungshäuschen am Nordkap,*
- *allen Menschen, die wir unterwegs trafen, für ihre Hilfe, Herzlichkeit und Gastfreundschaft, und nicht zuletzt*
- *Dr. Goebel für die umfassende »Hundeversorgung«*

Für die Mitarbeit an diesem Buch danke ich:

- *Berthold Wendt,*
- *Dr. Bernd Melzer,*
- *Erwin Prokein,*
- *Markus Möller*

Ein wenig unüblich muss ich an dieser Stelle auch noch besondere äußere Umstände anführen, ohne die es diese Berichte nicht gegeben hätte: Am 2. Januar 2021 habe ich (alleinig aufgrund der Corona Pandemie) den Entschluss gefasst, dieses Buch zu schreiben. Wer sagt also, dass ungeliebte Ereignisse nicht auch etwas Produktives hätten …

Ronald Prokein

Weitere Bücher von Ronald Prokein